Manual de Processo Constitucional

Manual de Processo Constitucional

MANDADO DE SEGURANÇA

AÇÃO CIVIL PÚBLICA

AÇÃO POPULAR

HABEAS DATA

MANDADO DE INJUNÇÃO

ADIN

ADECON

ADPF

2021

Vidal Serrano Nunes Júnior
Marcelo Sciorilli

ALMEDINA

MANUAL DE PROCESSO CONSTITUCIONAL
MANDADO DE SEGURANÇA – AÇÃO CIVIL PÚBLICA – AÇÃO POPULAR – *HABEAS DATA* – MANDADO DE INJUNÇÃO – ADIN – ADECON – ADPF

AUTORES: Vidal Serrano Nunes Júnior e Marcelo Sciorilli

DIRETOR ALMEDINA BRASIL: Rodrigo Mentz
EDITORA JURÍDICA: Manuella Santos de Castro
EDITOR DE DESENVOLVIMENTO: Aurélio Cesar Nogueira
ASSISTENTES EDITORIAIS: Isabela Leite e Larissa Nogueira

DIAGRAMAÇÃO: Almedina
DESIGN DE CAPA: FBA

ISBN: 9786556272672
Agosto, 2021

Dados Internacionais de Catalogação na Publicação (CIP)
(Câmara Brasileira do Livro, SP, Brasil)

Nunes Júnior, Vidal Serrano
Manual de processo constitucional / Vidal Serrano Nunes Júnior, Marcelo Sciorilli. -- São Paulo : Almedina, 2021.
Conteúdo: Mandado de segurança -- Ação civil pública -- Ação popular -- Habeas data -- Mandado de injunção -- ADIN -- ADECON -- ADPF

Bibliografia.
ISBN 978-65-5627-267-2

1. Direito constitucional 2. Direito constitucional - Brasil 3. Direito processual 4. Direito processual - Brasil I. Sciorilli, Marcelo. II. Título.

21-67296 CDU-342:347.9(81)

Índices para catálogo sistemático:

1. Brasil : Processo constitucional : Direito 342:347.9(81)

Cibele Maria Dias - Bibliotecária - CRB-8/9427

Este livro segue as regras do novo Acordo Ortográfico da Língua Portuguesa (1990).

EDITORA: Almedina Brasil
Rua José Maria Lisboa, 860, Conj.131 e 132, Jardim Paulista | 01423-001 São Paulo | Brasil
editora@almedina.com.br
www.almedina.com.br

NOTA DOS AUTORES

Esta nossa 1ª edição do *Manual de Processo Constitucional*, trazida a lume pela editora Almedina, corresponde, em linhas gerais, à 4ª edição do nosso *Mandado de Segurança.*

Com as necessárias atualizações e a inserção de outras ações constitucionais na proposta original, o singelo título *Mandado de Segurança* passou a representar, de forma insuficiente, o efetivo conteúdo da obra.

Assim, por compreender não apenas o exame do Mandado do Segurança, mas também o da Ação Popular, da Ação Civil Pública, do *Habeas Data*, do Mandado de Injunção e das ações de controle de constitucionalidade (ADC, ADI e ADPF), o título anterior não correspondia à real abrangência do livro.

Optamos, assim, pela nova denominação, mais consentânea com a temática das ações constitucionais, à exceção somente do *Habeas Corpus*, instituto não abordado neste *Manual.*

Vidal Serrano Nunes Júnior
Marcelo Sciorilli

SUMÁRIO

MANDADO DE SEGURANÇA

Capítulo 1
Conceito e Natureza Jurídica

Inserido formalmente na ordem jurídica nacional a partir da Constituição Federal de 1934 (artigo 113, nº 33), e tido como criação tipicamente brasileira, o mandado de segurança foi mantido nos diplomas constitucionais de 1946, 1967 e 1969. Atualmente vem previsto no artigo 5º, inciso LXIX, do texto constitucional, que assim dispõe:

> "conceder-se-á mandado de segurança para proteger direito líquido e certo, não amparado por *habeas corpus* ou *habeas data*, quando o responsável pela ilegalidade ou abuso de poder for autoridade pública ou agente de pessoa jurídica no exercício das atribuições do Poder Público;"

A disciplina infraconstitucional do chamado *mandamus* ou *writ* foi estabelecida, por mais de cinquenta anos, pela Lei nº 1.533/51. No mesmo período, as Leis nº 2.270/56, 4.348/64 e 5.021/66, dentre outras, também carrearam disposições específicas aplicáveis ao mandado de segurança, tais como a vedação de concessão de liminares para liberação de mercadorias estrangeiras apreendidas (Lei 2.270/56), a suspensão da execução da liminar ou da sentença (Lei 4.348/64) e o pagamento de verbas a servidores públicos por conta de sentença concessiva de mandado de segurança (Lei 5.021/66).

Em 7 de agosto de 2009, todavia, foi promulgada a Lei nº 12.016, que revogou a Lei nº 1.533/51 e passou a regrar tanto o mandado de segurança individual como o coletivo. O novo diploma legal não apresenta, em linhas gerais, grandes inovações. Incorpora algumas orientações já consagradas na doutrina e na jurisprudência, promove uma consolidação das leis esparsas que dispunham sobre o *mandamus* e mantém inconstitucionalidades oriundas do texto anterior. Traz, ainda, disposições sobre o mandado de segurança coletivo, até então carente de regulamentação específica.

Dispõe o artigo 1º da Lei nº 12.016/09 que:

> "Conceder-se-á mandado de segurança para proteger direito líquido e certo, não amparado por *habeas corpus* ou *habeas data*, sempre que, ilegalmente ou com abuso de poder, qualquer pessoa física ou jurídica sofrer violação ou houver justo receio de sofrê-la por parte de autoridade, seja de que categoria for e sejam quais forem as funções que exerça."

A partir de seu delineamento normativo, o mandado de segurança foi conceituado por Hely Lopes Meirelles como "o meio constitucional posto à disposição de toda pessoa física ou jurídica, órgão com capacidade processual ou universalidade reconhecida por lei, para a proteção de direito individual ou coletivo, líquido e certo, não amparado por *habeas corpus* ou *habeas data*, lesado ou ameaçado de lesão, por ato de autoridade, seja de que categoria for e sejam quais forem as funções que exerça."[1]

José Afonso da Silva sustenta tratar-se de "um remédio constitucional, com natureza de ação civil, posto à disposição de titulares de direito líquido e certo, lesado ou ameaçado de lesão, por ato ou omissão de autoridade pública ou agente de pessoa jurídica no exercício de atribuições do Poder Público."[2]

Adotando noção mais sucinta, José dos Santos Carvalho Filho vislumbra no mandado de segurança uma "ação de fundamento constitucional pela qual se torna possível proteger o direito líquido e certo do interessado contra ato do Poder Público."[3]

O mandado de segurança tem a natureza jurídica de ação civil de rito sumário especial. Independentemente da matéria nele veiculada (civil,

[1] *Mandado de Segurança.*Atualização de Arnoldo Wald e Gilmar Ferreira Mendes. 30 ed. São Paulo: Malheiros, 2007, p. 25.

[2] *Curso de Direito Constitucional Positivo.* 18 ed. São Paulo: Malheiros, 2000, p. 450.

[3] *Manual de Direito Administrativo.* 19 ed. Rio de Janeiro: Lumen Juris, 2008, p. 911.

penal, trabalhista, eleitoral, militar, previdenciária, tributária etc.), o *mandamus* será, sempre, ação de natureza civil. Aplicam-se ao seu processamento, portanto, além da legislação específica de regência, isto é, a Lei nº 12.016/09, as disposições do Código de Processo Civil em caráter subsidiário.

Juntamente com o *habeas corpus*, o *habeas data*, o mandado de injunção, a ação popular e a ação civil pública, o mandado de segurança compõe o rol dos chamados remédios constitucionais, vocacionados sobretudo à tutela dos direitos fundamentais insculpidos em nossa Carta Magna.

Nesse sentido é a lição de Sérgio Ferraz:

> "Assim vista a questão, pode-se admitir, sem receios, a dúplice natureza do mandado de segurança: garantia constitucional contra ato de autoridade; instrumento processual, de jurisdição contenciosa, que submisso à dimensão de garantia constitucional, o implementa no dia-a-dia".[4]

Desse modo, entendemos por bem conceituar mandado de segurança como o remédio constitucional, predisposto à proteção de direito líquido e certo, pertencente a pessoa física, a pessoa jurídica ou a entidades, públicas ou privadas, dotadas de capacidade processual, que tenha sido lesado, ou ameaçado de lesão, por ação ou omissão de autoridade pública ou de agente de pessoa jurídica no exercício de atribuições próprias do poder público.

[4] *Mandado de Segurança*. São Paulo: Malheiros, 2006, p. 19.

Capítulo 2
Cabimento

De acordo com os parâmetros formatados no artigo 5º, inciso LXIX, da CF, e no artigo 1º da Lei nº 12.016/09, reclama-se, para a impetração de mandado de segurança, a presença dos seguintes requisitos:

i. direito líquido e certo;
ii. direito não amparável por *habeas corpus* ou *habeas data*;
iii. ilegalidade ou abuso de poder;
iv. ação ou omissão, atual ou iminente, de autoridade pública ou agente de pessoa jurídica no exercício das atribuições do Poder Público.

1. Direito líquido e certo

O direito líquido e certo que rende ensejo à impetração do *mandamus* é, segundo a concepção clássica de Hely Lopes Meirelles,

> "o que se apresenta manifesto na sua existência, delimitado na sua extensão e apto a ser exercitado no momento da impetração. Por outras palavras, o direito invocado, para ser amparável por mandado de segurança, há de vir expresso em norma legal e trazer em si todos os requisitos e condições de sua aplicação ao impetrante: se sua existência for duvidosa; se sua extensão ainda não estiver delimitada; se seu exercício depender de situações e fatos ainda indeterminados, não rende ensejo à segurança, embora possa ser defendido por outros meios judiciais."[5]

[5] Op. cit., p. 38.

Maria Sylvia Zanella Di Pietro, por sua vez, assim dispõe sobre o tema:

> "Originariamente, falava-se em direito certo e incontestável, o que levou ao entendimento de que a medida só era cabível quando a norma legal tivesse clareza suficiente que dispensasse maior trabalho de interpretação.
>
> Hoje, está pacífico o entendimento de que a liquidez e certeza referem-se aos fatos; estando estes devidamente provados, as dificuldades com relação à interpretação do direito serão resolvidas pelo juiz. Esse entendimento ficou consagrado com a Súmula nº 625, do STF, segundo a qual 'controvérsia sobre matéria de direito não impede concessão de mandado de segurança'.
>
> Daí o conceito de direito líquido e certo como o direito comprovado de plano, ou seja, o direito comprovado juntamente com a petição inicial. No mandado de segurança, inexiste a fase de instrução, de modo que, havendo dúvidas quanto às provas produzidas na inicial, o juiz extinguirá o processo sem julgamento do mérito, por falta de um pressuposto básico, ou seja, a certeza e liquidez do direito".[6]

Líquido e certo é, pois, o direito comprovado no momento da impetração, vale dizer, que prescinde de outros meios de prova além daqueles que já acompanham a petição inicial. A prova que dá suporte à impetração deve ser, portanto, pré-constituída, na medida em que o rito célere conferido ao processamento do *writ* não dá oportunidade à abertura de dilação probatória.

Complexidade ou controvérsia jurídica sobre a matéria posta em juízo não constitui óbice à concessão do mandado de segurança, consoante, a propósito, prescreve o enunciado da Súmula nº 625 do STF. O que repele a impetração do *writ* é a controvérsia (que não se confunde com complexidade) sobre a existência ou não dos fatos alegados na peça inicial. Tanto assim que a expressão "direito líquido e certo" é alvo de críticas por parcela da doutrina, pois o fato ensejador da impetração é que deve ser líquido e certo, e não o direito em si mesmo. Como leciona Carlos Alberto Menezes Direito, "tenha-se presente sempre que fatos complexos não desqualificam o uso do mandado de segurança. O que tira a ido-

[6] *Direito Administrativo*. 20 ed. São Paulo: Atlas, 2007, p. 711.

neidade do *writ* é a necessidade de provas complementares. O rito especial, como já afirmado, não comporta dilação probatória."[7]

Admite-se, porém, uma hipótese em que a impetração poderá vir desacompanhada da prova documental necessária à comprovação dos fatos alegados. Trata-se de situação em que o documento necessário à prova do fato se ache em repartição ou estabelecimento público, ou em poder de autoridade que se recuse a fornecê-lo por certidão. Nesse caso, ao despachar a petição inicial, o juiz requisitará à autoridade recalcitrante a exibição do documento, em original ou cópia autêntica, no prazo de 10 dias (art. 6º, § 1º, da Lei nº 12.016/09).

Do ponto de vista processual, o direito líquido e certo se afigura como *condição de ação* especialmente exigida para a impetração do *mandamus*. Para que o mandado de segurança se revele, no caso concreto, como via processual adequada à tutela reclamada (o que diz respeito, portanto, ao interesse de agir), a presença do direito líquido e certo há de ser revelada de plano, já com a impetração[8].

Tratando-se de condição da ação, a ausência de direito líquido e certo, por falta de prova pré-constituída dos fatos afirmados, conduz à extinção do processo sem resolução do mérito (CPC, art. 485, inciso VI). Reserva-se ao impetrante, todavia, a possibilidade de tutela de seu direito por outras vias processuais, que não o mandado de segurança, como expressamente admite o art. 19 da Lei nº 12.016/09 (STF, Súmula nº 304). O assunto, no entanto, será retomado quando da análise da sentença e da coisa julgada no *mandamus* (Capítulo VII, item 8).

2. Direito não amparável por *habeas corpus* ou *habeas data*

O *habeas corpus* constitui remédio endereçado à proteção da liberdade de locomoção, como refere o artigo 5º, inciso LXVIII, do texto constitucional, que assim dispõe:

[7] *Manual do Mandado de Segurança*. 3 ed. Rio de Janeiro: Renovar, p. 68.

[8] Reforma agrária – desapropriação. 1. Inexistência da alegada ofensa ao devido processo legal e à ampla defesa pela falta de indicação do "grau de utilização da terra" e do "grau de eficiência na exploração" (GEE) no relatório técnico, que foi contestado pelas vias administrativas próprias. 2. Inidoneidade do mandado de segurança para discutir a improdutividade do imóvel, regularmente apurada pela administração. 3. Alegação de fato superveniente à impetração – alteração legal e invasão de terra: invasões não comprovadas em decreto conforme a legislação vigente à época (STF, MS 23872/DF, rel. Min. SEPÚLVEDA PERTENCE; DJ 18-02-2005, PP-6).

"conceder-se-á *habeas corpus* sempre que alguém sofrer ou se achar ameaçado de sofrer violência ou coação em sua liberdade de locomoção, por ilegalidade ou abuso de poder;"

Já o *habeas data*, previsto no art. 5º, inciso LXXII, da Lei Maior, se presta a dois propósitos:

a) assegurar o conhecimento de informações relativas à pessoa do impetrante, constantes de registros ou bancos de dados de entidades governamentais ou de caráter público; e
b) para a retificação de dados, quando não se prefira fazê-lo por processo sigiloso, judicial ou administrativo.

Logo, se o que se almeja é alcançar tutela protetiva do direito de locomoção (ir, vir e permanecer) ou de informação, o mandado de segurança não se apresenta como via processual adequada. Seu campo de incidência é, portanto, residual.

Pode ocorrer, no entanto, que, em uma circunstância concreta, direitos venham a se acumular sob a ótica de um único titular. Logo, uma única pessoa, em um só momento, estaria a exercer dois ou mais direitos, sendo um deles, em princípio, amparável pelo mandado de segurança e outro, isoladamente observado, pelo *habeas corpus* ou *habeas data*.

A pretexto de exemplo, vislumbre-se a possibilidade de uma autoridade pública proibir, por portaria, a entrada de um único jornalista na sala de imprensa de um certo órgão público, cujo acesso está franqueado a todos os profissionais da área. Teríamos, aqui, a violação simultânea a vários direitos fundamentais, a saber: locomoção, livre exercício da profissão e igualdade, dentre outros.

Do mesmo modo, figure-se a possibilidade de servidor público necessitar de informações registradas em seu prontuário. Solicita, com base no art. 5º, XXXIV, "b", uma certidão para esclarecimento de situação de interesse pessoal. Neste caso, cogita-se do acesso a informações de caráter pessoal constante de um banco de dados público e, ao mesmo tempo, do direito de certidão antes apontado.

Nessas situações em que, à primeira vista, ambos os remédios seriam cabíveis, afigura-se-nos estreme de dúvidas que a via adequada seja a do mandado de segurança. Em primeiro lugar, por se tratar do remédio constitucional dotado de maior abrangência. Em segundo, pela aplicação de tradicional princípio de hermenêutica, segundo o qual as exceções devem sempre comportar interpretação restritiva. Ora, em matéria de tutela de direitos líquidos e certos, a regra é a utilização do mandado de segurança (em princípio, oportuno para qualquer direito da espécie), enquanto a exceção é a utilização de um dos outros dois mecanismos, que têm campo objetal específico e extremamente limitado.

Destarte, nessas ocasiões em que se cria um espaço de penumbra para a interpretação, deve-se preferir a via mandamental.

A propósito, a seguinte ementa do Tribunal Regional Federal da 1ª Região, cujo acórdão, tirado no âmago de mandado de segurança impetrado por servidor público em situação semelhante à anteriormente exposta, foi relatado pelo desembargador federal Souza Prudente:

> "Constitucional e Administrativo. Expedição de certidão referente a processo administrativo disciplinar do qual a requerente figura como parte. Garantia Constitucional. I- O direito a receber dos órgãos públicos informações de interesse particular, ou de interesse coletivo em geral, é assegurado pela Constituição Federal, que ressalva, tão-somente, aquelas cujo sigilo seja imprescindível á segurança da sociedade e do Estado. Hipótese não caracterizada dos autos. II- Afigura-se inconstitucional e abusiva a omissão da autarquia promovida em expedir, no prazo previsto em lei, certidão do inteiro teor do processo administrativo disciplinar promovido contra a requerente, posto que contraria o disposto no art. 5º, XXXIV, b, da Constituição Federal. III- Remessa oficial desprovida. Sentença confirmada." (TRF-1ª Região, 6ª Turma, REO 2004.38.00.018297-4/MG, 29.01.2007, DJ, p.38).

3. Ilegalidade ou abuso de poder

Mais um requisito que se impõe para a concessão do *writ* é a presença de ilegalidade ou abuso de poder como decorrência de ação ou omissão, atual ou iminente, de autoridade pública ou de quem lhe faça as vezes.

Cassio Scarpinella Bueno refere que:

> "Ilegalidade, na doutrina do direito público, usualmente se relaciona aos desvios de padrões de legalidade estrita (aí compreendido, evidentemente, o desvio dos padrões constitucionais) e, conseqüentemente, à prática de atos vinculados. Abuso de poder, diferentemente, relaciona-se intrinsecamente aos chamados 'atos discricionários', que,

> de acordo com a doutrina tradicional do direito administrativo, correspondem àqueles atos em que a autoridade tem maior margem de apreciação dos motivos, dos elementos ou da finalidade a ser atingida pelo ato. 'Segundo sua conceituação clássica, desvio de poder é o manejo de uma competência em descompasso com a finalidade em vista da qual foi instituída', é a lição de Celso Antônio Bandeira de Mello (*Curso de direito administrativo*, p. 792)."[9]

Outros autores, no entanto, sustentam que a locução "ilegalidade ou abuso de poder" se mostra inadequada, pois todo ato praticado com abuso de poder traz, em si, ilegalidade. É a posição de José dos Santos Carvalho Filho:

> "A Constituição usou a alternativa 'ilegalidade ou abuso de poder', mas nesse ponto não foi adotada a melhor técnica para descrever a conduta ou ato impugnados. Na verdade, a conduta cercada de abuso de poder é sempre ilegal, pois a não ser assim teríamos que admitir uma outra forma de abuso de poder 'legal', o que é um inaceitável paradoxo. Não há, portanto, a alternativa. A impugnação visa à conduta ou a ato ilegal, e entre eles está o abuso de poder. A menção ao abuso deve ser interpretada como sendo apenas a ênfase que a Carta pretendeu dispensar a essa figura."[10]

A Constituição, não só no dispositivo em que hospeda o mandado de segurança (art. 5º, LXIX), como também no que trata do direito de petição (art. 5º, XXXIV, "a"), fez uso da expressão "ilegalidade ou abuso de poder". Logo, não nos parece tenha ela cometido eventual paradoxo, mas empregado as duas expressões em sentido estrito.

Com efeito, a Constituição Federal, ao delinear a divisão orgânica do poder e o desempenho das respectivas funções, outorgou ao Poder Legislativo, como não poderia deixar de ser, a função precípua de elaboração das leis, deixando ao Poder Executivo a tarefa de aplicá-las, exceto nos casos controvertidos que, submetidos ao Judiciário, tornam-se objeto da função jurisdicional.

[9] *Mandado de Segurança*. 4 ed. São Paulo: Saraiva, 2008, p. 19.

[10] Op. cit., p. 914.

Exatamente por isso, os atos administrativos são conceituados por Celso Antônio Bandeira de Mello como as declarações do Estado, ou de quem lhe as vezes, "no exercício de prerrogativas públicas, manifestada mediante providências jurídicas complementares da lei a título de lhe dar cumprimento, e sujeitas a controle de legitimidade por órgão jurisdicional".[11]

Como se extrai do conceito acima oferecido, o ato administrativo, como aquele que exterioriza a função administrativa do Estado (ainda que atipicamente desempenhada por outro Poder) se caracteriza pelo objetivo de dar cumprimento à lei.

Assim, é de se indagar como a lei e o ato administrativo hipoteticamente se relacionam. Quer nos parecer, nesse sentido, que a lei outorga ao agente ou órgão público dois tipos de competência, a vinculada e a discricionária. Naquela, a lei prevê, de forma hermética, em quais hipóteses o ato administrativo deve ser editado. Nesta, a lei elege um fim e define fronteiras dentro da quais o agente público deve agir para consecução do fim ambicionado. Como exemplo de ato administrativo vinculado, podemos citar os alvarás de licença (construção, funcionamento etc.), como exemplo de ato administrativo discricionário, os alvarás de autorização (porte de arma).

No primeiro caso – de vinculação –, o ato deve ser expedido sempre que comprovados os requisitos necessários para sua existência, sob pena de violação das determinações contidas na lei, vez que não haveria qualquer possibilidade de mensuração ou escolha senão o de praticar o ato tal qual legalmente emoldurado. Cogita-se aqui, portanto, de uma ilegalidade em sentido estrito. Já no campo das competências discricionárias, como se outorga ao agente uma margem relativamente ampla de escolha, havendo persecução de outro fim que não aquele previsto pela lei, haveria abuso de poder, no sentido de que o agente estaria usando do seu "poder discricionário" para um fim diferente daquele contemplado pela lei que lhe serve de alicerce.

Seja como for, uma vez aferida a legalidade do ato ou a inexistência de omissão, a consequência é a denegação da segurança, com julgamento de mérito coberto pelos efeitos da coisa julgada material.

[11] *Curso de Direito Administrativo*. 20 ed. São Paulo, Malheiros, p. 358.

4. Ação ou omissão, atual ou iminente, de autoridade pública ou agente de pessoa jurídica no exercício das atribuições do Poder Público

A impetração do *mandamus* tem lugar quando o ato ou a omissão revestidos de ilegalidade (ou abuso de poder) forem provenientes de autoridade pública ou de agente de pessoa jurídica no exercício das atribuições do Poder Público.

Por ato de autoridade entende-se, nas palavras de Hely Lopes Meirelles, "toda manifestação ou omissão do Poder Público ou de seus delegados, no desempenho de suas funções ou a pretexto de exercê-las. Por *autoridade* entende-se a pessoa física investida de poder de decisão dentro da esfera de competência que lhe é atribuída pela norma legal."[12]

Importa, aqui, distinguir a autoridade do mero executor do ato. A primeira está revestida de poder de decisão, vale dizer, dentro da estrutura hierárquica da administração pública, goza de atributos que lhe autorizam decidir pela prática ou não do ato administrativo, assim como promover sua revogação ou invalidação, se o caso. O executor, por sua vez, embora também agente público, age com subordinação à autoridade que determinou a ação ou abstenção, sem poder para contrastar a ordem superior.

A distinção tem relevo porque somente quem detém autoridade, isto é, poder de decisão, deve ser considerado coator e figurar no polo passivo da impetração. Como dispõe o § 3º do art. 6º da Lei nº 12.016/09, "considera-se autoridade coatora aquela que tenha praticado o ato impugnado ou da qual emane a ordem para a sua prática".

Ato de autoridade é aquele proveniente de agente ocupante de cargo ou função nas esferas federal, estadual, municipal ou distrital, assim como os oriundos do Poder Executivo, Legislativo, Judiciário e do Ministério Público. Quanto aos atos judiciais e aos emanados de membros do Poder Legislativo, reservou-se comentário específico no capítulo seguinte, mercê das peculiaridades de que se revestem.

Consideram-se autoridades, para fins de mandado de segurança, os representantes ou órgãos de partidos políticos, os administradores de entidades autárquicas, bem como os dirigentes de pessoas jurídicas ou as pessoas naturais no exercício de atribuições do poder público, so-

[12] *Mandado de Segurança*. 30 ed. São Paulo: Malheiros, 2007, p. 35.

mente no que disser respeito a essas atribuições. Não cabe o *mandamus*, porém, contra atos de gestão comercial praticados por administradores de empresas públicas, de sociedade de economia mista e de concessionárias de serviço público (art. 1º, §§ 1º e 2º da Lei 12.016/09). Anote-se, a propósito, que a previsão de descabimento do MS contra esses atos de gestão comercial foi considerada constitucional pelo STF na ADI 4296, julgada em 09-06-2021.

Dessa forma, como leciona Maria Sylvia Zanella Di Pietro, "com relação às entidades particulares cabe mandado de segurança quando atuem por delegação e nos limites da delegação; quando exerçam atividades que nada têm a ver com essa delegação, não cabe mandado de segurança. Além disso, se exercerem atividades autorizadas, com base no poder de polícia do Estado, que não se inserem entre as atividades próprias do Poder Público, também não cabe essa medida. É o que ocorre com os serviços de táxi, hospitais particulares, estabelecimentos bancários, companhias de seguro".[13]

Carlos Alberto Menezes Direito frisa, na mesma linha de raciocínio, que não se deve ter "por absoluto o cabimento do *writ* em todos os casos contra ato dos dirigentes das instituições antes alinhadas. O critério a ser utilizado para decidir é o da natureza do ato. Se o conteúdo traduz uma manifestação delegada do Poder Público, é indiscutível que o *mandamus* é o meio apropriado."[14]

É nesse contexto, portanto, que devem ser compreendidos os enunciados das Súmulas nº 510 do Supremo Tribunal Federal ("Praticado o ato por autoridade, no exercício de competência delegada, contra ela cabe o mandado de segurança ou medida judicial.") e 333 do Superior Tribunal de Justiça ("Cabe mandado de segurança contra ato praticado em licitação promovida por sociedade de economia mista ou empresa pública").

Seja como for, os aspectos específicos da legitimidade passiva no mandado de segurança, é dizer, contra quem deve ser endereçada a impetração, serão abordados no capítulo IV.

Vale sublinhar, ainda, que a impetração também pode se voltar contra *omissão* do agente público no desempenho de seu mister. Assim, se

[13] *Direito Administrativo*. 20 ed. São Paulo: Atlas, 2007, p. 709.

[14] *Manual do Mandado de Segurança*. 3 ed. Rio de Janeiro: Renovar, p. 28.

a lei prevê determinada conduta ao agente estatal, nasce para o interessado o direito à concessão do *writ* se, decorrido o prazo normativo, remanesce o silêncio da Administração Pública.

Importa registrar, por fim, que o ato impugnado deve ser atual ou iminente. Na primeira situação ter-se-á o mandado de segurança repressivo; na segunda, o *writ* será preventivo. A impetração em caráter preventivo encontra guarida tanto na Constituição Federal (art. 5º, inciso XXXV – "ameaça a direito") como na própria Lei nº 12.016/09, que admite o mandado de segurança quando "houver justo receio" da prática de ilegalidade ou abuso de poder por autoridade ou de quem lhe faça as vezes (art. 1º).

Entende-se que, se presentes os mesmos fundamentos de fato e de direito, é possível a conversão do *mandamus* preventivo em repressivo quando, no curso do processo, o ato lesivo que se almejava evitar é praticado pela autoridade.[15]

[15] MORAES, Alexandre de. *Direito Constitucional Administrativo*. São Paulo: Atlas, 2002, p. 271.

Capítulo 3
Restrições ao Cabimento do Mandado de Segurança

Concebido, como visto, como ação civil de rito sumário especial, o mandado de segurança tem seu emprego vedado em certas situações. Algumas das restrições são provenientes da própria legislação que o regula; outras, emanam de construção doutrinária e jurisprudencial.

Sobre a questão, todavia, vale a advertência de Cassio Scarpinella Bueno:

> "Toda e qualquer restrição ao mandado de segurança ou à sua eficácia não pode ser prestigiada pelo intérprete e pelo aplicador do direito. É flagrante a inconstitucionalidade de qualquer norma que procure, valendo-se de qualquer pretexto, minimizar, obstaculizar ou dificultar o acesso ao Judiciário (CF, art. 5º, XXXV). Mormente quando a hipótese é de mandado de segurança, direito e garantia fundamental expressamente previsto no art. 5º, LXIX, da Constituição Federal de 1988. Dessa forma, necessário o exame de cada uma das situações dos incisos do dispositivo em comento *cum grano salis*, delineando adequadamente as condições de inviabilidade do exercício do mandado de segurança nas condições nele especificadas e, na medida do possível, dando a cada uma das regras interpretação conforme a grandeza constitucional do instituto."[16]

[16] Op. cit., p. 61. Nelson Nery Júnior e Rosa Maria de Andrade Nery sustentavam a inconstitucionalidade do artigo 5º da Lei 1.533/51, hoje revogada, porquanto a Constituição Federal

A primeira hipótese de descabimento do *writ* é, exatamente, a ausência de qualquer um dos requisitos retratados no capítulo anterior. É dizer, assim, que se não houver direito líquido e certo, se o ato ou a omissão não forem provenientes de autoridade pública ou de quem lhe faça as vezes, se inexistir ilegalidade ou abuso de poder e, por fim, se couber o emprego de *habeas data* ou *habeas corpus*, será inadmissível o manejo do mandado de segurança.

Afora isso, descabe ou sofre restrição a impetração nas situações adiante arroladas.

1. Ato do qual caiba recurso administrativo com efeito suspensivo

O inciso I do artigo 5º da Lei nº 12.016/09 veda o emprego de mandado de segurança quando se tratar "de ato do qual caiba recurso administrativo com efeito suspensivo, independentemente de caução".

De início, importa frisar que o interessado não está obrigado a exaurir a via administrativa para valer-se do *mandamus*, mercê da garantia constitucional do amplo acesso ao Poder Judiciário (CF, art. 5º, XXXV). Manifestada a renúncia ao direito de recorrer, ou deixando escoar *in albis* o prazo para tanto, abre-se ao interessado a possibilidade de impetração do *writ*.

Ademais, como pontifica José dos Santos Carvalho Filho, "não é o fato em si de caber o recurso com efeito suspensivo que impede a ação; é sim, o fato de caber o recurso e o interessado *o ter efetivamente interposto*, tornado o ato inoperante até que o recurso seja decidido. Antes da decisão, a parte não dispõe ainda do interesse processual, uma das condições da ação. Se houve o recurso, e este tem efeito suspensivo, o ato impugnado ainda não tem idoneidade de atingir a esfera jurídica do interessado. Somente após a decisão administrativa sobre o recurso é que o ato se tornará operante, gerando, em conseqüência, a oportunidade de impetrar o mandado de segurança."[17]

Vale sublinhar, ainda, que se há exigência de caução para a interposição de recurso, mesmo com efeito suspensivo, a impetração é admi-

não prevê restrições à concessão do mandado de segurança. Assim, segundo os autores, à legislação cabe apenas estabelecer regras sobre o procedimento do *writ* (*CPC Comentado*, 10 ed. São Paulo: RT, 2008, p. 1554).

[17] *Manual de Direito Administrativo*. 19 ed. Rio de Janeiro: Lumen Juris, 2008, p. 915.

tida, porquanto presume-se que remanesce a possibilidade de lesão ao direito do interessado. A propósito, oscila a jurisprudência do Supremo Tribunal Federal sobre a constitucionalidade da exigência do recolhimento prévio da multa como condição de recorribilidade da decisão[18]. No Superior Tribunal de Justiça, porém, a questão restou pacificada com a edição da Súmula nº 373, cujo enunciado prevê ser "ilegítima a exigência de depósito prévio para a admissibilidade de recurso administrativo".

Na hipótese de *omissão* da autoridade, dispõe o verbete sumular nº 429, do Supremo Tribunal Federal, que "a existência de recurso administrativo com efeito suspensivo não impede o uso do mandado de segurança."

2. Decisão judicial da qual caiba recurso com efeito suspensivo

Tratando-se "de decisão judicial da qual caiba recurso com efeito suspensivo", há óbice ao emprego do *writ* (art. 5º, inciso II, da Lei nº 12.016/09).

Da própria redação do dispositivo se infere que não há vedação ao emprego do mandado de segurança contra decisão judicial. A restrição surge quando, para a reforma de determinada decisão, sentença ou acórdão, já existe a previsão legal de recurso com efeito suspensivo, apto a, por si só, refrear eventual lesão ou ameaça de lesão a direito líquido e certo do interessado. Nesse caso, enquanto ação individual e autônoma que é, o *mandamus* revela-se descabido, pois compete à parte valer-se do sistema recursal vigente para a tutela de seu direito.

Por isso, como diz Hely Lopes Meirelles,

> "inadmissível é o mandado de segurança como substitutivo do recurso próprio, pois por ele não se reforma a decisão impugnada, mas apenas se obtém a sustação de seus efeitos lesivos ao direito líquido e certo do impetrante, até a revisão do julgado no recurso cabível. Por isso mesmo, a impetração pode - e deve - ser concomitante com o recurso próprio (apelação, agravo, correição parcial), visando unicamente a obstar à lesão efetiva ou potencial do ato judicial impugnado. Se o impetrante

[18] Pela constitucionalidade da medida: RE-AgR 356.131/SP, rel. Min. Carlos Velloso, j. 18-02-2003. Entendendo que a exigência afronta o direito à ampla defesa: RE 170.145/SP, rel. Min. Menezes Direito, j. 15-04-2008.

não interpuser, no prazo legal, o recurso adequado, tornar-se-á carecedor da segurança, por não se poder impedir indefinidamente, pelo *mandamus*, os efeitos de uma decisão preclusa ou transitada em julgado, salvo se a suposta 'coisa julgada' for juridicamente inexistente ou inoperante em relação ao impetrante.

Fiéis a essa orientação, os tribunais têm decidido, reiteradamente, que é cabível mandado de segurança contra ato judicial de qualquer natureza e instância, desde que ilegal e violador de direito líquido e certo do impetrante e não haja possibilidade de coibição eficaz e pronta pelos recursos comuns."[19]

Pela mesma senda é o escólio de Cassio Scarpinella Bueno:

"Em suma: toda vez que se puder evitar a consumação da lesão ou da ameaça pelo próprio sistema recursal, isto é, interpretando-o de uma forma tal que ele, por si próprio, independentemente de qualquer outra medida judicial, tenha aptidão para evitar a consumação de dano irreparável ou de difícil reparação para o recorrente, e pela *dinâmica* do efeito suspensivo dos recursos, forte no que dispõem o *caput* e o parágrafo único do art. 558 do Código de Processo Civil, descabe o mandado de segurança contra ato judicial à míngua de *interesse jurídico* na impetração. Inversamente, toda vez que o sistema recursal não tiver aptidão para evitar a consumação de lesão ou ameaça na esfera jurídica do recorrente, toda a vez que não se aceitar uma interpretação ampla suficiente das regras processuais para evitar uma dada situação de ameaça ou de lesão ao recorrente, o mandado de segurança contra ato judicial tem pleno cabimento. Cabe, a bem da verdade, para salvaguardar o direito do recorrente e como forma de colmatar eventual lacuna decorrente da ineficiência do sistema recursal."[20]

[19] *Mandado de Segurança.* 30 ed. São Paulo: Malheiros, 2007, p. 45. STJ, RMS 25.462/RJ, rel. Min. Nancy Andrighi, j. 02-10-2008. Carlos A. Menezes Direito, em posição minoritária, defende que não se deve exigir a interposição de recurso como condição para a apreciação do *writ* (op. cit., p. 54). Por outro lado, "a impetração da segurança, por terceiro, contra ato judicial, não se condiciona à interposição de recurso" (STJ, Súmula 202).

[20] *Mandado de Segurança.* 4 ed. São Paulo: Saraiva, 2008, p. 67. TJSP, MS nº 1.189.080-3/7, rel. José Damião Pinheiro Machado Cogan, j. 24-04-2008.

A matéria constitui, inclusive, o objeto da Súmula nº 267 do STF, cujo enunciado dispõe que "não cabe mandado de segurança contra ato judicial passível de recurso ou correição"[21].

Historicamente, o mandado de segurança contra ato judicial foi empregado especialmente – mas não apenas – para se obter efeito suspensivo quando da interposição de recurso que, por lei, não o possui.

Atualmente, porém, com a nova disciplina conferida ao recurso de agravo, que prevê a possibilidade de concessão de efeito suspensivo pelo relator (CPC, art. 1.019, inciso I), não mais se justifica a impetração do *mandamus* com esse desiderato. Assim também se dá quanto ao recurso de apelação, em regra recebido com efeito suspensivo (CPC, art. 1.012), mas que, nas hipóteses do parágrafo 1º do art. 1.012 do CPC, compreende apenas o efeito devolutivo, ou seja, a sentença produzirá efeitos logo após a sua publicação. No entanto, mesmo nessas situações em que a apelação não tem efeito suspensivo, o tribunal ou o relator poderão concedê-lo se houver risco de lesão grave ou de difícil reparação ou se demonstrada a probabilidade de provimento do recurso (parágrafo 3º do mesmo artigo).

Nos casos de recurso extraordinário e especial, que ostentam efeito apenas devolutivo, o novo Código de Processo Civil prevê a possibilidade de deferimento do efeito suspensivo no parágrafo 5º do art. 1.029.

Por fim, estão sujeitos a questionamento pela via mandamental todos os atos de membros do Poder Judiciário não revestidos de conteúdo jurisdicional, significa dizer, substancialmente administrativos. Por conseguinte, não incide a vedação legal (art. 5º, inciso II, da LMS) quando o magistrado atua em função atípica, que não a jurisdicional, tal como se dá, *v.g.*, na condução de concursos públicos, licitações e processos administrativos visando à apuração de falta funcional de servidor público.

3. Decisão judicial transitada em julgado

A terceira vedação ao emprego do *writ*, expressamente arrolada na Lei nº 12.016/09 (art. 5º, III), diz respeito às decisões judiciais com trânsito em julgado. Descabida é a impetração do mandado de segurança para desfazer a coisa julgada (Súmula nº 268 do STF), posto que o adequado,

[21] No STJ, dentre outros arestos: AgRg no RMS 24.064/BA, rel. Min. Hamilton Carvalhido, j. 12-06-2008.

na hipótese, é o manejo de ação rescisória. Admite-se o emprego do *mandamus*, todavia, pelo terceiro que não foi parte na causa com sentença transitada em julgado, ou mesmo quando se tratar de ato judicial inexistente, teratológico ou nulo de pleno direito[22].

4. Lei ou ato normativo em tese

Diz o verbete da Súmula nº 266 do Supremo Tribunal Federal que "não cabe mandado de segurança contra lei em tese."

Com efeito, sendo a lei ou ato normativo dotados dos atributos de generalidade e abstração, não se tem, pela simples entrada em vigor da norma, ato de autoridade ensejador de lesão a direito individual e, portanto, passível de correção pela via mandamental.

O óbice à impetração não incide, todavia, quando se cuida das chamadas "leis de efeitos concretos", isto é, leis apenas na forma, porquanto autênticos atos administrativos na essência, aptos a produzir, portanto, efeitos concretos na esfera de direitos do interessado. Constata-se que uma lei tem efeito concreto, em outras palavras, quando de sua leitura consegue-se extrair todos os efeitos que pretende produzir.

É a lição de Hely Lopes Meirelles:

> "A *lei em tese*, como norma abstrata de conduta, não é atacável por mandado de segurança (STF, Súmula n. 266), pela óbvia razão de que não se lesa, por si só, qualquer direito individual. Necessária se torna a conversão da norma abstrata em ato concreto para expor-se à impetração, mas nada impede que, na sua execução, venha a ser declarada inconstitucional pela via do *mandamus*. Somente as *leis e decretos de efeitos concretos* tornam-se passíveis de mandado de segurança, desde sua publicação, por equivalentes a atos administrativos nos seus resultados imediatos.
>
> (...)
>
> Por *leis e decretos de efeitos concretos* entendem-se aqueles que trazem em si mesmos o resultado específico pretendido, tais como as leis que aprovam planos de urbanização, as que fixam limites territoriais, as que

[22] MEIRELLES, Hely Lopes, op. cit., p. 51. Admitindo o emprego de mandado de segurança contra decisão judicial teratológica ou nula, no STJ: RMS 25.462/RJ, rel. Min. Nancy Andrighi, j. em 02-10-2008; RMS 25.077/RS, rel. Min. Félix Fischer, j. em 30-05-2008.

criam municípios ou desmembram distritos, as que concedem isenções fiscais, as que proíbem atividades ou condutas individuais, os decretos que desapropriam bens, os que fixam tarifas, os que fazem nomeações e outros dessa espécie. Tais leis ou decretos nada têm de normativos; são *atos de efeitos concretos,* revestindo a forma imprópria de lei ou decreto por exigências administrativas. Não contêm mandamentos genéricos, nem apresentam qualquer regra abstrata de conduta; atuam concreta e imediatamente como qualquer ato administrativo de efeitos individuais e específicos, razão pela qual se expõem ao ataque pelo mandado de segurança.

Em geral, as leis, decretos e demais atos proibitivos são sempre de *efeitos concretos,* pois atuam direta e imediatamente sobre seus destinatários."[23]

Assim, se a lei gera efeitos concretos quando é publicada, ferindo direito subjetivo independentemente de qualquer atuação da autoridade pública, o mandado de segurança é via adequada para impugná-la[24].

Relevante a distinção, por fim, entre o mandado de segurança preventivo e o *writ* que veicula mera impugnação à lei ou ato normativo em tese. Na primeira hipótese, há de estar presente o justo receio, a iminente lesão a direito individual decorrente de ato de autoridade, cuja prova compete ao impetrante. Situação diversa é a investida do interessado, via mandado de segurança, contra mero texto normativo (que não possua efeitos concretos, remarque-se), ausente qualquer conduta de autoridade ou risco iminente de sua ocorrência.

Anote-se, porém, que em *matéria tributária* o Superior Tribunal de Justiça tem entendido que

"Com o advento de nova legislação alterando os critérios para a cobrança do tributo, é de se presumir que, em vista da estrita legalidade tributária, a autoridade fiscal cumprirá a lei. Com lastro nesse fato, é

[23] *Mandado de Segurança.* 30 ed. São Paulo: Malheiros, 2007, p. 41. No mesmo sentido, dentre outros: Alexandre de Moraes (*Direito Constitucional Administrativo,* p. 283) e Carlos Alberto Menezes Direito, que cita como exemplo de norma de efeitos concretos, impugnável pelo *mandamus,* o edital que veda a inscrição em concurso público por motivo de sexo, idade, cor, estado civil, religião, deficiência física, ideologia ou classe social (*Manual do Mandado de Segurança,* p. 41).

[24] STJ, RMS 20.222/MT, 2ª T., rel. Min. Eliana Calmon, j. 14-03-2006.

inegável o cabimento do mandado de segurança preventivo para obstar ação concreta do agente arrecadador, afastada, por conseguinte, a alegada impetração contra lei em tese."[25]

5. Mandado de segurança e ação de cobrança

O mandado de segurança não é substitutivo de ação de cobrança (STF, Súmula 269)[26].

Logo, não tem lugar a impetração, por incompatível com sua finalidade e com o rito célere de sua tramitação, quando a pretensão do interessado diz com a condenação do Poder Público a pagar-lhe quantia certa em dinheiro[27]. Deverá o pretenso credor, no caso, valer-se da ação de cobrança pertinente para o reconhecimento de seu crédito, segundo a forma preconizada pelo Código de Processo Civil.

Diversa, porém, é a situação em que a própria concessão do *writ* acaba por ensejar a produção de efeitos patrimoniais, tema a ser enfocado em capítulo próprio.

6. Ato político (ou de governo), ato *interna corporis* e processo legislativo

José dos Santos Carvalho Filho pontua que "há alguns atos emanados do Poder Público que, como reconhecem os estudiosos, sofrem um controle especial em razão de suas peculiaridades. Observe-se que controle especial não é o mesmo que ausência de controle. No regime republicano democrático, onde desponta a proteção dos direitos e garantias fundamentais, não se pode conceber atos insuscetíveis a controle. Nenhum

[25] AgRg no Ag 955592/SP, 1ª T., rel. Min. Denise Arruda, j. em 04-03-2008; Resp 619889/BA, 2ª T., rel. Min. João Otávio de Noronha, j. em 06-02-2007 e Resp 207270/MG, rel. Min. Franciulli Netto.

[26] Já decidiu o Supremo Tribunal Federal que "o mandado de segurança não constitui instrumento hábil a pleitear parcelas remanescentes de Títulos da Dívida Agrária já resgatados, vez que não substitui a ação de cobrança" (RMS-Agr 25129/DF, rel. Min.Eros Grau, DJ de 16-02-2007).

[27] "Assume natureza de ação de cobrança, de caráter retroativo, o mandado de segurança impetrado por ex-servidor público de determinado órgão, com o objetivo de receber valores devidos em razão de vínculo não mais existente, o que encontra óbice nas Súmulas 269/STF e 271/STF." (STJ, RMS 21540/DF, j. 23-08-2007, 5ª T., rel. Min. Arnaldo Esteves Lima).

poder ou função são tão absolutos que possam estar infensos ao controle judicial. A questão é apenas a da especificidade do controle."[28]

No rol de atos sujeitos a controle peculiar, vez por outra impugnados pela via mandamental, merecem referência os chamados atos políticos ou de governo, os atos *interna corporis* e os praticados no curso do processo legislativo.

Os atos políticos são conceituados por Paulo Magalhães da Costa Coelho como "os emanados no uso de competência constitucional, com grande margem de apreciação quanto aos juízos de conveniência e oportunidade e que diriam respeito aos altos interesses do Estado e à vida da coletividade e, por isso mesmo, para parcela da doutrina e da jurisprudência, insindicáveis jurisdicionalmente."[29]

Não são considerados propriamente atos administrativos, mas atos de governo, cujo fundamento é extraído diretamente do texto constitucional. Prestam-se a conferir diretrizes às políticas de Estado nos mais variados segmentos, tais como a concessão de indulto pelo Presidente da República (CF, art. 84, XII), que diz com a política criminal e penitenciária, ou a permissão, pela mesma autoridade, para que forças estrangeiras transitem pelo território nacional (CF, art. 84, XXII), tema pertinente à política de relações internacionais.[30]

No que concerne ao controle jurisdicional desses atos – sobretudo pela via mandamental, desde que presentes seus requisitos constitucionais – assim pontifica José dos Santos Carvalho Filho:

> "...a doutrina já se pacificou no sentido de que mesmo tais atos são sujeitos a controle pelo Judiciário quando ofendem direitos individuais ou coletivos, por estarem eivados de algum vício de legalidade ou constitucionalidade. Aqui o problema não diz respeito ao conteúdo e ao motivo dos atos, mas sim a elementos que não podem deixar de ser fiscalizados, porque nesse caso preleva o princípio da legalidade e da supremacia da Constituição. A vedação ao controle limita-se apenas à valoração dos motivos dos atos por situar-se na esfera privativa do agente governamental."[31]

[28] *Manual de Direito Administrativo*, p. 901.

[29] *Controle Jurisdicional da Administração Pública*. São Paulo: Saraiva, 2002, p. 173.

[30] Carvalho Filho, José dos Santos, op. cit., p. 902.

[31] Op.cit.,p. 902. No mesmo sentido: Medauar, Odete. *Direito Administrativo Moderno*. 5 ed. São Paulo: RT, 2001, p. 178.

Por outro lado, ato *interna corporis* é o praticado no âmbito exclusivamente interno do Poder Legislativo ou Judiciário, sobre temas de sua própria competência, tais como a elaboração e votação de regimentos internos, local, dia, horário e forma de tomada de votos dos seus membros, dentre outros assuntos circunscritos aos lindes de cada Poder.

Esses atos, embora imunes, à primeira vista, ao controle jurisdicional, sujeitam-se à invalidação pelo Poder Judiciário quando desbordarem dos contornos constitucionais, legais ou regimentais estabelecidos.

Paulo Magalhães da Costa Coelho bem sintetiza o assunto:

> "À evidência que será interdito ao Poder Judiciário, no exame dos atos *interna corporis*, simplesmente substituir a deliberação das corporações por outra a gosto dos eventuais descontentes. Essa circunstância não significa, porém, que se deva abster por completo do conhecimento de tais atos, a pretexto de serem eles de exclusiva economia interna das Casas Legislativas e mesmo dos Tribunais. Sempre que se ferir formalidade necessária à sua edição ou se vulnerar a Constituição e sua principiologia, violando assim direito subjetivo, será lícito ao Poder Judiciário corrigir seu rumo. Isso porque a edição de atos *interna corporis* como, ainda com o brilho de sempre, sustenta Lucia Valle Figueiredo, não se dá senão sob a égide da Constituição.
>
> Além disso, há de se seguir, rigorosamente, o rito consagrado nos regimentos internos e, se eventual preterição da ritualística ferir direito subjetivo, o ato estará sujeito a ser invalidado pelo Poder Judiciário."[32]

Caracterizada, no entanto, a condição *interna corporis* do ato hostilizado, os tribunais superiores têm negado sua invalidação pelo Poder Judiciário, em homenagem à harmonia e à independência entre os Poderes da República (CF, art. 2º).

Nesse sentido, ao julgar o mandado de segurança nº 24.356/DF, assim decidiu o Supremo Tribunal Federal:

> "Se a controvérsia é puramente regimental, resultante de interpretação de normas regimentais, trata-se de ato *interna corporis*, imune ao

[32] Op.cit.,p. 143. No mesmo sentido: José dos Santos Carvalho Filho (*Manual de Direito Administrativo*, p. 903), Hely Lopes Meirelles (*Mandado de Segurança*, p. 37) e Lucia Valle Figueiredo (*Mandado de Segurança*, p. 98).

controle judicial, mesmo porque não há alegação de ofensa a direito subjetivo. Mandado de segurança não conhecido."[33]

Da mesma forma, o Superior Tribunal de Justiça julgou que

"Além de ato político, a cassação de mandato parlamentar é *interna corporis*, cuja apreciação é reservada exclusivamente ao Plenário da Câmara, não podendo o Judiciário substituir a deliberação da Casa por um pronunciamento judicial sobre assunto que seja da exclusiva competência discricionária do Poder Legislativo."[34]

Cabe, por fim, ponderar sobre o cabimento do *writ* contra atos ou omissões verificados no curso do processo legislativo que vulnerem disposições constitucionais ou legais em vigor.

Sobre o tema, assim se manifesta Alexandre de Moraes:

"As normas de processo legislativo constitucional, previstas nos artigos 59 a 69 da Constituição Federal, possuem eficácia plena e imediata, vinculando a atividade do legislador na elaboração das diversas espécies normativas em respeito ao *devido processo legislativo*.

O respeito ao devido processo legislativo na elaboração das diversas espécies normativas é um dogma corolário à observância do princípio da legalidade, pelo que sua observância deve, se necessário for, ser garantida constitucionalmente.

Dessa forma, indiscutível a realização de controle de constitucionalidade difuso ou concentrado em relação a normas elaboradas em desrespeito ao devido processo legislativo, por flagrante inconstitucionalidade formal.

(...)

Assim, o controle jurisdicional sobre a elaboração legiferante, inclusive sobre propostas de emendas constitucionais, sempre será feito de forma difusa, por meio do ajuizamento de mandado de segurança por parte de parlamentares que se sentirem prejudicados durante o processo legislativo.

[33] DJ 12-09-2003, Tribunal Pleno, rel. Min. Carlos Velloso. Conferir ainda, no STF: MS 22.183/DF (DJ 12-12-1997, T. Pleno, rel. Min. Marco Aurélio) e MS 22.503/DF (DJ 06-06-1997, T. Pleno, rel. Min. Maurício Corrêa).

[34] RMS 18.959/SE, 2ª T., rel. Min. João Otávio de Noronha, j. em 06-09-2005.

> Reitere-se que os únicos legitimados à propositura de mandado de segurança para defesa do *direito líquido e certo de somente participarem de um processo legislativo conforme as normas constitucionais e legais* são os próprios parlamentares."[35]

No Supremo Tribunal Federal é ampla a aceitação ao cabimento do *mandamus* para viabilizar o controle judicial sobre atos incompatíveis com o processo legislativo constitucional:

> "Constitucional. Processo legislativo. Controle judicial. Mandado de segurança. I – O parlamentar tem legitimidade ativa para impetrar mandado de segurança com a finalidade de coibir atos praticados no processo de aprovação de leis e emendas constitucionais que não se compatibilizam com o processo legislativo constitucional. Legitimidade ativa do parlamentar, apenas. II – Precedentes do STF: MS 20.257/DF, Ministro Moreira Alves (*leading case*), RTJ 99/1031; MS 21.642/DF, Ministro Celso de Mello, RDA 191/200; MS 21.303-AgR/DF, Ministro Octávio Gallotti, RTJ 139/783; MS 24.356/DF, Ministro Carlos Velloso, DJ de 12.09.2003. (...)".[36]

7. A questão dos atos disciplinares

O artigo 5º, inciso III, da Lei nº 1.533/51, vedava a utilização do mandado de segurança contra "ato disciplinar, salvo quando praticado por autoridade incompetente ou com inobservância de formalidade essencial".

Diante da letra da lei, autores como Hely Lopes Meirelles consideravam a vedação incompatível com a amplitude constitucional do *mandamus*, sob o fundamento de que "não se legitima a exclusão de atos disciplinares que, embora formalmente corretos e expedidos por autoridade competente, podem ser ilegais e abusivos no mérito, a exigir pronta correção mandamental."[37]

Outra corrente, no entanto, não vislumbrava a apontada inconstitucionalidade, sustentando, na época, que o inciso III do art. 5º da Lei n. 1.533/51 não minimizava nem descartava, em si mesmo, o uso do man-

35 *Direito Constitucional Administrativo*, p. 274.

36 MS nº 24.642/DF, Pleno, rel. Min. Carlos Velloso, DJ 18-06-2004, p. 45.

37 Op. cit., p. 52.

dado de segurança. Apenas e tão somente buscava equalizar o controle jurisdicional dos atos administrativos – e dos atos de direito público em geral – em seu devido lugar, observada, sempre, a separação dos Poderes, tal qual consagrada no art. 2º da Constituição Federal de 1988.[38]

Para os adeptos desse segundo posicionamento, o ato disciplinar, tal como qualquer outro ato administrativo, sujeita-se a controle jurisdicional sempre que não atendidos os seus pressupostos de validade[39], os quais, na lição de Celso Antônio Bandeira de Mello, são os seguintes: 1) pressuposto subjetivo (sujeito); 2) pressupostos objetivos (motivo e requisitos procedimentais); 3) pressuposto teleológico (finalidade); 4) pressuposto lógico (causa); e 5) pressupostos formalísticos (formalização)[40].

Conforme a jurisprudência mais recente, construída ainda na vigência da Lei nº 1.533/51, verificada qualquer hipótese de nulidade do ato ou do processo administrativo, sejam elas decorrentes de violação a dispositivos legais ou princípios constitucionais, emerge o cabimento à impetração[41].

Aliás, quanto à incidência do princípio da proporcionalidade na imposição de sanção disciplinar, assim vinha decidindo o Superior Tribunal de Justiça:

> "O controle jurisdicional em mandado de segurança é exercido para apreciar a legalidade do ato demissionário e a regularidade do procedimento, à luz dos princípios do devido processo legal, contraditório e ampla defesa, bem como a proporcionalidade da sanção aplicada com o fato apurado. Precedentes."[42]

Com a entrada em vigor da Lei nº 12.016/09, a restrição ao cabimento do *writ* para impugnação de atos disciplinares restou definitivamente

[38] Scarpinella Bueno, Cassio, op. cit., p. 71.

[39] Moraes, Alexandre de. *Direito Constitucional Administrativo*. São Paulo: Atlas, 2002, p. 298.

[40] *Curso de Direito Administrativo*. 12 ed. São Paulo: Malheiros, 2000, p. 335.

[41] STJ, MS 9516/DF, rel. Min. Laurita Vaz, j. em 13-06-2007.

[42] MS 9621/DF, rel. Min. Laurita Vaz, j. em 13-04-2005; MS 12.957/DF, rel. Min. Napoleão Nunes Maia Filho, j. 27-08-08. Gilmar Ferreira Mendes, Inocêncio Mártires Coelho e Paulo G. Gonet Branco sustentam o cabimento da impetração para apreciação do mérito da sanção disciplinar imposta, salvo se houver necessidade de exame probatório mais dilargado (*Curso de Direito Constitucional*. São Paulo: Saraiva, 2007, p. 512).

superada. Isso porque, como deflui da letra do art. 5º da novel legislação, não mais subsiste o impeditivo outrora verificado. Doravante, portanto, em sintonia com a orientação pretoriana e doutrinária dominante, o direito positivo não mais carreia embaraços ao controle jurisdicional das sanções disciplinares pela via mandamental.

Capítulo 4
Legitimidade Ativa e Passiva: Impetrante e Impetrado

1. Legitimidade ativa: impetrante ou sujeito ativo

Ostentam legitimidade *ad causam* para a impetração do *mandamus* individual as pessoas físicas e as jurídicas, nacionais ou estrangeiras, públicas ou privadas, com ou sem domicílio em território brasileiro, bem assim as universalidades patrimoniais reconhecidas por lei (tais como a massa falida e o espólio) e os órgãos públicos despersonalizados mas dotados de capacidade judiciária, dentre eles as Câmaras de Vereadores, as Assembleias Legislativas, as Mesas do Congresso Nacional e os Tribunais de Contas.

A amplitude na legitimação ativa para requerer mandado de segurança individual decorre de exegese do próprio texto constitucional, que não traz restrição de qualquer ordem nesse sentido, diferentemente do que se dá, p.ex., com a ação popular, o *habeas corpus* e o mandado de segurança coletivo.

Exige-se, porém, que o impetrante busque a tutela de direito subjetivo próprio, individual, e não alheio, ressalvadas as hipóteses de legitimação extraordinária adiante analisadas (CPC, art. 18). Ademais, se o que se pretende é a tutela do patrimônio público, histórico ou cultural, da moralidade administrativa e do meio ambiente, as vias processuais adequadas são a ação civil pública e a ação popular, conforme o caso (STF, Súmula nº 101).

Admite-se a legitimidade *ad causam* às pessoas jurídicas de direito público (União, Estados, Municípios, Distrito Federal, autarquias, fundações públicas), na medida em que, como anota Cassio Scarpinella Bueno, embora "tradicionalmente os direitos e garantias individuais (as liberdades públicas) sejam estruturados a partir dos e dirigidos para os indivíduos (como verdadeiros *limites* à atuação do Estado), não há como deixar de reconhecer que as diversas pessoas públicas podem, eventualmente, apresentar-se como titulares de direitos em face de outras, justificando, assim, a impetração, desde que seus demais pressupostos estejam presentes".[43]

Cabível a impetração, ainda, pelos membros do Ministério Público da União e dos Estados, mercê de expressa dicção legal (Lei Complementar nº 75/93, art. 6º, VI; Lei nº 8.625/93, art. 32, I) e de consolidado entendimento pretoriano e doutrinário[44].

1.1 *Falecimento* do impetrante. Por veicular pretensão que diz respeito a direito subjetivo individual, personalíssimo, em que se postula a concessão de providência mandamental e célere, predomina o entendimento de que a morte do impetrante acarreta a extinção do processo sem resolução do mérito (CPC, art. 485, IX), descabida a habilitação de herdeiros, os quais poderão reclamar eventuais efeitos patrimoniais em ação própria[45].

1.2 *A legitimidade para a tutela dos chamados "direitos-função".* Os "direitos-função" são apontados como aqueles que têm por objeto a posse e o exercício de função pública pelo titular que a detenha, em toda a extensão das competências, atribuições e prerrogativas a ela correspondentes.

Sedimentou-se, na doutrina e na jurisprudência, nomeadamente do Supremo Tribunal Federal, a orientação que autoriza o manejo do *writ* para a tutela desses direitos. Desse modo, pode o titular de uma função

43 *Mandado de Segurança*, p. 35; Valle Figueiredo, Lucia. *Mandado de Segurança*, p. 182.

44 STJ, MS nº 8.349/DF, rel. Min. Teori Zavascki, j. em 09-06-2004; RMS nº 5.370-9/SP, rel. Min. Barros Monteiro, DJ de 29-05-95; RMS nº 8.802/SP, rel. Min. Luiz Vicente Cernicchiaro, DJ de 15-03-99. Na doutrina, dentre outros: Mazzilli, Hugo Nigro. *Regime Jurídico do Ministério Público*. 5 ed. São Paulo: Saraiva, 2001, p. 540 e Scarpinella Bueno, Cassio, op. cit., p. 35.

45 STF, MS 25641/DF, rel. Min. Eros Grau, j. 22-11-2007; RMS 25.775/DF, rel. Min. Cármen Lúcia, j. 11-09-2006; MS-QO 22130, j. 13-03-97, rel. Min. Moreira Alves. STJ, RESP 1.053.450/RJ, rel. Min. Hamilton Carvalhido, j. 23-05-2008. Contra, quando não se tratar de direito personalíssimo: Scarpinella Bueno, Cassio, op. cit., p. 75.

pública requerer segurança contra ato do detentor de outra função pública que lhe acarrete obstrução ou usurpação do exercício de seus poderes ou competências legais.

Quando em disputa a defesa de suas prerrogativas institucionais, portanto, têm legitimidade para o ajuizamento de mandado de segurança os órgãos públicos despersonalizados e os próprios agentes titulares de função pública, tais como as Mesas das Casas Legislativas, as Presidências de Tribunais (inclusive os de Contas), a Procuradoria-Geral da República e as Procuradorias-Gerais de Justiça nos Estados, os parlamentares em face das Casas Legislativas a que pertençam, os membros do Poder Judiciário e os do Ministério Público contra ato do Conselho Nacional de Justiça (CNJ) e do Conselho Nacional do Ministério Público (CNMP), respectivamente, os Oficiais de Cartório contra ato das Corregedorias de Justiça, dentre outros.[46]

Em muitos desses casos, aliás, o mandado de segurança se prestará a resolver *conflitos de atribuições* entre órgãos públicos, colmatando lacuna relativa à ausência de efetivo instrumento para solução desse tipo de conflito[47].

1.3 *Hipóteses de legitimação extraordinária.* O § 3º do artigo 1º e o artigo 3º da Lei nº 12.016/09 contemplam duas hipóteses de legitimação extraordinária na impetração do *mandamus.*

No primeiro caso (art. 1º, § 3º), estabelece a lei que "quando o direito ameaçado ou violado couber a várias pessoas, qualquer delas poderá requerer o mandado de segurança". Tratando-se de situação reveladora de litisconsórcio facultativo ativo, portanto, qualquer um dos titulares de direito líquido e certo poderá valer-se do mandado de segurança, acarretando, em consequência e por extensão, a tutela não apenas de direito que lhe é próprio, mas compartilhado por terceiros.

Sobre o tema, assim leciona Cassio Scarpinella Bueno:

[46] Direito, Carlos Alberto Menezes. *Manual do Mandado de Segurança,* p. 88; Moraes, Alexandre de. *Direito Constitucional Administrativo,* p. 294 e Scarpinella Bueno, Cassio. *Mandado de Segurança,* p. 36.

[47] Mendes, Gilmar Ferreira; Coelho, Inocêncio Mártires; Gonet Branco, Paulo Gustavo. *Curso de Direito Constitucional,* p. 518.

> "Nessas condições, o impetrante age por si, defendendo direito próprio, seu, e age também por aqueles que não agiram, defendendo direito alheio. A condição para que isso se dê é a apontada na lei: o direito ameaçado ou violado deve caber a várias pessoas.
>
> Exemplo que se encontra na doutrina é o de diversas pessoas aprovadas em concurso público serem preteridas pela contratação de quem não participou do certame ou está pior classificada.
>
> (...)
>
> Outra situação que serve para ilustrar bem a hipótese é a retratada na Súmula 628 do Supremo Tribunal Federal: 'Integrante de lista de candidatos a determinada vaga da composição de tribunal é parte legítima para impugnar a validade da nomeação de concorrente'. Os precedentes dessa Súmula deixam bem clara a possibilidade da impetração por qualquer um dos componentes da lista de candidatos para composição de tribunal para evitar que qualquer um que não a componha venha a ser nomeado, em detrimento de direito seu, compartilhado, de resto, com os demais candidatos"[48].

Na segunda hipótese de legitimação extraordinária (art. 3º), prevê a norma que o "titular de direito líquido e certo decorrente de direito, em condições idênticas, de terceiro, poderá impetrar mandado de segurança a favor do direito originário, se o seu titular não o fizer, no prazo de 30 dias, quando notificado judicialmente".

A previsão do art. 3º da LMS difere da anterior (art.1º, § 3º), na medida em que confere legitimidade ao impetrante em razão da existência de um direito seu, próprio, mas que deriva, ou é reflexo, de direito originariamente cabente a terceiro. Exatamente por isso a lei condiciona o cabimento da segurança, nessa hipótese, à prévia notificação judicial do titular do direito originário, a fim de que este seja exercido em prazo razoável. Uma vez configurada, indene de dúvidas, a inércia do titular do direito originário, oportuniza-se ao titular do direito derivado ou reflexo o ajuizamento do *writ*.

Nesse caso, a legitimação *ad causam* do terceiro afetado não decorre imediatamente do ato ilegal ou abusivo de autoridade. Pressupõe,

[48] *Mandado de Segurança*, p. 42.

antes, a existência de um direito originário, não exercido a tempo e modo oportunos pelo respectivo titular.

Um bom exemplo da hipótese legal estudada diz respeito à legitimidade do locatário para intentar mandado de segurança contra ato de lançamento de IPTU. Nelson Nery Jr. e Rosa M. A. Nery noticiam a existência de duas correntes jurisprudenciais: a primeira concebendo a impetração, desde que previamente notificado o proprietário do imóvel (LMS, art. 3º); a segunda admitindo o *mandamus*, com dispensa de notificação, se prevista no contrato a obrigação do locatário de arcar com o pagamento dos tributos (*CPC Comentado*. 10 ed. São Paulo: RT, 2008, p. 1.553).

Além dessas duas hipóteses declinadas, há que se lembrar que o mandado de segurança é uma das vias processuais aptas ao exercício do direito constitucional de ação. Assim, em outras situações de legitimação extraordinária, desde que presentes os requisitos para seu cabimento, também pode ser viável o uso do mandado de segurança.

Nesse sentido, a específica alusão do art. 201, inciso IX, do Estatuto da Criança e do Adolescente, que legitima o Ministério Público para "impetrar mandado de segurança, de injunção e *habeas corpus*, em qualquer juízo, instância ou tribunal, na defesa dos interesses sociais e individuais indisponíveis afetos à criança e ao adolescente".

2. Legitimidade passiva: impetrado ou sujeito passivo

Não há consenso doutrinário e jurisprudencial acerca de quem seja, efetivamente, a *parte* ou o *sujeito passivo* no mandado de segurança. Para um dos segmentos, o impetrado ou sujeito passivo é a autoridade coatora, o agente público que se omite ou pratica o ato acoimado de ilegal. Para a segunda corrente, todavia, sujeito passivo ou réu no *mandamus* é a pessoa jurídica de direito público a que pertence o agente estatal responsável pela ação ou omissão impugnada.

Assim é que, para os defensores da primeira corrente, o impetrado é a autoridade coatora, o agente, e não a pessoa jurídica ou o órgão a que pertence e ao qual seu ato é imputado em razão do ofício. No polo passivo da impetração deve, pois, figurar a autoridade responsável pela ação ou omissão hostilizada, que há de ser notificada, prestar pessoalmente as informações e dar cumprimento à ordem judicial expedida. Apenas os efeitos patrimoniais – se existentes – da liminar ou da sentença é que serão suportados pela Fazenda Pública[49]. Por isso, a pessoa jurídica de direito público da qual faça parte essa autoridade coatora poderá, se o caso, ingressar no feito como assistente ou litisconsorte[50].

Já os adeptos da segunda orientação, predominante nos Tribunais Superiores, argumentam que o sujeito passivo na impetração é quem deve suportar o ônus decorrente da concessão da ordem, isto é, a pessoa jurídica de direito público a quem está vinculada a autoridade coatora. Parte na relação processual, portanto, e não apenas litisconsorte passiva necessária ou assistente, será a própria Fazenda Pública, em qualquer de suas esferas. O agente responsável pela ação ou omissão impugnada representa a Administração Pública em juízo, cabendo-lhe, porém, apenas prestar informações e cumprir materialmente o comando judicial[51].

Anote-se que a distinção não é meramente acadêmica, porquanto pode trazer reflexos, p. ex., no entendimento quanto às consequências da indicação errônea da autoridade coatora e à legitimidade recursal. Por conseguinte, se o sujeito passivo no mandado de segurança é a pessoa jurídica de direito público, não caberia, teoricamente, a extinção do *mandamus* por ilegitimidade passiva *ad causam* se equivocada a indicação da autoridade coatora, pois parte, na causa, é a pessoa jurídica a quem pertence o agente, e não este em si[52].

A nosso juízo, o polo passivo do mandado de segurança é integrado pela pessoa jurídica de direito público, de cujo interior tenha provindo o ato coator. Tal ponto de vista deflui da constatação de que o mandado de segurança, enquanto veículo de exercício do direito de ação, pressupõe a existência de uma lide, vale dizer, de uma pretensão resistida, qualificada pela submissão da controvérsia ao Poder Judiciário.

49 STJ, REsp 704.713/PE, rel. Min. Laurita Vaz, j. em 18-09-2008 (Informativo STJ nº 368).

50 MEIRELLES, Hely Lopes. *Mandado de Segurança*, p. 63; MORAES, Alexandre de. *Direito Constitucional Administrativo*, p. 285; DIREITO, Carlos Alberto Menezes. *Manual do Mandado de Segurança*, p. 91; MEDAUAR, Odete. *Direito Administrativo Moderno*. 5 ed. São Paulo: RT, 2001, p. 473.

51 SCARPINELLA BUENO, Cassio. *Mandado de Segurança*, p. 25; FIGUEIREDO, Lucia Valle. *Mandado de Segurança*, p. 50; DI PIETRO, Maria Sylvia Zanella. *Direito Administrativo*. 20 ed. São Paulo: Atlas, p. 717; PACHECO, José da Silva. *Mandado de Segurança e outras Ações Constitucionais Típicas*. 5 ed. São Paulo: RT, 2008, p. 211. STF, RE-AgR 412.430/MS, rel. Min. Ellen Gracie, j. 13-12-2005; STJ, REsp 984.032/ES, rel. Min. Castro Meira, j. em 05-06-2008, dentre outros arestos.

52 SCARPINELLA BUENO, Cassio, op. cit., p. 25.

Assim sendo, a controvérsia de interesses, ao menos em regra, ocorrerá entre o impetrante e a pessoa jurídica de direito público em cujo nome o ato tenha sido praticado. Assim, quem se qualifica como integrante do polo passivo da ação, sem dúvida, é entidade estatal de cujo âmago tenha advindo o ato impugnado.

Seja qual for a orientação do intérprete, certo é que, além de determinar a notificação da autoridade coatora (art. 7º, I, da Lei nº 12.016/09), o juiz deverá ordenar, sob pena de nulidade, que se dê ciência do feito ao órgão de representação judicial da pessoa jurídica interessada, enviando-lhe cópia da inicial sem documentos, para que, querendo, ingresse no feito (art. 7º, II, da LMS)[53].

2.1 *Autoridade coatora*, por sua vez, é aquela dotada de poder decisório segundo o organograma administrativo de cada ente federado. É a que ordena ou omite a prática do ato impugnado, e não o superior que o recomenda ou baixa normas para sua execução. Não há confundir, entretanto, o simples executor material do ato com a autoridade por ele responsável. Coator é a autoridade superior que pratica ou ordena concreta e especificamente a execução ou inexecução do ato impugnado e responde pelas suas consequências administrativas; executor é o agente subordinado que cumpre a ordem por dever hierárquico, sem se responsabilizar por ela. Por isso, é incabível a segurança contra autoridade que não disponha de competência para corrigir a ilegalidade impugnada, seja ela decorrente de ação ou omissão[54].

Nesse sentido dispõe o art. 6º, § 3º, da Lei nº 12.016/09: "Considera-se autoridade coatora aquela que tenha praticado o ato impugnado ou da qual emane a ordem para a sua prática".

Dúvidas podem surgir sobre a *identificação da autoridade coatora* quando a ação ou omissão tida como ilegal emanar de órgãos colegiados ou for decorrente de ato complexo, composto ou ocorrer no exercício de competência administrativa delegada.

[53] STF, AI-AgR 431.264/PE, rel. Min. Cezar Peluso, j. 30-10-2007; RE-AgR 401.519/DF, rel. Min. Eros Grau, j. 31-05-2005; STJ, REsp 704.713/PE, rel. Min. Laurita Vaz, j. 18-09-2008 (Informativo STJ nº 368).

[54] Meirelles, Hely Lopes. *Mandado de Segurança*, p. 65. Dispõe o artigo 1º, § 2º, inciso III, da Lei nº 9.784/99 (processo administrativo no âmbito federal) que considera-se autoridade "o servidor ou agente público dotado de poder de decisão".

Tratando-se de impugnação a atos colegiais, ou seja, derivados de *órgãos colegiados*, no polo passivo da impetração deve ser apontado o próprio órgão, a ser representado por seu presidente[55]. Se o propósito do impetrante é voltar-se contra decisão proferida no julgamento de *recurso administrativo*, coator será o órgão colegiado ou a autoridade que decidiu o recurso, e não aquela de cujo ato se recorreu[56].

Hely Lopes Meirelles anota que "nos *atos complexos* o coator é a última autoridade que neles intervém para seu aperfeiçoamento, mas a jurisprudência tem exigido a notificação de todos os que participaram do ato; nos *atos compostos* o coator é a autoridade que pratica o ato principal; nos *procedimentos administrativos* o coator é a autoridade que preside a sua realização"[57].

Sendo a ação ou omissão proveniente do exercício de *atribuição delegada* pelo Poder Público a particular ou mesmo a outro organismo estatal, coator será o agente delegado omisso ou que praticar o ato impugnado (STF, Súmula nº 510). Por conseguinte, se uma autoridade municipal aceitar delegações do Estado-membro ou da União, responderá por essas atribuições como autoridade estadual ou federal, perante os juízos privativos dessas entidades[58].

Alexandre de Moraes consigna que na chamada *delegação de assinatura*, isto é, quando a autoridade delegante transfere ao delegado somente a realização de tarefas materiais, mantendo consigo o poder decisório para a prático do ato, é em razão da qualidade do agente delegante que se deve aferir a competência para o manejo do *writ*[59].

55 FIGUEIREDO, Lucia Valle. *Mandado de Segurança*, p. 61.

56 DIREITO, Carlos Alberto Menezes. *Manual do Mandado de Segurança*, p. 99.

57 *Mandado de Segurança*, p. 67. Cassio Scarpinella Bueno exemplifica que, no procedimento licitatório, se o ato impugnado é o que *adjudica* a licitação, coatores são todos os componentes da Comissão processante, considerando que seu presidente apenas representa o órgão na esfera administrativa, mas não decide isoladamente em nome dele. Somente quando a causa da impugnação residir em decisão isolada de um dos membros da Comissão é que ele deverá figurar sozinho como autoridade coatora. Diferentemente, se o ato apontado como coator for o que *homologa* o certame, a autoridade coatora será quem pratica esse ato (*Mandado de Segurança*, p. 31).

58 MEIRELLES, Hely Lopes, op. cit., p. 67.

59 *Direito Constitucional Administrativo*, p. 289.

Outras hipóteses de cabimento de mandado de segurança em função do exercício de função delegada (ou considerada como tal) são mencionadas por Maria Sylvia Zanella Di Pietro[60]:

> "1. estabelecimentos particulares de ensino, embora exerçam funções apenas autorizadas e não delegadas pelo Poder Público (acórdãos *in* RT 496/77, 497/69, 498/84 e 502/55);
>
> 2. sindicatos, no que diz respeito à cobrança da contribuição sindical;
>
> 3. agentes financeiros que executam planos governamentais, sob as normas e a fiscalização do Poder Público, como ocorre com os agentes financeiros do Sistema Financeiro de Habitação;
>
> 4. serviços sociais autônomos que, embora de natureza privada, recebem parcela da contribuição arrecadada pela Previdência Social para, em troca, prestar assistência a determinadas categorias de trabalhadores; é o caso do SESI, SESC, SENAI, Legião Brasileira de Assistência e outras entidades congêneres".

2.2 *Indicação errônea da autoridade coatora.* Havendo erro na indicação da autoridade que deve figurar no polo passivo da impetração, duas correntes propõem consequências jurídicas distintas.

Para a primeira, a indicação errônea da autoridade coatora afetará uma das condições da ação (*legitimatio ad causam*), acarretando, portanto, a extinção do processo sem julgamento do mérito, pois não cabe ao juízo efetuar a correção e identificar a autoridade responsável pelo ato impugnado[61].

A segunda orientação, por outro lado, é no sentido de que o juiz pode e deve determinar a notificação da autoridade certa, como medida de economia processual, e, sendo incompetente, remeter o processo ao juízo competente. Isso porque a complexa estrutura dos órgãos administrativos nem sempre possibilita ao impetrante identificar com precisão o agente coator, principalmente nas repartições fazendárias

[60] *Direito Administrativo.* 20 ed. São Paulo: Atlas, p. 710.

[61] Moraes, Alexandre de. *Direito Constitucional Administrativo,* p. 287. No mesmo sentido se posiciona Carlos Alberto Menezes Direito, para quem, no entanto, o caso é de denegação da segurança, e não de extinção do processo sem exame do mérito (*Manual do Mandado de Segurança,* p. 98). No STJ: MS 13.534/DF, rel. Min. Teori Zavascki, j. 24-09-2008; MS 13.696/DF, rel. Min. Eliana Calmon, j. 24-09-2008 (Informativo STJ nº 369).

que estabelecem imposições aos contribuintes por chefias e autoridades diversas[62].

Por coerência com o ponto de vista já fixado, entendemos que a segunda orientação é mais correta. Primeiramente, à luz do entendimento de que o polo passivo da ação mandamental é composto pela pessoa jurídica de direito público. Em segundo, em virtude da aplicação do princípio da economia processual. Em terceiro, com base na orientação de que as garantias fundamentais, assim como os direitos, devem sempre ser objeto de uma interpretação maximizadora.

2.3 *Teoria da encampação.* Há diversos precedentes, notadamente no Superior Tribunal de Justiça, concebendo a chamada "teoria da encampação", segundo a qual se torna legítima a autoridade hierarquicamente superior que, ao prestar as informações de estilo, além de suscitar sua ilegitimidade passiva, enfrenta o mérito e defende o ato tido como ilegal. São três os requisitos reclamados para a aplicação da teoria: a) existência de vínculo hierárquico entre a autoridade que prestou informações e a que ordenou a prática do ato impugnado; b) ausência de modificação de competência estabelecida na Constituição Federal; e c) manifestação a respeito do mérito nas informações prestadas[63].

2.4 *Medicamentos.* Na esteira de copiosa orientação jurisprudencial, a União, o Estado, o Distrito Federal e o Município são partes legítimas para figurar no polo passivo nas demandas cuja pretensão é o fornecimento de medicamentos imprescindíveis à saúde. A ação poderá ser proposta em face de quaisquer desses entes, na medida em que a responsabilidade é solidária neste caso (CF, arts. 23, II e 196)[64].

[62] Meirelles, Hely Lopes, op. cit., p. 66; Scarpinella Bueno, Cassio, op. cit., p. 25; Figueiredo, Lucia Valle, op. cit., p. 78. No STJ: AgRg no Resp 1.067.041/RS, rel. Min. Francisco Falcão, j. 16-09-2008.

[63] STJ, RMS 26.230/RJ, rel. Min. Napoleão Nunes Maia Filho, j. 28-08-2008; Resp 711.971/BA, rel. Min. Laurita Vaz, j. 18-09-2008; MS 12.149/DF, rel. Min. Luiz Fux, j. 27-08-2008.

[64] STJ, AgRg no Ag 842.866/MT, rel. Min. Luiz Fux, j. 12-06-2007. No TJSP, com ampla fundamentação: Apelação Cível 442.437-5, Santos, rel. Des. Aroldo Viotti, j. 29-09-2008, dentre outros precedentes.

Confira-se o seguinte aresto do Supremo Tribunal Federal:

> "MANDADO DE SEGURANÇA - ADEQUAÇÃO - INCISO LXIX, DO ARTIGO 5º, DA CONSTITUIÇÃO FEDERAL. Uma vez assentado no acórdão proferido o concurso da primeira condição da ação mandamental - direito líquido e certo - descabe concluir pela transgressão ao inciso LXIX do artigo 5º da Constituição Federal. SAÚDE - AQUISIÇÃO E FORNECIMENTO DE MEDICAMENTOS - DOENÇA RARA. Incumbe ao Estado (gênero) proporcionar meios visando a alcançar a saúde, especialmente quando envolvida criança e adolescente. O Sistema Único de Saúde torna a responsabilidade linear alcançando a União, os Estados, o Distrito Federal e os Municípios." (RE 195.192/RS, rel. Min. MARCO AURÉLIO, DJ 31-03-2000, PP-00060).

Capítulo 5
Prazo para a Impetração

Dispõe o artigo 23 da Lei nº 12.016/09 que “o direito de requerer mandado de segurança extinguir-se-á decorridos 120 dias, contados da ciência, pelo interessado, do ato impugnado”.

Sobre a constitucionalidade do preceito, dois são os entendimentos construídos na doutrina e na jurisprudência.

Para o primeiro deles, predominante nos tribunais superiores (STF, Súmula nº 632), é constitucional a lei que fixa o prazo de decadência para a impetração de segurança em 120 dias, pois guarda razoabilidade com a dinâmica e a celeridade dessa ação constitucional.[65]

O segundo posicionamento, desenvolvido ainda na vigência da Lei nº 1.533/51, é no sentido de que a restrição temporal colide com a Constituição Federal de 1988, na medida em que esta já previu os limites e requisitos à impetração do *mandamus*, sem a delimitação de prazo para o seu exercício. Assim, o dispositivo legal em referência, porque restringe o exercício de direito fundamental previsto no art. 5º da Lei Maior, se afigura inconstitucional.[66]

[65] Na doutrina, dentre outros: Lucia Valle Figueiredo (*Mandado de Segurança*, p. 23) e Alexandre de Moraes (*Direito Constitucional Administrativo*, p. 309).

[66] É a posição defendida por Cassio Scarpinella Bueno (*Mandado de Segurança*, p. 190), Nelson Nery Júnior e Rosa Maria de Andrade Nery (*CPC Comentado*, p. 1.564).

Embora destoando da orientação amplamente majoritária, entendemos que a legislação infraconstitucional não pode restringir um dispositivo constitucional, sobretudo em se tratando de uma garantia fundamental. Com efeito, no catálogo de princípios de interpretação constitucional encontramos o assim chamado princípio da máxima efetividade, segundo qual a obrigação do exegeta é a de buscar a interpretação que maximize a aplicação da disposição constitucional, sobretudo em se tratando de direitos ou garantias fundamentais, como o mandado de segurança.

A propósito, a lição de Canotilho:

> "Este princípio, também designado por princípio da eficiência ou princípio da interpretação efectiva, pode ser formulado da seguinte maneira: a uma norma constitucional deve ser atribuído o sentido que maior eficácia lhe dê. É um princípio operativo em relação a todas e quaisquer normas constitucionais, e embora sua origem esteja ligada à tese da actualidade das normas programáticas, é hoje sobretudo invocado no âmbito dos direitos fundamentais (no caso de dúvidas, deve preferir-se a interpretação que reconheça maior eficácia aos direitos fundamentais)".

O art. 5º, LXIX da Constituição Federal, não estabeleceu qualquer restrição temporal quanto à utilização do mandado de segurança, cuidando-se deste modo de uma via alternativa para o exercício do direito de ação quando um direito líquido e certo for violado por ato de autoridade pública, nos termos já declinados.

Em se tratando o acesso ao Judiciário – e o próprio mandado de segurança – de institutos incorporados ao rol dos direitos e garantias fundamentais, quer nos parecer que nenhuma interpretação maximizadora permita outra conclusão senão a de que o dispositivo examinado não se coaduna com a atual Constituição.

Admitindo-se, porém, a constitucionalidade do preceito que impõe limitação temporal ao manejo do mandado de segurança, há consenso de que o prazo, na hipótese, é de *decadência*. Dessa forma, se decorrido o lapso de 120 dias previsto em lei, o que se extingue é o direito de impetrar mandado de segurança, mas não o direito material ameaçado ou violado, que poderá ser protegido pelas vias ordinárias.[67] Nesse sentido,

[67] NERY Jr., Nelson; NERY, Rosa Maria A., op.cit., p. 1.565.

aliás, decidiu o STF ao julgar, em 09-06-2021, a ADI 4296. Ou seja, entendeu-se que o prazo decadencial de 120 dias é constitucional, na medida em que, decorrido esse lapso, remanesce a possibilidade de postulação pelas vias ordinárias.

O *dies a quo* do lapso decadencial ocorre no primeiro dia útil seguinte à ciência do ato impugnado, seja pela publicação em diário oficial, seja por meio de notificação ou, ainda, por qualquer outra via idônea, tais como a aposição de "ciente" ou extração de cópias dos autos em que a decisão foi lançada[68].

Importa anotar que a fluência do prazo só tem início se o ato é operante e exequível, isto é, passível de produzir efeitos e violar direitos na esfera jurídica do interessado. Por isso, tem-se entendido que não flui o prazo para impetração enquanto o ato for suscetível de impugnação por *recurso administrativo com efeito suspensivo*, situação em que, até o julgamento deste, não se tem lesão ou ameaça de lesão a direito do interessado. Na hipótese, a contagem do lapso decadencial somente principia com o julgamento do recurso interposto ou com o decurso do prazo para sua interposição[69].

Cuidando-se de interposição de recurso administrativo *sem efeito suspensivo*, há entendimento, sobretudo doutrinário, de que a disciplina deve ser a mesma. Vale dizer, o prazo para impetração deve ser contado da decisão proferida no recurso sem efeito suspensivo, ou do termo final para a sua interposição, mercê da perspectiva de reforma do ato no âmbito administrativo.[70]

Registre-se, todavia, o pensamento divergente de Hely Lopes Meirelles, que, inclusive, encontra ressonância nos tribunais superiores:

> "...se o ato é irrecorrível ou apenas passível de recurso *sem efeito suspensivo*, contar-se-á o prazo da publicação ou da intimação pessoal do interessado; se admite recurso *com efeito suspensivo*, contar-se-á do

[68] STJ, REsp 964787/DF, 2ª T., rel. Min. Castro Meira, j. em 14-08-2007.

[69] STJ, AgRg no MS 12523/DF, rel. Min. Félix Fischer, j. em 24-10-2007. Hely Lopes Meirelles ressalva, porém, a hipótese de recurso com efeito suspensivo para cuja interposição se exige o depósito de caução. Nesse caso, a mera exigência de garantia seria geradora de gravame à parte, ensejando a segurança para a imediata invalidação do ato e, portanto, o início da fluência do prazo decadencial (*Mandado de Segurança*, p. 59).

[70] Direito, Carlos Alberto Menezes. *Manual do Mandado de Segurança*, p. 76; Scarpinella Bueno, Cassio. *Mandado de Segurança*, p. 196.

término do prazo para o recurso (se não for interposto) ou da intimação do julgamento final do recurso (se interposto regularmente)"[71].

Vale lembrar que "pedido de reconsideração na via administrativa não interrompe o prazo para o mandado de segurança" (STF, Súmula nº 430).

Tratando-se de lapso decadencial, é ele insuscetível de interrupção ou suspensão desde que iniciado (CC, art. 207), mas não corre contra os absolutamente incapazes (CC, art. 208). Não apenas pode, como deve, ser declarado de ofício pelo juiz (CC, art. 210).

Se o *último dia do prazo* para impetração corresponder a data em que não há expediente forense normal (férias ou feriado, p. ex.), a corrente majoritária, na doutrina e na jurisprudência, acentua que "sendo de decadência, o prazo não se suspende nem se interrompe pela superveniência de feriado: é inexorável. Caso o dia final do prazo (*dies ad quem*) termine num sábado, o impetrante deverá ajuizar o MS até o sábado, inclusive, procurando um juiz de plantão para despachar a petição inicial. Não poderá deduzir a impetração na segunda-feira seguinte".[72]

Reconheça-se, contudo, a existência de julgados no Superior Tribunal de Justiça prestigiando a orientação de que "o prazo decadencial para impetração do mandado de segurança, na hipótese de o termo final ocorrer em um feriado forense, é prorrogado para o primeiro dia útil seguinte", inclusive por conta da aplicação subsidiária das normas do Código de Processo Civil.[73]

Dando-se a impetração perante *juízo incompetente,* mas dentro do interregno de 120 dias a contar da ciência do ato impugnado, fica obstada a

[71] Op. cit., p. 59. "O Superior Tribunal de Justiça, secundando o entendimento do Supremo Tribunal Federal cristalizado na Súmula 430, possui jurisprudência uniforme no sentido de que a fluência do prazo decadencial no mandado de segurança tem início na data em que o interessado teve ciência inequívoca do ato atacado, independentemente do manejo de eventual recurso administrativo, salvo se o mesmo tivesse o excepcional efeito suspensivo" (AgRg nos EDcl no Resp 644640/RS, 5ª T., rel. Min. Gilson Dipp, j. em 27-02-2007).

[72] Nery Jr., Nelson; Nery, Rosa Maria A. *CPC Comentado,* p. 1.565; Scarpinella Bueno, Cassio. *Mandado de Segurança,* p. 194; Meirelles, Hely Lopes. *Mandado de Segurança,* p. 58.

[73] AgRg no Resp 681751/GO, 5º T., rel. Min. Laurita Vaz, j. 08-11-2007; Resp 201111/SC, 6ª T., rel. Min. Maria Thereza de Assis Moura, j. 08-03-2007. No mesmo sentido: Pacheco, José da Silva. *Mandado de Segurança e outras Ações Constitucionais Típicas.* 5 ed. São Paulo: RT, 2008, p. 215.

consumação da decadência[74]. Aplica-se, no caso, o disposto no artigo 64, § 3º, do CPC, cabendo ao juízo indevidamente eleito promover a remessa dos autos àquele que ostenta competência para apreciação do *writ*[75].

Não se deve confundir essa situação, porém, com a indicação errônea, na petição inicial, da autoridade coatora.

Assim, para os defensores da tese de que o erro na indicação da autoridade na petição inicial acarreta a extinção do processo sem resolução de mérito (por ilegitimidade passiva *ad causam*), advertia o saudoso Carlos Alberto Menezes Direito que

> "é necessário ter presente que o erro na indicação da autoridade coatora não pode ter o mesmo tratamento, assim porque a competência para julgamento do mandado de segurança determina-se em função da autoridade coatora, sendo responsabilidade da parte a sua identificação correta. Nessa direção decidiu o Pleno do Tribunal de Justiça de Santa Catarina, considerando que o erro na indicação da autoridade coatora não renova a contagem do prazo, sendo inviável corrigir a equivocada indicação pela ocorrência do prazo decadencial. No mesmo diapasão, relator o Ministro Ari Pargendler, decidiu o Superior Tribunal de Justiça que 'a extinção do processo anterior, em razão da indicação errônea da autoridade impetrada, não restabelece o prazo consumido na respectiva tramitação'".[76]

Prestando-se a impetração a suprir *omissão* de autoridade pública, não se há falar, em regra, de prazo decadencial, porquanto impossível identificar-se o *dies a quo* para a contagem. Ressalva-se, entretanto, a hipótese em que a lei marca prazo para a prática do ato[77], pois o decurso desse prazo aponta para a ocorrência de ilegalidade por omissão e, pois, violação a direito do interessado. Assim, decorrido o lapso temporal

[74] STJ, MS 11.957/DF, rel. Min. Teori Zavascki, j. 14-11-2007.

[75] MEIRELLES, Hely Lopes, op. cit., p. 60; DIREITO, Carlos Alberto Menezes, op. cit., p. 79. STF, AgR no MS nº 26.006, rel. Min. Celso de Mello, j. em 02-04-2007 (Informativo STF nº 462, abril/2007).

[76] *Manual do Mandado de Segurança*, p. 79.

[77] Como exemplos, podem ser mencionados os prazos para a emissão de certidões (15 dias – art. 1º da Lei nº 9.051/95) e para a prática de atos no processo administrativo federal (5 dias – art. 24 da Lei nº 9.784/99).

fixado em lei para a prática do ato, e permanecendo inerte a autoridade, tem início a fluência do prazo decadencial de 120 dias.[78]

Tratando-se de omissão continuada em relação jurídica de trato sucessivo, tal como a inércia da autoridade em pagar parcela remuneratória alimentícia, o prazo de decadência é renovado periodicamente, mês a mês.[79]

No que diz respeito a *concursos públicos*, prevalece no Superior Tribunal de Justiça a orientação de que, em *writ* voltado contra a ausência de nomeação de candidatos aprovados, a decadência começa a correr com o término do prazo de validade do certame[80]. Por outro lado, o prazo decadencial para impetração de mandado de segurança que questiona norma constante de edital de concurso público tem como termo inicial a data da respectiva publicação[81].

Anote-se, finalmente, que inexiste prazo decadencial para o ajuizamento de mandado de segurança preventivo, simplesmente porque ainda não se tem, no caso, violação concreta a direito líquido e certo do interessado, ponto de início da fluência daquele prazo.

[78] STF, Súmula nº 429. STJ, RMS nº 24631/MA, 5ª T., rel. Min. Félix Fischer, j. em 30-05-2008; RMS nº 20156/MA, 1ª T., rel. Min. Luiz Fux, j. em 21-11-2006. Na doutrina: Direito, Carlos Alberto Menezes, op. cit., p. 77; Meirelles, Hely Lopes, op. cit., p. 60; Scarpinella Bueno, Cassio, op. cit., p. 196.

[79] STJ, AgResp nº 1008139/AM, 6ª T., rel. Des. convocada Jane Silva, j. em 17-04-2008; AgRg no Resp 991432/AM, 6ª T., rel. Des. convocada Jane Silva, j. em 27-03-2008.

[80] RMS nº 14491/MG, rel. Min. Maria Thereza de Assis Moura, j. em 10-06-2008; RMS nº 25601/SP, rel. Min. Félix Fischer, j. em 27-03-2008.

[81] STJ, RMS nº 24630/RO, rel. Min. Félix Fischer, j. em 03-04-2008; AgRg no RMS nº 21133/BA, rel. Min. Nilson Naves, j. em 27-03-2008.

Capítulo 6
Competência

1. Critério para definição

Tradicionalmente compreendida como a "medida da jurisdição", a competência é extraída, essencialmente, da conjugação dos seguintes aspectos: a) quanto à determinação da competência de cada uma das Justiças e dos Tribunais Superiores da União, os critérios são extraídos especialmente da Constituição Federal; b) as regras sobre o foro competente (comarcas e seções judiciárias) constam das leis federais (Código de Processo Civil, Código de Processo Penal, CLT etc.); c) a competência originária dos tribunais locais é extraída das Constituições Estaduais; d) a competência de juízo (varas especializadas, p. ex.) é aferida pela análise das leis de organização judiciária (federal e estaduais)[82].

Partindo dessas premissas, a competência para processar e julgar mandado de segurança é estabelecida pelo exame de dois fatores: *categoria da autoridade coatora e localização de sua sede funcional*[83]. Importa, pois, antes de tudo, verificar no texto constitucional as hipóteses de prerrogativa de foro concernentes a determinadas classes de autoridade.

Assim, ao *Supremo Tribunal Federal* compete processar e julgar, originariamente, o mandado de segurança contra atos do Presidente da

[82] Araújo Cintra, Antonio Carlos; Grinover, Ada Pellegrini; Dinamarco, Cândido Rangel. *Teoria Geral do Processo*. 24 ed. São Paulo: Malheiros, 2008, p. 249.

[83] Meirelles, Hely Lopes, op. cit., 73; Scarpinella Bueno, Cassio, op. cit., p. 46.

República, das Mesas da Câmara dos Deputados e do Senado Federal, do Tribunal de Contas da União, do Procurador-Geral da República e do próprio Supremo Tribunal Federal, bem como as ações (compreendido o mandado de segurança) contra o Conselho Nacional de Justiça e contra o Conselho Nacional do Ministério Público (CF, artigo 102, I, "d" e "r")[84].

Registre-se que, segundo os enunciados de suas Súmulas nº 330 e 624, o Supremo Tribunal Federal não é competente para conhecer de mandado de segurança contra atos de outros Tribunais[85].

O *Superior Tribunal de Justiça*, por sua vez, tem competência originária para processar e julgar mandados de segurança contra ato de Ministro de Estado, dos Comandantes da Marinha, do Exército e da Aeronáutica ou do próprio Tribunal (CF, artigo 105, I, "b").

Não detém o STJ, todavia, competência para processar e julgar, originariamente, mandado de segurança contra ato de órgão colegiado presidido por Ministro de Estado (Súmula nº 177) ou contra ato de outros tribunais ou dos respectivos órgãos (Súmula nº 41).

Afastada a competência originária dos Tribunais Superiores (STF e STJ), na conformidade do que prescreve a Constituição Federal, há que se aferir a chamada *competência de jurisdição*, que, na lição de Antonio C. A. Cintra, Ada P. Grinover e Cândido R. Dinamarco

> "é distribuída na forma dos arts. 109, 114, 121, 124, 125, §§ 3º e 4º, da Constituição Federal. Nos diversos casos, são da seguinte natureza os dados levados em conta pelo constituinte: a) *natureza da relação jurídica material controvertida*, para definir a competência das Justiças especiais em contraposição à das comuns (arts. 114, 121 e 124); b) *qualidade das pessoas*, para distinguir a competência da Justiça Federal (comum) e das Justiças Estaduais ordinárias (também comuns) (art. 109), bem como das Justiças Militares estaduais e da União (art. 125, §§ 3º e 4º)"[86].

[84] Incluem-se na competência do STF o julgamento de mandados de segurança contra atos praticados por membros de Comissões Parlamentares de Inquérito do Congresso Nacional (MS-REF-MC 27.483/DF, rel. Min. Cezar Peluso, j. 14-08-2008; RTJ 163/626).

[85] STF, MS-AgR 26.839/RS, Pleno, rel. Min. Ricardo Lewandowski, j. 25-06-2008. A Lei Orgânica da Magistratura Nacional prevê competir aos Tribunais julgar, originariamente, os mandados de segurança contra seus atos, os dos respectivos Presidentes e os de suas Câmaras, Turmas ou Seções (LC nº 35/79, art. 21, VI).

[86] Op. cit., p. 255.

Dessa forma, excluído o cabimento de impetração diretamente perante as Cortes Superiores, e também afastada a competência material (*ratione materiae*) das Justiças especializadas (Trabalho, Eleitoral e Militar), restará à Justiça Comum (Federal ou Estadual) processar e julgar o *mandamus,* dependendo, neste último caso, da *categoria da autoridade* (qualidade da parte) responsável pela ação ou omissão impugnada (CF, art. 109 e art. 2º da LMS).

Será, então, pelo estudo do *status* da autoridade coatora e pela sua *sede funcional* que se definirá a competência para o processo e julgamento da ação mandamental.

Por isso, se o mandado de segurança for manejado contra ato de autoridade federal, caberá à *Justiça Federal* de primeiro grau a apreciação do *writ,* ressalvados os casos de competência originária dos Tribunais Regionais Federais (CF, arts. 108, I, "c" e 109, VIII).

Considera-se "federal a autoridade coatora se as consequências de ordem patrimonial do ato contra o qual se requer o mandado houverem de ser suportadas pela União ou entidade por ela controlada" (art. 2º da Lei nº 12.016/09).

Da mesma forma, tratando-se de autoridade estadual ou municipal (ou o particular em regime de concessão) no exercício de *função delegada* do poder público federal, a competência será da Justiça Federal. Assim também se o impetrante for um dos entes arrolados no artigo 109, inciso I, da Constituição Federal (competência *ratione personae*)[87].

Não sendo a competência afeta à Justiça Federal, aí sim, em caráter residual, caberá à *Justiça Estadual* conhecer de todos os demais mandados de segurança, com a ressalva de que as Constituições Estaduais, assim como a Federal, podem contemplar hipóteses de competência

[87] Como as sociedades de economia mista não foram incluídas no art. 109, inciso I, da CF, Hely Lopes Meirelles refere que a competência para julgamento de eventual mandado de segurança contra atos de seus dirigentes será da Justiça Comum Estadual, mesmo que a União seja a controladora. Se o *writ* é contra ato de dirigente de pessoa jurídica de direito privado praticado por delegação do poder público federal, a competência é da Justiça Federal. Por outro lado, se o ato praticado pelo administrador da sociedade de economia mista é de gestão, não tendo ocorrido delegação do Poder Público, sustenta o autor que descabe o mandado de segurança, por inexistir ato de autoridade, na medida em que as sociedades de economia mista têm o mesmo regime jurídico das empresas privadas, nos termos do art. 173, § 1º, II, da CF (*Mandado de Segurança*, p. 77).

originária dos tribunais locais para processo e julgamento do *mandamus* contra ato de determinadas autoridades estaduais ou municipais[88].

Uma vez estabelecida a competência da Justiça Federal ou da Justiça Estadual, conforme a categoria da autoridade impetrada, resta definir a competência *territorial* ou de *foro* para a impetração da ordem.

No caso específico do mandado de segurança, o critério para identificação do foro competente (comarca ou seção judiciária) é o da *sede funcional* da autoridade coatora. Sendo duas ou mais as autoridades impetradas, com sedes funcionais em foros distintos, incide o disposto no artigo 46, § 4º, do CPC, podendo o *writ*, portanto, ser ajuizado em qualquer deles, à escolha do autor[89].

Mas não é só. Uma vez aferido o foro competente, a partir da identificação da sede funcional da autoridade coatora, incumbe ao impetrante verificar a *competência do juízo*. Isso porque as leis de organização judiciária podem prever, em determinadas comarcas ou seções judiciárias, varas ou juízos privativos para o julgamento de causas afetas à Fazenda Pública. No caso do Estado de São Paulo, por exemplo, são as chamadas "Varas da Fazenda Pública".

Registre-se, todavia, que a competência das varas privativas pressupõe, sempre, a existência de competência territorial para o julgamento do *writ*. A vara privativa da Fazenda Pública só desloca a competência no mesmo território (isto é, o da sede funcional da autoridade coatora), mas não atrai processos cujas competências territoriais sejam de outras comarcas ou seções judiciárias[90]. É, a propósito, o que dispõe o verbete da Súmula nº 206 do STJ ("A existência de vara privativa, instituída por lei estadual, não altera a competência territorial resultante das leis de processo").

2. Impetração perante juízo incompetente

Aplica-se, no caso, o disposto no artigo 64, § 3º, do CPC, cabendo ao juízo indevidamente eleito promover a remessa dos autos àquele que ostenta competência para apreciação do *writ*[91].

[88] Cf. Constituição Paulista, art. 74.

[89] SCARPINELLA BUENO, Cassio, op. cit., p. 47.

[90] MEIRELLES, Hely Lopes, op. cit., p. 77; SCARPINELLA BUENO, Cassio, op. cit., p. 52.

[91] MEIRELLES, Hely Lopes, op. cit., p. 75; DIREITO, Carlos Alberto Menezes, op. cit., p. 79; SCARPINELLA BUENO, Cassio, op. cit., p. 48; CARVALHO FILHO, José dos Santos. *Manual*

3. "Deslocamento" da autoridade coatora

Diante da natureza do mandado de segurança, remédio constitucional volvido sobretudo à tutela de direitos fundamentais, Lucia Valle Figueiredo frisa que a lei não pode "estabelecer competência *ad hoc*, quer dizer, competência para aquele fato aleatoriamente. Se já houver *autoridade competente*, não se poderá, por meio transverso, estabelecer-se outra autoridade, pois, assim, teoricamente, possível seria deslocar-se todos os mandados de segurança para Brasília, por hipótese"[92].

Sobre o tema, citando precedentes do Superior Tribunal de Justiça, Nelson Nery Júnior e Rosa Maria A. Nery lembram que a circunstância de a autoridade superior avocar o ato coator inferior não produz efeitos modificadores da competência do juiz, depois de instaurada a instância judicial. Da mesma forma, a posterior elevação do *status* funcional da autoridade impetrada não altera a competência originária para o *mandamus*[93].

Seguem, em caráter ilustrativo, alguns precedentes que envolvem o exame da competência para o processo e o julgamento do mandado de segurança:

Banco do Brasil. "Competência. Mandado de Segurança. Sociedade de economia mista. Ato de gerente do Banco do Brasil S/A. Ato de gestão própria. Não se tratando de mandado de segurança impetrado contra ato dirigente de pessoa jurídica de direito privado praticado no exercício de delegação do poder público federal, mas contra mero ato de gestão da própria sociedade de economia mista, a competência é da Justiça Estadual" (STJ, CC 26.401/RS, rel. Min. Barros Monteiro, j. 10-04-2002).

Caixa Econômica Federal. Compete à Justiça Federal processar e julgar *writ* impetrado contra agente da CEF, sobretudo nos feitos relacionados à movimentação do FGTS (STJ, Súmula nº 82; CC 69.458/SP, rel. Min. Denise Arruda, j. 11-06-2008).

Instituições particulares de ensino superior. Cabe à justiça federal julgar ato praticado por dirigente de instituição particular de ensino superior,

de Direito Administrativo, p. 913. STF, AgR no MS nº 26006, rel. Min. Celso de Mello, j. em 02-04-2007 (Informativo STF nº 462, abril/2007); AO-AgR 1137/DF, T. Pleno, rel. Min. Cezar Peluso, j. 16-06-2005.

92 *Mandado de Segurança*, p. 57.

93 *CPC Comentado*. 10 ed. São Paulo: RT, 2008, p. 1550-2. No mesmo sentido: MORAES, Alexandre de. *Direito Constitucional Administrativo*, p. 290.

considerado autoridade federal, na qualidade de representante de entidade particular investido de delegação federal (STJ, CC 53.922-GO, rel. Min. Eliana Calmon, j. 13-08-2008). Da mesma forma, compete à Justiça Federal julgar *writ* que impugna ato de dirigente relacionado a curso de pós-graduação *stricto sensu* (mestrado ou doutorado), pois sujeito à fiscalização da CAPES, órgão do Ministério da Educação (STJ, CC 63.955/SP, rel. Min. Humberto Martins, j. 27-06-2007).

Juizados Especiais Cíveis e Criminais. "Competência. Originária. Mandado de segurança. Ato judicial. Impetração contra decisão de juiz de Colégio Recursal. Feito da competência da turma de origem. Incompetência absoluta do STF. Reconhecimento. Interpretação do art. 102, I, "d", da CF. Precedentes. O Supremo Tribunal Federal não é competente para conhecer originariamente de mandado de segurança contra decisão de juiz de Colégio Recursal" (STF, MS-AgR 24.858/SP, Pleno, rel. Min. Cezar Peluso, j. 30-08-2007; MS-AgR-ED 26.427/PE, Pleno, rel. Min. Joaquim Barbosa, j. 06-06-2007; MS 27.616/SP, rel. Min. Cármen Lúcia, j. 29-09-2008)[94].

Junta Comercial. "A jurisprudência deste Superior Tribunal de Justiça tem decidido pela competência da Justiça Federal, nos processos em que figuram como parte a Junta Comercial do Estado, somente nos casos em que se discute a lisura do ato praticado pelo órgão, bem como nos mandados de segurança impetrados contra seu presidente, por aplicação do artigo 109, VIII, da Constituição Federal, em razão de sua atuação delegada. Em casos em que particulares litigam acerca de registros de alterações societárias perante a Junta Comercial, esta Corte vem reconhecendo a competência da justiça comum estadual, posto que uma eventual decisão judicial de anulação dos registros societários, almejada pelos sócios litigantes, produziria apenas efeitos secundários para a Junta Comercial do Estado, fato que obviamente não revela questão afeta à validade do ato administrativo e que, portanto, afastaria o interesse da Administração e, conseqüentemente, a competência da Justiça Federal para julgamento da causa. Precedentes (STJ, REsp 678.405/RJ, rel. Min. Castro Filho, j. 16-03-2006)".

[94] "Compete à turma recursal processar e julgar o mandado de segurança contra ato de juizado especial" (Súmula nº 376 do Superior Tribunal de Justiça).

Servidor público. "Inconstitucionalidade. Ação direta. Competência. Justiça do Trabalho. Incompetência reconhecida. Causas entre o Poder Público e seus servidores estatutários. Ações que não se reputam oriundas de relação de trabalho. Conceito estrito desta relação. Feitos da competência da Justiça Comum. Interpretação do art. 114, inc. I, da CF, introduzido pela EC 45/2004. Precedentes. Liminar deferida para excluir outra interpretação. O disposto no art. 114, I, da Constituição da República, não abrange as causas instauradas entre o Poder Público e servidor que lhe seja vinculado por relação jurídico-estatutária" (STF, ADI-MC 3395/DF, Pleno, rel. Min. Cezar Peluso, j. 05-04-2006).

Capítulo 7
Procedimento

1. Petição inicial

Assim como qualquer outra, a petição inicial do mandado de segurança deve atender aos requisitos do artigo 319 do Código de Processo Civil (art. 6º da LMS) e vir instruída com os documentos indispensáveis à propositura da ação (CPC, art. 320), especialmente porque o cabimento do *writ* está condicionado à comprovação *prima facie* do direito invocado.

A única hipótese em que o impetrante está autorizado a ajuizar a ação constitucional sem instruí-la com a prova documental pertinente é aquela contemplada no parágrafo 1º do art. 6º da Lei 12.016/09. Vale dizer, então, que se o documento necessário à prova do alegado se achar em repartição ou estabelecimento público, ou em poder de autoridade que se recuse a fornecê-lo, poderá o impetrante requerer ao juiz que este requisite o documento, devendo a autoridade apresentá-lo em juízo no prazo de 10 dias.

O texto da petição inicial do *mandamus* deve ser claro e objetivo, com uma coerente exposição dos fatos e a precisa indicação do ato impugnado e da autoridade apontada como coatora[95].

Inicialmente, caberá ao patrono do requerente formular o endereçamento da petição ao juízo competente, segundo as regras expostas no

[95] DIREITO, Carlos Alberto Menezes, op. cit., p. 109.

capítulo anterior, é dizer, tomando por base a categoria e a sede funcional da autoridade coatora.

Em seguida, deverá o autor apresentar sua completa qualificação e indicar, com o máximo de precisão, a autoridade coatora e a respectiva sede funcional, onde será notificada para prestar informações. Deverá ao impetrante, ainda, para evitar atraso na tramitação do feito, referir a qual pessoa jurídica de direito público ou privado está vinculada a autoridade, fornecendo desde já o endereço para a intimação prevista no art. 7º, II, da LMS.

Segue-se, então, a exposição da causa de pedir do *writ*, isto é, dos fatos (que já deverão estar provados documentalmente) e dos fundamentos jurídicos da pretensão. Incumbe ao requerente, nesta etapa, delinear com objetividade a ação ou omissão impugnadas, ou o justo receio de que irão ocorrer, no caso de mandado de segurança preventivo. Deverá, além disso, narrar em que consiste a ilegalidade ou abuso de poder e qual é o seu direito subjetivo violado ou ameaçado de lesão.

Respeitada a coerência lógica com a causa de pedir, deduzirá o autor sua pretensão, ou seja, postulará a concessão de ordem judicial determinando à autoridade coatora que faça ou deixe de fazer algo.

A peça inicial há de conter, mais, o requerimento de notificação (que servirá como citação) da autoridade impetrada para prestar informações em 10 dias (art. 7º, I, da LMS), de intimação do representante judicial da pessoa jurídica de direito público ou privado a que pertence essa autoridade (art. 7º, II, da LMS) e de citação de eventuais litisconsortes (STF, Súmula nº 701).

Faculta-se ao requerente, ademais, a inclusão de pedido para o deferimento de liminar, desde que presentes os pressupostos mencionados no art. 7º, inciso III, da Lei nº 12.016/09.

O requerimento para produção de provas só tem pertinência quanto à prova documental, que, como visto, deve acompanhar a petição inicial. Ressalva-se, uma vez mais, apenas a situação contemplada no art. 6º, parágrafo 1º, da LMS, que está a reclamar do autor, portanto, a formulação de pedido expresso para requisição de documentos à autoridade que os sonegou.

Valor da causa. Exige-se que da petição inicial do *mandamus* conste o valor da causa, que deve corresponder ao proveito econômico subjacente à impetração, quando for suscetível de ser quantificado. Nos demais casos, será dado por estimativa do requerente (CPC, art. 291). Admite-se a impugnação ao valor da causa pelo impetrado, ou mesmo sua correção de ofício pelo juiz, mormente quando há critério para sua mensuração fixado em lei[96].

Infere-se do art. 6º da LMS que a petição inicial deve ser acompanhada de tantas vias (contrafés) quantas forem as autoridades impetradas e os litisconsortes, sem olvidar do representante judicial da pessoa jurídica que receberá a intimação prevista no art. 7º, inciso II, da Lei nº 12.016/09. Impõe-se, também, que as notificações, intimações e citações sejam instruídas com cópias dos documentos anexados à petição inicial, exceção feita apenas ao representante da pessoa jurídica interessada (art. 7º, II, da LMS).

Embora inexista imposição legal nesse sentido, recomenda-se ao proponente do *mandamus* que as cópias exibidas com a inicial sejam autenticadas, ainda que por seu patrono (CPC, art. 425, inciso IV), evitando-se, assim, impugnações que possam comprometer a celeridade da via mandamental.

Havendo *urgência na concessão da ordem*, dispõe o artigo 4º da LMS que "é permitido, observados os requisitos legais, impetrar mandado de segurança por telegrama, radiograma, fax ou outro meio eletrônico de autenticidade comprovada". Nesses casos, o texto original da petição deverá ser apresentado nos 5 (cinco) dias úteis seguintes. Poderá o juiz, ainda, nas hipóteses de urgência, notificar a autoridade por telegrama, radiograma ou outro meio que assegure a autenticidade do documento e a imediata ciência pela autoridade

Decorrido mais de meio século da edição da Lei nº 1.533/51, e em sintonia com o cenário tecnológico atual, a Lei nº 12.016/09 prevê, expressamente, a possibilidade da prática de atos processuais por meio eletrônico, "observadas as regras da Infra-Estrutura de Chaves Públicas Brasileiras – ICP Brasil" (art. 4º, § 3º).

É de se admitir, assim, a impetração do *mandamus* e a notificação da autoridade coatora pelas modernas técnicas de transmissão de dados, tais como o fac-símile (Lei nº 9.800/99) ou o *e-mail*, respeitados sempre,

96 Scarpinella Bueno, Cassio, op. cit., p. 77; Meirelles, Hely Lopes, op. cit., p. 122 e Moraes, Alexandre de, op. cit., p. 312.

porém, os parâmetros de segurança estabelecidos em lei (CPC, artigos 195 e 196; Lei nº 11.419/06, arts. 2º e 9º)[97].

2. Tramitação do writ e indeferimento da petição inicial

Tendo em vista a própria natureza dos direitos reclamados pela via mandamental, a tramitação do *writ* deve ser ágil, com prioridade sobre todos os demais processos judiciais, salvo o *habeas corpus* (art. 20 da LMS).

Proposto o mandado de segurança (e distribuído onde houver mais de um juízo competente – CPC, art. 284), a conclusão deve ser aberta ao juiz no prazo de até 5 (cinco) dias. Sendo o caso de competência originária dos tribunais, o processo deverá ser apresentado a julgamento na primeira sessão que se seguir à data em que, feita a distribuição, os autos forem conclusos ao relator (art. 20 e §§ da Lei nº 12.016/09).

Verificando o magistrado que a petição inicial não cumpre os ditames do art. 319 do CPC, cabe, antes de indeferi-la, oportunizar-se ao autor sua emenda em 15 dias, na forma do art. 321 do estatuto processo civil. É nesse sentido que deve ser compreendido o artigo 10 da LMS ("A inicial será desde logo indeferida, por decisão motivada, quando não for caso de mandado de segurança ou lhe faltar algum dos requisitos legais ou quando decorrido o prazo legal para a impetração").

Excetuam-se, todavia, as situações em que a emenda é descabida. É o caso de manifesta inadequação de via eleita, isto é, quando já sobressai do exame preliminar da petição inicial a ausência de liquidez e certeza do direito invocado, mercê da necessidade de ampla produção de provas testemunhais ou periciais, por exemplo. Ou, ainda, quando o requerente não possui interesse de agir porque aguarda julgamento de recurso administrativo, com efeito suspensivo, interposto contra o ato impugnado.

Cassio Scarpinella Bueno recorda, por outro lado, duas hipóteses em que o indeferimento da petição inicial do *mandamus* se dá pelo mérito[98].

A primeira se verifica quando a impetração ocorre fora do prazo decadencial de 120 dias a contar da ciência, pelo interessado, do ato impugnado (art. 23 da LMS, ressalvada a discussão sobre a constitucionalidade do preceito), tendo em vista o disposto no art. 487, inciso II, do CPC. Entende-se, porém, que o reconhecimento da decadência obsta,

[97] Scarpinella Bueno, Cassio, op. cit., p. 58.

[98] *Mandado de Segurança*, p. 118.

apenas, a impetração de outro mandado de segurança, mas não a impugnação da ilegalidade ou abuso de poder por via processual diversa.

A segunda hipótese está contemplada no artigo 332 e seus incisos do CPC, isto é, o juiz julgará liminarmente improcedente o pedido que contrariar enunciado de súmula do STF ou STJ, acórdão proferido pelo STF ou STJ em julgamento de recursos repetitivos, entendimento firmado em IRDR ou assunção de competência ou, ainda, enunciado de súmula de tribunal de justiça sobre direito local.

Indeferida a inicial por qualquer razão, o recurso cabível é o de apelação, a ser interposto em 15 dias, observados os artigos 331 e 332, § 3º, do CPC (juízo de retratação). Nos tribunais, se o indeferimento *prima facie* for decidido pelo relator, caberá agravo interno dessa decisão (CPC, art. 1.021) e, só após, recurso ordinário ao STF ou STJ, dependendo do caso (CF, art. 102, II, "a"; art. 105, II, "b")[99].

3. Liminar

3.1 Pressupostos para a concessão

A Lei nº 12.016/09 prevê a possibilidade de deferimento de liminar para suspensão do ato "quando houver fundamento relevante e do ato impugnado puder resultar a ineficácia da medida, caso seja finalmente deferida" (art. 7º, inciso III).

São dois, portanto, os pressupostos para a concessão da tutela de urgência: a) relevância do fundamento, que diz com a plausibilidade do direito postulado (*fumus boni iuris*); b) risco de ineficácia da medida se concedida apenas ao final do processo (*periculum in mora*).

Presentes os dois requisitos, inexiste discricionariedade ao juiz para conceder ou negar a liminar[100]. A decisão, aqui, é vinculada: se presentes os requisitos, o deferimento da liminar é imperativo; se ausentes, o único desfecho possível é a negativa da tutela de urgência. Cabe ao julgador, pois, *interpretar* fatos e argumentos jurídicos trazidos a juízo para,

[99] Meirelles, Hely Lopes, op. cit., p. 81.

[100] Nery Jr., Nelson; NERY, Rosa Maria de Andrade. *CPC Comentado*, p. 1.557; Meirelles, Hely Lopes, op. cit., p. 82; Figueiredo, Lucia Valle, op. cit., p. 123; Scarpinella Bueno, Cassio, op. cit., p. 91; Pacheco, José da Silva, op. cit., p. 225.

a partir daí, formado o seu livre convencimento, concluir motivadamente pela relevância do fundamento e pela presença do *periculum in mora*. Não se admite, porém, que uma vez verificada a presença dos requisitos legais, decida o juiz pelo indeferimento da liminar por razões de oportunidade e conveniência, ingressando, assim, na zona nebulosa da discricionariedade. O único balizamento admissível para a concessão ou negativa da liminar é o previsto no art. 7º, inciso III, da LMS. Nada mais. Livre convencimento motivado, construído após interpretação abrangente desenvolvida pelo magistrado, não se confunde com discricionariedade para decidir segundo os parâmetros de oportunidade e conveniência do aplicador da norma.

A liminar pode, conforme o pedido formulado, ter natureza tipicamente acautelatória (como a suspensão de um processo licitatório) ou mesmo consistir em antecipação, total ou parcial, dos efeitos da tutela principal reclamada (CPC, art. 294)[101]. Imagine-se, como exemplo de tutela antecipatória, o *mandamus* ajuizado com pedido de liminar visando à obtenção de certidões ou medicamentos do poder público.

Como a lei faz alusão apenas à "suspensão do ato", respeitável segmento doutrinário se posiciona contrariamente ao deferimento da liminar nas hipóteses de omissão da autoridade coatora[102]. Reputa-se, todavia, que a locução deve ser compreendida no seu sentido mais amplo, abrangendo, portanto, a possibilidade de ordem liminar positiva nos casos de omissão ilegal da autoridade, a fim de que esta, p. ex., forneça os documentos sonegados, proceda à inscrição do candidato em certo concurso público etc.[103]

Concessão de ofício. Diante da literalidade da previsão legal ("ao despachar a inicial, o juiz ordenará que se suspenda o ato...") e da própria natureza assecuratória de direitos que é imanente ao mandado de segurança, admite-se a concessão *ex officio* da liminar pelo juiz, vale dizer, independentemente de pedido expresso do impetrante[104].

[101] Scarpinella Bueno, Cassio, op. cit., p. 88; Direito, Carlos Alberto Menezes, op. cit., p. 115; Figueiredo, Lucia Valle, op. cit., p. 112.

[102] Direito, Carlos Alberto Menezes, op. cit., p. 121.

[103] Pacheco, José da Silva, op. cit., p. 223.

[104] Nery Jr., Nelson; Nery, Rosa Maria de Andrade, op. cit., p. 1.557; Scarpinella Bueno, Cassio, op. cit., p. 89; Pacheco, José da Silva, op. cit., p. 224.

Da mesma forma, verificando que não mais subsistem seus pressupostos, a liminar poderá ser revogada a qualquer tempo pelo magistrado, ainda que sem provocação das partes.

Registre-se que, com o fito de assegurar o efetivo cumprimento da liminar, Cassio Scarpinella Bueno exorta sobre a pertinência da aplicação das medidas de apoio previstas no art. 497 do CPC ao processo mandamental:

> "Assim, a imposição de multa diária à autoridade coatora ou à pessoa jurídica a que ela pertença (mesmo sem pedido – exceção expressa da lei), a busca e apreensão, remoção de pessoas e coisas, desfazimento de obras, impedimento de atividade nociva, além de requisição de força policial, sem prejuízo de outras que se mostrem, em cada caso concreto, necessárias ou suficientes para a obtenção da tutela específica, são medidas que devem ser utilizadas, aprimoradas e sistematizadas *também* para o mandado de segurança, para plena realização do instituto. Tudo em prol do reforço da *mandamentalidade* ínsita a essa ação"[105].

3.2 Caução ou contracautela

Prevê o art. 7º, inciso III, da Lei nº 12.016/09, a possibilidade de que o juiz condicione a concessão da liminar à prestação de caução, fiança ou depósito, com o fito de assegurar o ressarcimento da pessoa jurídica.

A doutrina, todavia, é uníssona em afirmar ser descabida a exigência de caução como condição para o deferimento da liminar no *mandamus,* inclusive em matéria tributária[106]. Isso porque, além da ausência de previsão constitucional a respeito, a imposição de contracautela atenta contra a garantia de amplo acesso à Justiça, situação indesejável sobretudo quando se cuida de preservação de direitos fundamentais. Nesse trilhar, uma vez presentes os requisitos do art. 7º, inciso III, da LMS, impõe-se o

[105] *Mandado de Segurança,* p. 94. No STJ, aplicando multa diária: Rcl 1827/DF, rel. Min. Arnaldo Esteves Lima, j. 25-10-2006.

[106] MORAES, Alexandre de, op. cit., p. 302; FIGUEIREDO, Lucia Valle, op. cit., p. 132; PACHECO, José da Silva, op. cit., p. 235; DIREITO, Carlos A. Menezes, op. cit., p. 120; SCARPINELLA BUENO, Cassio, op. cit., p. 99. Hely Lopes Meirelles, por sua vez, embora se revele contrário à exigência de caução, concebe "que se dê na matéria ao juiz uma faculdade que deverá exercer dentro dos critérios de razoabilidade e proporcionalidade aos quais se refere a jurisprudência do Supremo Tribunal Federal" (op. cit., p. 83).

deferimento da liminar, independentemente de caução; se ausentes, de rigor sua negativa.

A propósito, ao julgar a ADIN nº 1.576, o Supremo Tribunal Federal considerou *inconstitucional* preceito da Medida Provisória nº 1.570/97 que, acrescentando um § 4º ao art. 1º da Lei nº 8.437/92, previu a prestação de garantia real ou fidejussória como condição para a concessão de liminar, sempre que presente risco de lesão à pessoa jurídica de direito público demandada. No entanto, ao julgar a ADI nº 4296, o STF reputou constitucional o art. 7º, inciso III, da LMS, sob o fundamento de que a contracautela é mera faculdade do magistrado e não inviabiliza a garantia do direito líquido e certo.

3.3 Impugnação à decisão que concede ou nega a liminar

Cabe agravo (CPC, art. 1.015) da decisão do juiz que indefere ou concede liminar em mandado de segurança, mercê da compatibilidade desta modalidade de recurso com o processo mandamental[107] e, agora, de expressa previsão legal (art. 7º, § 1º, da Lei nº 12.016/09).

Sem prejuízo da interposição do agravo, prevê o art. 15 da LMS a possibilidade da chamada "suspensão de segurança"[108]:

> "Quando, a requerimento de pessoa jurídica de direito público interessada ou do Ministério Público e para evitar grave lesão à ordem, à saúde, à segurança e à economia pública, o presidente do tribunal ao qual couber o conhecimento do respectivo recurso suspender, em decisão fundamentada, a execução da liminar e da sentença, dessa decisão caberá agravo, sem efeito suspensivo, no prazo de 5 (cinco) dias, que será levado a julgamento na sessão seguinte à sua interposição".

É de se notar que o campo objetal dessa modalidade de impugnação é mais restrito, vez que a suspensão da exigibilidade da liminar pressupõe pedido formulado pela entidade de direito público interessada e, ainda assim, exclusivamente com o objetivo de evitar lesão à ordem pública, à saúde, à segurança e à economia pública.

[107] STJ, REsp 817.403/MG, rel. Min. Castro Meira, j. 21-08-2008, com alusão a outros precedentes da Corte.

[108] Para um estudo abrangente da suspensão de segurança, conferir Cassio Scarpinella Bueno, op. cit., p. 242 e ss.

Ademais, a suspensão deve ser concedida pelo Presidente do Tribunal ao qual couber o conhecimento de eventuais recursos contra decisões tiradas no âmbito da ação mandamental, sendo certo que, por se tratar de decisão monocrática, desta cabe a interposição de Agravo Regimental.

Salvo determinação em contrário da decisão que a deferir, a suspensão da liminar em mandado de segurança vigorará até o trânsito em julgado da decisão definitiva de concessão da segurança, ou, havendo recurso, até sua manutenção pelo STF, desde que o objeto da liminar deferida coincida, total ou parcialmente, com o da impetração (STF, Súmula nº 626).

3.4 Vedações à concessão de liminares

Algumas leis estabeleciam vedações à concessão de liminares em mandados de segurança[109]. Eram elas:

- *Lei nº 2.770/56*, que proibia a concessão de liminares visando à liberação de mercadorias, bens ou coisas de procedência estrangeira, ressaltando-se que a proibição era entendida apenas para os produtos de contrabando, e não para os demais trazidos com a bagagem e apreendidos por descumprimento de exigências das autoridades alfandegárias[110];
- *Lei nº 4.348/64*, que vedava a concessão de liminar para reclassificação ou equiparação de servidores públicos, bem como para o aumento ou extensão de vantagens (art. 5º);
- *Lei nº 5.021/66*, que proibia a concessão de liminares para pagamento de vencimentos e vantagens pecuniárias a servidores públicos (art. 1º, § 4º).

Com a entrada em vigor da Lei nº 12.016/09, aquelas leis esparsas foram revogadas (art. 29) e as vedações nelas veiculadas foram incorporadas ao texto da nova lei. Com efeito, dispõe o § 2º do art. 7º da LMS que "não será concedida liminar que tenha por objeto a compensação de créditos tributários, a entrega de mercadorias e bens provenientes do exterior, a reclassificação ou equiparação de servidores públicos e

[109] O art. 1º da Lei nº 8.437/92 estende essas mesmas vedações a todas as demais ações cautelares ajuizadas contra o poder público. Já o art. 1º da Lei nº 9.494/97, julgado constitucional pelo STF (ADC nº 4, rel. Min. Celso de Mello, j. 01-10-2008), faz incidir as mesmas proibições para a concessão de antecipação de tutela contra os entes públicos.

[110] MEIRELLES, Hely Lopes, op. cit., p. 85.

a concessão de aumento ou a extensão de vantagens ou pagamento de qualquer natureza".

O enunciado da Súmula nº 212, editada pelo Superior Tribunal de Justiça, já previa, aliás, que a "compensação de créditos tributários não pode ser deferida em ação cautelar ou por medida liminar, cautelar ou antecipatória".

O que nos parece é que todas as hipóteses declinadas, em regra, irão revelar a ausência de um ou de ambos os requisitos necessários para a concessão liminar da ordem. Todavia, em situações excepcionais, pode ocorrer que os requisitos da liminar se façam presentes e, portanto, esbarrem nas vedações acima enunciadas. Neste caso, o comando constitucional que assegura o acesso à jurisdição não só em caso de lesão, mas também em caso de ameaça de lesão deve prevalecer, o que significa que o Poder Judiciário se vê constitucionalmente investido de um poder geral de cautela, que franqueia a possibilidade de concessão de liminares independentemente de qualquer previsão infraconstitucional em contrário.

De fato, tratando-se de uma garantia constitucional, de cujo âmago facilmente se depreende sua singular utilidade diante de ameaças de lesão a direitos, a possibilidade de concessão de liminar, ademais, entranha-se, *in casu*, na própria noção de devido processo legal, de tal modo que, presentes seus requisitos, proibir-se liminar em mandado de segurança significa violar mais de uma das disposições constitucionais referentes ao tema.

Oportuno transcrever, nesse sentido, a lição de Sérgio Ferraz:

> "Dessa circunstância decorrem, aliás, duas notas enfáticas a caracterizarem a liminar, ao menos no mandado de segurança:
>
> I – ela não é um provimento excepcional, a ser restritivamente examinado e concedido. Ou seja, ao menos no mandado de segurança, a liminar não é uma exceção à idéia de *due process of law*. Pelo contrário: ela constitui etapa naturalmente integrante do devido processo legal da ação de segurança;
>
> II – conseqüentemente, é inconstitucional a norma legal ou regulamentar que proíba, transitória ou definitivamente, a concessão de liminar...".[111]

[111] *Mandado de Segurança*. São Paulo: Malheiros, 2006, p. 246.

Não fosse essa a linha correta de intelecção do tema, estaríamos admitindo que disposições infraconstitucionais possam limitar, sem respaldo na Lei Maior, a fruição de direitos fundamentais reclamados pela via mandamental[112]. Bem por isso, ao julgar em 09-06-2021 a ADI 4296, o plenário do Supremo Tribunal Federal declarou inconstitucional o § 2º do art. 7º da LMS.

3.5 Perda da eficácia

Uma vez concedida, salvo se revogada ou cassada, a medida liminar produzirá seus efeitos até a prolação de sentença (art. 7º, § 3º, da LMS). Não mais persiste, portanto, a restrição temporal à eficácia da liminar (90 dias), conforme dispunha a Lei nº 4.348/64, hoje expressamente revogada pelo art. 29 da Lei nº 12.016/09.

Anote-se, porém, que será "decretada a perempção ou caducidade da medida liminar *ex officio* ou a requerimento do Ministério Público quando, concedida a medida, o impetrante criar obstáculo ao normal andamento do processo ou deixar de promover, por mais de 3 (três) dias úteis, os atos e as diligências que lhe cumprirem" (art. 8º da LMS)[113].

3.6 Liminar e denegação do mandado de segurança

Segundo o verbete da Súmula nº 405 do STF, "denegado o mandado de segurança pela sentença, ou no julgamento do agravo (hoje apelação) dela interposto, fica sem efeito a liminar concedida, retroagindo os efeitos da decisão contrária".

Dessa orientação não discrepa o Superior Tribunal de Justiça:

> "É decorrência lógica da denegação do mérito da segurança quando não há ressalvas a revogação da liminar anteriormente deferida: 'O superveniente julgamento do feito, com a conseqüente análise de seu mérito, encerra os efeitos de anterior decisão interlocutória que apreciou o pedido liminar, tendo em vista que o *decisum*, o qual foi proferido depois de cognição exauriente, revoga, expressa ou implicitamente, a decisão

[112] Scarpinella Bueno, Cassio, op. cit., p. 98; Meirelles, Hely Lopes, op. cit., p. 85 (em menor extensão). Em sentido contrário, não vislumbrando afronta à CF: Pacheco, José da Silva, op. cit., p. 229.

[113] Cf., ainda, o enunciado da Súmula nº 631 do STF: "Extingue-se o processo de mandado de segurança se o impetrante não promove, no prazo assinado, a citação do litisconsorte passivo necessário".

liminar. Aplicável, *in casu*, o disposto na Súmula 405/STF'. (RMS 20.924/RS, Rel. Min. Denise Arruda, Primeira Turma, DJ 2.8.2007)".[114]

Registre-se, todavia, que o tema não é de todo pacífico na doutrina. Confira-se o pensamento de Hely Lopes Meirelles:

> "Se o juiz cassa expressamente a liminar ao denegar a segurança, não nos parece admissível seu restabelecimento pela só interposição do recurso cabível contra a decisão de mérito; se o juiz silencia na sentença sobre a concessão da liminar, é de entender-se mantida até o julgamento da instância superior; se o juiz expressamente ressalva a subsistência da liminar até a sentença passar em julgado, torna-se manifesta a persistência de seus efeitos enquanto a decisão estiver pendente de recurso." [115]

Mesmo quando a liminar é concedida em grau de recurso, mercê de provimento a agravo interposto, o proferimento de sentença denegatória prevalece sobre ela, substituindo-a. Isso porque a cognição judicial exauriente da sentença prepondera sobre a cognição sumária desenvolvida para o deferimento da liminar. Não predomina, nesse caso, o critério da hierarquia do órgão que proferiu a decisão anterior[116].

4. Notificação e informações da autoridade coatora

Ao despachar a inicial, o juiz ordenará que se notifique a autoridade coatora para que preste informações em 10 dias. A notificação deve ser instruída com a segunda via da petição inicial (contrafé) e com as cópias dos documentos apresentados pelo impetrante (art. 7º, inciso I, da LMS).

A notificação da autoridade, no mandado de segurança, faz as vezes da citação e torna desnecessária a prática de qualquer outro ato para a integração da relação processual. No prazo de 48 horas da notificação da liminar, porém, a autoridade coatora deve remeter cópia do mandado notificatório ao órgão de representação da pessoa jurídica a que está

[114] EDcl no MS 12.570/DF, 1ª Seção, rel. Min. Humberto Martins, j. 24-09-2008.

[115] Op. cit., p. 89. Cassio Scarpinella Bueno defende a subsistência da liminar, quando denegatória a sentença, até o julgamento do recurso munido de efeito suspensivo, o que pode ser obtido inclusive mediante ação cautelar ajuizada perante os Tribunais Superiores (op. cit., p. 115).

[116] SCARPINELLA BUENO, Cassio, op. cit., p. 113.

vinculada, assim como indicações e informações necessárias à suspensão da medida e defesa do ato impugnado (art. 9º da Lei nº 12.016/09).

Quanto à forma da notificação, entende-se que ela deve ser pessoal, mediante entrega do ofício por oficial de Justiça ou pela via postal, na forma do art. 247 do CPC, ou mesmo de maneira eletrônica, segundo as novas técnicas de comunicação dos atos processuais autorizadas por lei (CPC, art. 270; art. 4º, § 1º, da LMS)[117].

Comentando o tema, ainda na vigência da lei anterior, Carlos Alberto Menezes Direito sustentava, todavia, ser dispensável a entrega pessoal da notificação à autoridade coatora:

> "Entendo que a notificação de que trata o inciso I, do art. 7º, da Lei nº 1.533/51, não precisa ser necessariamente entregue em mãos da autoridade coatora. Havendo prova de que foi entregue no protocolo do órgão público, ou no gabinete da autoridade apontada como coatora, com a devida identificação do funcionário, não há falar em nulidade do processo. De fato, entendimento diverso estimularia protelação desnecessária, inviabilizando a celeridade do *writ*. Freqüentemente, as autoridades, sob os mais diversos argumentos, escapam de receber a notificação por ofício, sem, todavia, manifestar qualquer recusa. Simplesmente, pela natureza de suas obrigações, estariam permanentemente ocupadas em reuniões intermináveis, ou ausentes para os variados compromissos das respectivas agendas. O que a lei especial pretendeu com a exigência da notificação por ofício foi, exatamente, simplificar o procedimento, bastando que seja devidamente certificada a entrega a uma pessoa habilitada no local de trabalho da autoridade coatora. A própria lei especial, no art. 4º, em caso de urgência, e no mandado de segurança a urgência mede-se pelo *periculum in mora*, autoriza a impetração por telegrama ou radiograma, podendo o juiz determinar que a notificação seja feita pela mesma forma".[118]

Sem prejuízo da notificação do impetrado, deverá o juiz dar ciência da impetração ao órgão de representação judicial da pessoa jurídica interessada, enviando-lhe cópia da inicial sem documentos, para que, querendo, ingresse no feito (art. 7º, II, da Lei nº 12.016/09).

[117] Scarpinella Bueno, Cassio, op. cit., p. 123; Meirelles, Hely Lopes, op. cit., p. 79.

[118] *Manual do Mandado de Segurança*, p. 112.

Feitas as notificações, o serventuário juntará aos autos cópias autênticas dos ofícios endereçados ao coator e ao órgão de representação da pessoa jurídica, bem como a prova da entrega ou da sua recusa em aceitá-los ou dar recibo (art. 11 da LMS). O *termo inicial* do prazo de 10 dias para que as informações sejam prestadas é o da juntada aos autos do comprovante de entrega da notificação, seja por meio de protocolo de ofício, cumprimento de mandado judicial ou correspondência com aviso de recebimento (CPC, art. 231).

As *informações* devem ser prestadas e subscritas pela própria autoridade impetrada, sozinha ou em conjunto com procurador[119]. A respeito, ainda na vigência da lei anterior, assim pontificava Hely Lopes Meirelles:

> "As *informações* constituem a defesa da Administração. Devem ser prestadas pela própria autoridade argüida de coatora, no prazo improrrogável de 10 dias (art. 7º, I, da Lei n. 1.533/51, com a alteração introduzida pela Lei n. 4.348/64). Podem ser subscritas por advogado, mas juntamente com a autoridade responsável pelo ato *sub judice*, porque a responsabilidade administrativa é pessoal e intransferível perante a Justiça. A Administração só se faz presente em mandado de segurança até a prestação das informações, pela autoridade contra quem é impetrada a ordem. Daí por diante, o processo pode – e deve – ser acompanhado por procurador habilitado nos autos, mas as ordens de execução da segurança serão sempre dirigidas à própria autoridade coatora e por ela cumpridas direta e imediatamente, sob pena de incidir no crime de desobediência (CP, art. 330). Somente as intimações sobre a tramitação do processo e recursos é que serão feitas na pessoa do procurador habilitado nos autos"[120].

Nas informações, a autoridade deve apresentar as razões de fato e de direito que ensejaram a prática do ato impugnado, bem como a justificativa para a omissão combatida no *mandamus*, conforme o caso. Na mesma oportunidade, se existentes, devem ser arguidas as matérias

[119] DIREITO, Carlos Alberto Menezes, op. cit., p. 129; PACHECO, José da Silva, op. cit., p. 220; DI PIETRO, Maria Sylvia Zanella, *Direito Administrativo*, p. 718. Cassio Scarpinella Bueno sustenta, em sentido contrário, que as informações devem sempre ser subscritas por advogado, pois sua função processual é a de contestação (*Mandado de Segurança*, p. 85).

[120] *Mandado de Segurança*, p. 98.

arroladas nos artigos 336 e 337 do CPC, pois se trata, como visto, de verdadeira defesa do ato ou da omissão hostilizados pelo impetrante. Com as informações, devem ser anexadas as provas documentais ou periciais em poder da autoridade coatora, sem prejuízo da requisição de outras pelo juiz.

Assim, uma vez notificada a autoridade e entregues as informações, fixam-se os pontos controvertidos da demanda e não mais se admite aditamento ou alteração do pedido inicial.

Não sendo prestadas as informações, ou ocorrendo sua entrega intempestiva, não se há falar em confissão ficta, com presunção de veracidade dos fatos descritos pelo autor. Descabem, portanto, os efeitos da *revelia* em mandado de segurança. Isso porque a concessão da ordem pressupõe a exibição, pelo impetrante, de prova documental pré-constituída a respeito dos fatos alegados na peça inicial. A omissão do requerente na demonstração *prima facie* da liquidez e certeza de seu direito não é suprível pelo silêncio da autoridade coatora[121].

5. Desistência

Admite-se que o impetrante desista da ação a qualquer tempo, mesmo após as informações, independentemente de intimação ou anuência da autoridade coatora ou da pessoa jurídica de direito público a que esta pertença, seja porque se convenceu da legalidade do ato impugnado, seja porque não mais se lhe afigura útil a concessão da ordem[122].

Inaplicável ao processo mandamental, portanto, o disposto no art. 485, § 4º, do Código de Processo Civil.

[121] DIREITO, Carlos Alberto Menezes, op. cit., p. 131; SCARPINELLA BUENO, Cassio, op. cit., p. 84; PACHECO, José da Silva, op. cit., p. 220. Contra, entendendo possível a confissão ficta se compatível com a prova oferecida pelo impetrante: MEIRELLES, Hely Lopes, op. cit., p. 98.

[122] MEIRELLES, Hely Lopes, op. cit., p. 119; MORAES, Alexandre de, op. cit., p. 311; DIREITO, Carlos Alberto Menezes, op. cit., p. 138. STF, RE-AgR-ED 212.573/PR, rel. Min. Maurício Corrêa, j. 26-11-2002; STJ, AgRg no Ag 821.787/CE, rel. Min. Denise Arruda, j. 24-04-2007; Resp 930.952/RJ, rel. Min. Luiz Fux, j. 12-05-2009. *Contra*, no sentido de que não cabe a desistência, sem anuência da parte contrária, se já existe sentença de mérito desfavorável ao impetrante: STF, AI-AgR-AgR 221.462/SP, rel. Min. Cezar Peluso, j. 07-08-2007; STJ, AgRg no Resp 861.881/PE, rel. Min. Luiz Fux, j. 21-08-2008.

6. Litisconsórcio e assistência

O litisconsórcio, que tem sua disciplina regida pelos artigos 113 a 118 do CPC, é expressamente admitido no processo mandamental, *ex vi* do art. 24 da Lei nº 12.016/09.

Litisconsórcio nada mais significa que a pluralidade de partes num mesmo processo, o que pode se dar tanto no polo ativo como no passivo. É chamado por alguns de cúmulo subjetivo processual. Cassio Scarpinella Bueno oferece a seguinte classificação para o instituto:

> "Quanto ao momento de formação, o litisconsórcio pode ser *inicial* ou *ulterior*: inicial quando é formado desde a petição inicial; e ulterior quando sua formação é determinada *a posteriori*, ao longo do processo.
>
> Quanto à posição dos litisconsortes, pode o litisconsórcio ser *ativo* (quando os litisconsortes encontram-se no polo ativo do processo), *passivo* (quando os litisconsortes encontram-se no polo passivo do processo) ou *misto* (quando há litisconsortes nos dois polos do processo).
>
> Quanto à obrigatoriedade de sua formação, o litisconsórcio pode ser *facultativo*, quando a lei autoriza que mais de um autor e/ou mais de um réu litiguem em conjunto em um mesmo processo. Em outras hipóteses, o litisconsórcio será obrigatório porque a lei assim determina ou porque, no plano material, a relação jurídica pertence a mais de uma pessoa ao mesmo tempo. Transportando para o plano processual, todas estas pessoas deverão estar em juízo. É o caso do litisconsórcio *necessário*.
>
> (...)
>
> Quanto ao resultado da demanda, o litisconsórcio pode ser *simples*, isto é, os litisconsortes podem receber resultados diversos para seus pedidos de tutela jurisdicional (casos de cumulação subjetiva e objetiva), e pode ser *unitário*, quando o resultado do processo será o mesmo ou, quando menos, uniforme e homogêneo para todos os litisconsortes.
>
> (...)
>
> É importante destacar que estas diversas espécies de classificação – como, de resto, ocorre com qualquer classificação – são cumulativas e independentes umas das outras. É dizer: nada impede que haja um caso de litisconsórcio ativo, inicial, facultativo e simples ou outro de litisconsórcio passivo, ulterior, necessário e unitário"[123].

[123] *Curso Sistematizado de Direito Processual Civil*. São Paulo: Saraiva, 2007, vol. 2, t. I, p. 448.

A existência ou não de litisconsórcio passivo necessário entre a autoridade coatora e a pessoa jurídica de direito público a que ela pertença dependerá da compreensão do intérprete acerca de quem seja, efetivamente, o réu ou legitimado passivo no processo mandamental.

Assim, para os que advogam a tese de que réu em mandado de segurança é a pessoa jurídica a que está vinculada a autoridade, inconcebível é o litisconsórcio entre ambas, na medida em que a autoridade não é parte na causa e sua intervenção se dá como representante da pessoa jurídica, esta sim ré no *mandamus*[124]. Por outro lado, para os adeptos da orientação de que é a autoridade coatora, e não a pessoa jurídica, o sujeito passivo no processo mandamental, admite-se o litisconsórcio entre ambas. Salvo, porém, se a autoridade impetrada for o Prefeito, pois este já representa o Município em juízo (CPC, art. 75, III) para todos os efeitos[125].

Sendo a hipótese de litisconsórcio passivo necessário, cabe ao impetrante promover, no prazo assinado, a citação do litisconsorte, sob pena de extinção do processo (STF, Súmula nº 631). Promover a citação significa fornecer o nome e o endereço do litisconsorte, as cópias da petição inicial e dos documentos que a acompanham e recolher eventuais custas para a efetivação do ato, se o caso.

São considerados litisconsortes passivos necessários todos os beneficiários do ato ou do contrato impugnado no mandado de segurança. Exemplos de litisconsortes passivos necessários: a parte beneficiada pela decisão judicial impugnada; o réu em processo penal onde houve impetração do *writ* pelo Ministério Público[126]; o contratado pela Administração Pública no *mandamus* ajuizado por outro licitante visando à invalidação da licitação e do contrato dela decorrente; os aprovados em concurso público e melhor colocados em relação ao candidato que impetra o *writ* postulando sua nomeação em detrimento dos que estão à sua frente.

Embora possa ocorrer a qualquer tempo, o ingresso do *litisconsorte passivo necessário* deve se dar preferencialmente no início do processo, evitando-se, assim, a invalidação de atos processuais praticados antes de

[124] Scarpinella Bueno, Cassio. *Mandado de Segurança*, p. 202.

[125] Meirelles, Hely Lopes, op. cit., p. 63.

[126] STF, Súmula nº 701. STJ, HC nº 60.637/RJ, rel. Min. Arnaldo Esteves Lima, j. em 06-05-2008.

sua intervenção. A ausência do litisconsorte necessário acarreta a *nulidade* absoluta do processo, passível de decretação *ex officio* pelo juiz em qualquer fase, inclusive em grau de recurso[127].

Intervenção litisconsorcial ativa facultativa ulterior. O fenômeno ocorre quando alguém, que poderia ter sido litisconsorte (caso de litisconsórcio facultativo, portanto) desde a propositura da ação, mas não foi, resolve ingressar no feito em fase posterior, muitas vezes visando a beneficiar-se de liminar já concedida.

Como lecionam Nelson Nery Júnior e Rosa Maria de Andrade Nery, "não se admite o litisconsórcio facultativo ulterior, que ofende o princípio do juiz natural (CF 5º XXXVII e LIII). A determinação pelo juiz da reunião de ações conexas, bem como o ajuizamento de ações secundárias (denunciação da lide, chamamento ao processo e oposição), são formas *atípicas* e *impróprias* de litisconsórcio ulterior. Existe prática ilegal muito utilizada no foro brasileiro e, infelizmente, tolerada por parte da jurisprudência, de permitir o ingresso na ação, como litisconsorte facultativo ulterior, daquele que pretende, por exemplo, beneficiar-se de liminar concedida, muitas vezes depois de o pretendente haver desistido de ação idêntica, na qual lhe fora negada a liminar"[128].

Por tais razões, a jurisprudência do Supremo Tribunal Federal repugna a intervenção litisconsorcial ativa facultativa ulterior[129].

[127] DIREITO, Carlos Alberto Menezes, op. cit., p. 102; MEIRELLES, Hely Lopes, op. cit., p. 72.

[128] *CPC Comentado,* p. 255. No mesmo sentido se posicionam Carlos Alberto Menezes Direito (op. cit., p. 101) e Hely Lopes Meirelles (op. cit., p. 71). Em sentido contrário, admitindo esta modalidade de intervenção, é o pensamento de Cassio Scarpinella Bueno, arrimado na lição de Cândido Rangel Dinamarco e na nova redação do art. 253 do CPC (*Mandado de Segurança,* 2008, p. 206).

[129] Na decisão monocrática proferida pelo Min. Gilmar Mendes no MS nº 26.597/DF (08-05-2007), são colacionados diversos precedentes da Suprema Corte no sentido de que a admissão de litisconsortes ativos em mandados de segurança deve ser requerida antes da prestação de informações e da decisão liminar. Embora reafirmando essa posição do Tribunal, decidiu-se que, naquele caso concreto, não haveria óbice ao ingresso do requerente como litisconsorte ativo posterior, pois a liminar concedida já havia contemplado sua situação jurídica, antes mesmo de sua intervenção nos autos. Tratava-se, no caso, de liminar que suspendeu o julgamento de revisão em processo administrativo disciplinar no qual o requerente era uma das partes. Desse modo, naquele caso específico, não se vislumbrou violação aos princípios do juiz natural e da livre distribuição, na medida em que a liminar anteriormente concedida beneficiaria o requerente mesmo sem o seu ingresso no feito.

Com a entrada em vigor da Lei nº 12.016/09, restou definitivamente afastada a possibilidade de ingresso de litisconsorte ativo após o despacho da petição inicial do *mandamus* (art. 10, § 2º).

Não se há confundir, porém, a intervenção litisconsorcial ativa facultativa ulterior com o ingresso de assistente litisconsorcial (CPC, art. 124). O litisconsorte é parte na relação processual e atua em nome próprio, formulando pretensão paralela à do impetrante. O assistente, por sua vez, não formula pedido para si, mas atua como auxiliar do assistido, sempre na perspectiva de que a sentença a ser proferida poderá repercutir na relação jurídica que mantém com a parte adversária.

Assistência (arts. 119 a 124 do CPC). Consiste no ingresso voluntário de terceiro (assistente) em processo alheio com o escopo de auxiliar uma das partes (assistido) na obtenção de decisão que lhe seja favorável e que, por via reflexa, beneficiará o assistente. A assistência pode ser simples ou adesiva e litisconsorcial ou qualificada. Será *simples* quando o terceiro demonstrar interesse jurídico na obtenção de sentença favorável a uma das partes (CPC, art. 121). Será *litisconsorcial* quando a sentença a ser proferida houver de influir em relação jurídica que o assistente mantenha com o adversário do assistido (CPC, art. 124).

Para os que perfilham a orientação de que a legitimidade passiva em mandado de segurança é da pessoa jurídica de direito público, e não da autoridade coatora, admite-se que esta ingresse no feito como assistente, desde que representada por advogado, pois tem interesse jurídico na defesa do ato impugnado[130]. Pela mesma razão, ou seja, a considerar-se sujeito passivo no mandado de segurança a pessoa jurídica, e não a autoridade, não pode aquela habilitar-se como assistente no feito em que já figura como ré.

Divergem doutrina e jurisprudência sobre a *admissibilidade* da assistência na ação de mandado de segurança.

Predomina o entendimento doutrinário de que é cabível a assistência no processo mandamental, dada a aplicação subsidiária do CPC e a compatibilidade do instituto com o procedimento célere do *writ*[131].

[130] Scarpinella Bueno, Cassio. *Mandado de Segurança*, p. 201.

[131] Meirelles, Hely Lopes, op. cit., p. 72; Scarpinella Bueno, Cassio, op. cit., p. 200. Contra, diante da redação conferida, na época, ao art. 19 da LMS pela Lei 6.071/74: Direito, Carlos Alberto Menezes, op. cit., p. 106.

No Supremo Tribunal Federal[132], todavia, é remansosa a jurisprudência no sentido do não cabimento da assistência em mandado de segurança, orientação que também se observa, de forma majoritária, no Superior Tribunal de Justiça[133]. A interpretação, nesse caso, é de que o art. 24 da Lei nº 12.016/09, assim como fazia a legislação anterior, restringiu a intervenção de terceiros no procedimento do *writ* ao instituto do litisconsórcio.

7. Intervenção do Ministério Público

O Ministério Público foi constitucionalmente concebido como "instituição permanente, essencial à função jurisdicional do Estado, incumbindo-lhe a defesa da ordem jurídica, do regime democrático e dos interesses sociais e individuais indisponíveis" (CF, art. 127).

No rito do mandado de segurança, prevê o art. 12 da Lei nº 12.016/09 que, findo o prazo para a autoridade coatora prestar informações, os autos serão remetidos ao Ministério Público para manifestação em 10 (dez) dias, seguindo-se a prolação de sentença em 30 (trinta) dias.

Age o Ministério Público como *parte pública autônoma*, cabendo aos seus membros atuação funcional independente, velando pela correta aplicação da lei e pela regularidade do processo[134]. Não está o representante do Ministério Público, portanto, adstrito à defesa do ato impugnado ou dos interesses do impetrante, na medida em que zela, exclusivamente, pela fiel observância da ordem jurídica.

Como aduz Cassio Scarpinella Bueno, referindo-se ao CPC/73, mas em lição que permanece atual, a atuação do *Parquet* no mandado de segurança "faz-se para os fins do art. 82, III, parte final, do Código de Processo Civil e, superiormente, para dar aplicação plena a suas funções institucionais, consagradas no art. 127 da Constituição Federal. E é nesta qualidade, de 'fiscal da lei', de *custos legis*, que o Ministério Público atuará em sede de mandado de segurança, exercendo, pois, os deveres-poderes

[132] SS-Agr 3273/RJ, rel. Min. Ellen Gracie, j. 16-04-2008; MS 24414, rel. Min. Cezar Peluso, j. 03-09-2003.

[133] Resp 1.065.574/RJ, rel. Min. Teori Zavascki, j. 02-10-2008; Resp 617.258/RJ, rel. Min. Teori Zavascki, j. 28-11-2006; RMS 18.996/MG, rel. Min. Arnaldo Esteves Lima, j. 21-02-2006. Contra, admitindo a assistência: Resp 616.485/DF, rel. Min. Eliana Calmon, j. 11-04-2006.

[134] MEIRELLES, Hely Lopes, op. cit., p. 68.

que lhe são reservados pelos arts. 81 a 83 do Código de Processo Civil, podendo, inclusive, recorrer nesta qualidade (CPC, art. 499, *caput*, e § 2º) e ajuizar ação rescisória (CPC, art. 487, III, *a*)"[135].

A intervenção do Ministério Público se dá, sempre, mediante intimação pessoal, com abertura de vista e encaminhamento dos autos ao órgão incumbido de atuar no feito (CPC, art. 180 c.c. 183, § 1º).

Conforme entendimento doutrinário e jurisprudencial sedimentado, a intervenção do Ministério Público no processo mandamental é obrigatória. Sua falta acarreta a nulidade absoluta de todos os atos praticados a partir do momento em que o órgão ministerial deveria ter sido intimado (CPC, art. 279)[136].

Ademais, como tem reiteradamente decidido o Superior Tribunal de Justiça, não basta a mera intimação do representante do Ministério Público, sendo necessário o seu efetivo pronunciamento, ainda que para afirmar, de maneira fundamentada, a ausência de interesse que justifique sua intervenção no caso concreto:

> "1. Em sede de mandado de segurança, deve haver o efetivo pronunciamento do Ministério Público, não sendo suficiente a sua intimação, sob pena de nulidade (Resp 26715/AM; Rel. Min. Paulo Costa Leite, Corte Especial, DJ 12/02/2001; Resp 24234/AM; Rel. Min. Humberto Gomes de Barros, Corte Especial, DJ de 11/03/1996; Resp 9271/AM, Rel. Min. Antônio de Pádua Ribeiro, Corte Especial, DJ de 05/02/1996).
>
> 2.Considera-se efetivo o pronunciamento se o Ministério Público, abordando a questão de fundo, entende que, por força da substância do mesmo, não deve atuar como *custos legis*.
>
> 3. *In casu*, o douto representante do *Parquet*, devidamente intimado da sentença, afirmou ser desnecessária sua manifestação. Consectariamente, ausente a nulidade processual haja vista que o Ministério Público teve a oportunidade de se manifestar e não o fez, à luz da exegese do art. 10 da Lei nº 1.533/51.

[135] *Mandado de Segurança*, p. 127. O MP tem prazo em dobro para manifestar-se nos autos (CPC, art. 180).

[136] MEIRELLES, Hely Lopes, op. cit., p. 68; MORAES, Alexandre de, op. cit., p. 304; DIREITO, Carlos Alberto Menezes, op. cit., p. 100.

A imposição de atuação do membro do *Parquet*, quanto à matéria versada nos autos, infringiria os princípios da independência e autonomia do órgão ministerial. (...)"[137].

8. Sentença e coisa julgada

Sobre a sentença em mandado de segurança, José dos Santos Carvalho Filho bem ilustra as possibilidades existentes:

> "A sentença que julga o mandado de segurança pode decidir a causa em três sentidos:
>
> 1) julga procedente o pedido (ou concede a segurança) para o fim de, reconhecida a lesão a direito líquido e certo, anular o ato administrativo (se for o caso) e determinar à autoridade impetrada que faça, tolere ou deixe de fazer alguma coisa;
>
> 2) julga improcedente o pedido (ou denega a segurança), sendo afirmado que o ato não violou o direito líquido e certo do impetrante; e
>
> 3) extingue o processo sem julgamento do mérito por falta de condição da ação (ou denega a segurança), quando o impetrante não tiver conseguido provar a liquidez e certeza de seu direito (*rectius*: dos fatos sobre os quais se ampara o direito). Idêntica extinção ocorrerá, do mesmo modo, se o impetrante não promover, no prazo que lhe tiver sido assinado, a citação do litisconsorte passivo necessário.
>
> A sentença que decidir a demanda nos dois primeiros casos faz coisa julgada material e, em conseqüência, não mais poderá ser reapreciada a lide em outro juízo. Se o juiz não decidir o mérito da causa, o mandado de segurança poderá ser renovado, ou seja, nova ação poderá ser proposta com as mesmas partes, a mesma causa de pedir e o mesmo pedido.
>
> O terceiro tipo de decisório – aquele em que o impetrante não consegue provar a liquidez e a certeza dos fatos garantidores do direito – não alcança o *meritum causae*, razão por que, se tal ocorrer, pode o mandado ser renovado. Incidirá, pois, o princípio da renovabilidade"[138].

[137] STJ, REsp 541199/MG, rel. Min. Luiz Fux, j. 08-06-2004. No mesmo sentido, afirmando ser necessária a intimação do Ministério Público, que tem a discricionariedade de manifestar-se quanto ao mérito da demanda ou afirmar a ausência de seu interesse: RMS 20817/MG, rel. Min. Humberto Martins, j. 13-05-2008.

[138] *Manual de Direito Administrativo*, p. 917.

Assim, como já anotado alhures, o direito líquido e certo se afigura como *condição de ação* especialmente exigida para a impetração do *mandamus*. Para que o mandado de segurança se revele, no caso concreto, como via processual adequada à tutela reclamada (o que diz respeito, portanto, ao interesse de agir), a presença do direito líquido e certo há de ser revelada de plano, já com a impetração. Tratando-se de condição da ação, a ausência de prova idônea – leia-se pré-constituída – dos fatos alegados na inicial, conduz à extinção do processo sem resolução do mérito por carência de ação (CPC, art. 485, inciso VI)[139].

Leia-se, a respeito, o seguinte aresto do Superior Tribunal de Justiça:

> "PROCESSUAL CIVIL. MANDADO DE SEGURANÇA. IMPORTAÇÃO IRREGULAR DE MERCADORIAS. PENA DE PERDIMENTO. ALEGAÇÃO DE NULIDADE DO ATO POR FALTA DE LAVRATURA DO AUTO DE INFRAÇÃO. PROVA PRÉ-CONSTITUÍDA. AUSÊNCIA. ILEGITIMIDADE PASSIVA. EXTINÇÃO DO PROCESSO SEM RESOLUÇÃO DO MÉRITO.
>
> 1. Entre os requisitos específicos da ação mandamental está a comprovação, mediante prova pré-constituída, do direito subjetivo líquido e certo do impetrante, o que não se verificou no caso dos autos, pois não houve juntada de cópia integral do procedimento administrativo no qual se decretou a pena de perdimento, imprescindível à aferição da veracidade da alegação de ausência de lavratura do auto de infração, bem como das razões que levaram à aplicação da referida penalidade.
>
> 2. Evidencia-se, ademais, a ilegitimidade passiva do Ministro de Estado, porquanto não se encontra diretamente na sua esfera de atribuições suspender o leilão de mercadorias apreendidas.
>
> 3. Mandado de segurança extinto sem resolução de mérito. Agravo regimental prejudicado."[140]

No caso, por não ter havido exame do mérito do *mandamus*, mas apenas a constatação de sua inadequação processual, assegura-se ao impetrante a possibilidade de tutela de seu direito por outras vias processuais (art. 19 da Lei nº 12.016/09). É nesse sentido, a propósito, que deve ser

[139] Scarpinella Bueno, Cassio, op. cit., p. 17; Figueiredo, Lucia Valle, op. cit., p. 192.

[140] MS nº 13.534/DF, rel. Min. Teori Albino Zavascki, j. em 24-09-2008.

compreendido o verbete da Súmula nº 304 do STF ("Decisão denegatória de mandado de segurança, não fazendo coisa julgada contra o impetrante, não impede o uso da ação própria").

Situação diversa, todavia, se verifica quando há análise do mérito do *writ*, vale dizer, uma vez presente a prova pré-constituída dos fatos articulados pelo impetrante, decide-se pela legalidade ou não do ato impugnado. Nessa hipótese, ter-se-á coisa julgada material e óbice à rediscussão da matéria, como, aliás, já decidiu o Supremo Tribunal Federal:

> "COISA JULGADA MATERIAL. Caracterização. Mandado de segurança. Repetição de demanda anterior julgada improcedente. Extinção do processo, sem apreciação do mérito. Cópias dos julgados anteriores. Ausência de comprovação, pelos impetrantes, da diversidade entre os feitos. Recursos improvidos.
>
> Julgamento do mérito de mandado de segurança, contra o qual não foi interposto recurso, constitui coisa julgada material que impede repetição da demanda."[141]

Perda do objeto. Quando, no curso do processo e antes da sentença, o impetrante tem seu pleito atendido espontaneamente pela autoridade coatora (invalidação do ato impugnado ou fornecimento de certidão, p. ex.), ou mesmo quando o dano que se pretendia evitar foi irremediavelmente consumado, discute-se a ocorrência de perecimento do objeto do *mandamus* ou se, ainda assim, persiste o interesse jurídico do requerente na obtenção da segurança.

Sobre o tema, Hely Lopes Meirelles pontifica que nesses casos "a segurança há de ser julgada pelo mérito, pois a invalidação do ato impugnado não descaracteriza sua ilegalidade; antes, a confirma. O julgamento de mérito torna-se necessário para definição do direito postulado e de eventuais responsabilidades da Administração para com o impetrante e regresso contra o impetrado. Só se pode considerar perecido o objeto quando, por ato geral, a Administração extingue a causa da impetração, como, p. ex., ao desistir de uma obra ou ao suprimir um cargo que estivesse em licitação ou concurso, e sobre o julgamento houvesse mandado

[141] ROMS 23.535-1/DF, rel. Min. Cezar Peluso, j. em 10-06-2008.

de segurança para alterar a classificação dos concorrentes. Nessas hipóteses, sim, ocorrerá perecimento do objeto da segurança"[142].

Matéria tributária. Diante das controvérsias que revestem a coisa julgada em matéria tributária, o Supremo Tribunal Federal editou a Súmula nº 239, segundo a qual "decisão que declara indevida a cobrança do imposto em determinado exercício não faz coisa julgada em relação aos posteriores".

Interpretando o verbete em questão, Cassio Scarpinella Bueno leciona que

> "o enunciado não autoriza que 'qualquer decisão jurisdicional relativa a tributos' deixe de fazer coisa julgada para exercícios fiscais futuros ou para casos futuros. O que o enunciado quer significar é que, naqueles casos, em que um específico ato tributário é decidido em juízo, aquilo que foi decidido com relação àquele específico ato tributário (um específico lançamento; uma certidão de dívida ativa; uma específica operação tributária, por exemplo) não vincula o que se pode decidir a respeito de atos similares ou, até mesmo, idênticos, mas, de qualquer sorte, *outros* atos, *atos diversos*, não albergados pela ação já julgada.
>
> Diferentemente, quando se questiona em juízo a própria 'matriz de incidência tributária', não há como negar que aquilo que for decidido, seja para reconhecer sua juridicidade, seja para negá-la, prevalecerá nos exercícios seguintes, enquanto persistirem as mesmas razões de fato e de direito. É o que se dá com bastante freqüência nos casos que a doutrina do direito tributário chama, comumente, de 'relações *continuativas* ou *sucessivas* ou *repetidas*'"[143].

Na mesma linha de raciocínio, Lucia Valle Figueiredo anota que o limite estampado na Súmula nº 239 do STF não incide quando o tema decidido for concernente à imunidade ou isenção tributária, bem como sobre a inconstitucionalidade da exação. Nessas hipóteses, a decisão judicial não pode ficar restrita a um ato, ou exercício, ensejando impetrações

[142] *Mandado de Segurança*, p. 121. No mesmo sentido: SCARPINELLA BUENO, Cassio, op. cit., p. 174. Contra, uma vez que, atendido o pleito pela autoridade, desaparece a ilegalidade ou abuso de poder e o mandado perde seu objeto: DIREITO, Carlos Alberto Menezes, op. cit., p. 137; PACHECO, José da Silva, op. cit., p. 261.

[143] *Mandado de Segurança*, p. 183.

mensais, trimestrais ou anuais, conforme o caso. Tem-se, aí, coisa julgada material, com empeço ao particular e ao fisco para rediscussão da matéria em outro *mandamus*[144].

9. Execução

Julgado procedente o pedido, o juiz transmitirá imediatamente à autoridade coatora e à pessoa jurídica interessada o inteiro teor da sentença, mediante ofício a ser entregue por oficial de Justiça, pelo correio ou por qualquer outro meio que assegure ciência inequívoca da decisão proferida (art. 13 da LMS).

A execução da sentença concessiva da segurança é imediata, específica ou *in natura*, isto é, mediante o cumprimento da providência determinada pelo juiz, sem a possibilidade de ser substituída pela reparação pecuniária[145].

Desatendida a determinação judicial, a autoridade recalcitrante sujeita-se à responsabilização pela prática de improbidade administrativa (art. 11 da Lei nº 8.429/92), crime de desobediência (CP, art. 330) ou prevaricação (CP, art. 319), conforme o caso, sem embargo de eventual intervenção federal ou estadual na pessoa política a que esteja vinculada essa autoridade (CF, arts. 34, inciso VI, e 35, inciso IV).

Tratando-se de ordem de cumprimento direto e imediato, afigura-se incontroverso, em homenagem ao princípio da efetividade das decisões judiciais, a possibilidade de aplicação das chamadas medidas de apoio, a saber, multa diária, busca e apreensão, remoção de pessoas e coisas, desfazimento de obras e impedimento de atividade nociva, se necessário com força policial (CPC, art. 139, IV e 497), sem prejuízo da multa por ato atentatório ao exercício da jurisdição (artigo 77, § segundo, do CPC) e da substituição da manifestação da autoridade pela própria decisão judicial, quando cabível (CPC, art. 501)[146].

[144] *Mandado de Segurança*, p. 212. No Superior Tribunal de Justiça: REsp 656.355/DF, rel. Min. Eliana Calmon, j. 06-04-2006; REsp 576.926/PE, rel. Min. Denise Arruda, j. 16-03-2006.

[145] Meirelles, Hely Lopes, op. cit., p. 101. STJ, AgRg na Pet 1571/DF, rel. Min. Luiz Fux, j. 28-05-2008.

[146] Op. cit., p. 137. No STJ, aplicando multa diária: Rcl 1827/DF, rel. Min. Arnaldo Esteves Lima, j. 25-10-2006.

Execução provisória. Nos termos do § 3º do art. 14 da Lei nº 12.016/09, ainda que sujeita ao duplo grau de jurisdição, a sentença concessiva do mandado de segurança pode ser executada provisoriamente, salvo nos casos em que for vedada a concessão de liminar.

Comentando o preceito, Hely Lopes Meirelles assim se posiciona:

> "A execução provisória foi estendida à sentença concessiva da segurança pela Lei n. 6.071, de 3.7.74, mas daí não se conclua que essa provisoriedade exija a caução e a carta de sentença referidas no art. 588 do CPC (atual art. 475-O, cf. Lei n. 11.232/05). E assim já se decidiu. Pois, se a liminar é executada independentemente desses requisitos, ilógico seria exigi-los para execução da decisão do mérito, ainda que sujeita a recurso.
>
> O mandado de segurança tem rito próprio e suas decisões são sempre de natureza mandamental, que repele o efeito suspensivo e protelatório de qualquer de seus recursos. Assim sendo, cumprem-se imediatamente tanto a liminar como a sentença ou o acórdão concessivo da segurança, diante da só notificação do juiz prolator da decisão, independentemente de caução ou de carta de sentença, ainda que haja apelação ou recurso extraordinário pendente"[147].

10. Efeitos patrimoniais pretéritos decorrentes da concessão da ordem

Dispõe o verbete sumular nº 271, do STF, que a "concessão de segurança não produz efeitos patrimoniais, em relação a período pretérito, os quais devem ser reclamados administrativamente ou pela via judicial própria".

Tratando-se de sentença que determina o pagamento de vencimentos e vantagens pecuniárias a servidor público, prevê o artigo 14, § 4º,

[147] Op. cit., p. 105. No mesmo sentido: Nery Jr., Nelson; Nery, Rosa Maria de Andrade, *CPC Comentado*, p. 1.562. STJ, Rcl 1827/DF, rel. Min. Arnaldo Esteves Lima, j. 25-10-2006; RMS 2019-8/CE, rel. Min. Milton Luiz Pereira, j. 18-04-94. Contra, entendendo cabível a incidência do art. 475-O do CPC (atual art. 520) quanto à extração de carta de sentença e responsabilidade do impetrante pelos danos causados, mas negando a exigência de caução: Scarpinella Bueno, Cassio, op. cit., p. 158. Carlos A. Menezes Direito, por sua vez, reputa inteiramente aplicável à hipótese o art. 588 do CPC, que corresponde ao atual art. 520 (op. cit., p. 141).

da LMS (reproduzindo disposição da Lei nº 5.021/66, agora revogada) que este pagamento "somente será efetuado relativamente às prestações que se vencerem a contar da data do ajuizamento da inicial"[148].

Nesse contexto, havendo reflexos patrimoniais pretéritos decorrentes da concessão da ordem, caberá ao impetrante, segundo a orientação jurisprudencial predominante, ajuizar outra ação para cobrar o numerário que entende devido ou reclamá-lo administrativamente.

Registre-se, todavia, a existência de precedente no Supremo Tribunal Federal dando provimento a recurso ordinário em mandado de segurança para reformar acórdão do STJ – que garantira à impetrante apenas a declaração de nulidade da portaria que a exonerou do cargo em comissão que ocupava, quando em gozo de licença-maternidade, mas não o pagamento dos vencimentos devidos – a fim de que fosse paga a remuneração referente à função exercida até o quinto mês após o parto. Considerou-se que o pagamento dos referidos vencimentos representa mera consequência da nulidade da portaria da exoneração, e não o deferimento de salários pretéritos, anteriores à impetração, não sendo aplicáveis, na espécie, os verbetes 269 e 271 de Súmula do STF.[149]

No caso de sentença concessiva de segurança que implica anulação de multa imposta, e havendo pedido expresso do impetrante, há julgados da Suprema Corte no sentido de que a devolução do valor indevidamente pago constitui efeito secundário do decisório, inexistindo necessidade de propositura de nova ação[150].

No Superior Tribunal de Justiça, julgados recentes têm atenuado o rigor dos verbetes das Súmulas nº 269 e 271 do STF. Confira-se:

> "Em se tratando de reintegração de servidor público, ainda que contratado temporariamente, os efeitos patrimoniais devem ser contados da data do ato impugnado. Inteligência do art. 28 da Lei 8.112/90.

[148] NEGRÃO, Theotônio. *CPC e legislação processual em vigor*. 38 ed. São Paulo: Saraiva, 2006, p. 1786 (fazendo menção a diversos precedentes); DIREITO, Carlos A. Menezes, op. cit., p. 140. STF, MS 25.113/DF, rel. Min. Eros Grau, T. Pleno, j. 07-04-2005; STJ, AgRg no Resp 1.058.589/DF, rel. Min. Francisco Falcão, j. 02-09-2008. Contra, no sentido de que a expressão "atrasados", então prevista na Lei nº 5.021/66, significava prestações vencidas *antes* do ajuizamento da ação: SCARPINELLA BUENO, Cassio, op. cit., p. 306.

[149] RMS 24.263/DF, rel. Min. Carlos Veloso, 01-04-2003 (Informativo STF nº 303).

[150] ED-RMS 22.359-0/DF, rel. Min. Nelson Jobim, j. 30-10-2001; RMS 22069/DF, rel. Min. Néri da Silveira, j. 15-12-1995.

> Os enunciados das Súmulas 269/STF e 271/STF devem ser interpretados com temperamentos. No atual estágio em que se encontra o Direito Processual Civil, seria um evidente retrocesso, que violaria os princípios da celeridade e da economia processual, remeter às vias ordinárias o servidor público ao qual foi concedida a segurança, tão-somente para executar parcelas relativas a um curto período de tempo e decorrentes do próprio vínculo funcional"[151].
>
> "Tratando-se de mandado de segurança impetrado contra ato que importou indevida supressão de vantagem pecuniária dos vencimentos da impetrante, ora recorrida, os efeitos financeiros constituem mera conseqüência do ato administrativo impugnado. Não há utilização do *mandamus* como ação de cobrança.
>
> A Terceira Seção do Superior Tribunal de Justiça, no julgamento do MS 12.397/DF, firmou o entendimento de que, deixando o servidor público de auferir seus vencimentos, parcial ou integralmente, por ato ilegal ou abusivo da autoridade impetrada, os efeitos patrimoniais da concessão da ordem em mandado de segurança devem retroagir à data da prática do ato impugnado, violador de direito líquido e certo. Inaplicabilidade das Súmulas 269/STF e 271/STF"[152].

Uma vez reconhecida a existência de *crédito tributário* em favor do impetrante, admite-se que ele opte pela compensação tributária quando da execução do julgado, como forma de aproveitamento de seu crédito. Conforme tem decidido o Superior Tribunal de Justiça, "é facultado ao contribuinte manifestar a opção de receber o respectivo crédito por meio de precatório regular ou compensação, eis que constituem, ambas as modalidades, formas de execução do julgado colocadas à disposição da parte quando procedente a ação"[153].

Diga-se, a propósito, que "o mandado de segurança constitui ação adequada para a declaração do direito à compensação tributária" (STJ, Súmula nº 213).

[151] MS 12.317/DF, 3ª Seção, rel. Min. Arnaldo Esteves Lima, j. 23-04-2008.

[152] REsp 804.817/SC, rel. Min. Arnaldo Esteves Lima, j. 10-06-2008. No mesmo sentido: REsp 933.703/SC, rel. Min. Arnaldo Esteves Lima, j. 29-05-2008; EDcl no MS 13.091/DF, rel. Min. Napoleão Nunes Maia Filho, j. 23-04-2008; RMS 26.374/RJ, rel. Min. Napoleão Nunes Maia Filho, j. 19-08-2008.

[153] REsp 1.000.211/SC, rel. Min. Luiz Fux, j. 26-09-2008.

Nos demais casos, sem prejuízo da execução imediata da sentença (p. ex., implantação de determinada vantagem pecuniária a servidor), os reflexos patrimoniais pretéritos reconhecidos na concessão de segurança devem ser reclamados na forma dos artigos 534 e 910 do CPC e 100 da Constituição Federal, isto é, mediante expedição de precatório[154]. Esse é o entendimento consagrado no Supremo Tribunal Federal:

> "Precatório: exigibilidade: atrasados em mandado de segurança. Se – como assentado pelo STF – o caráter alimentar do crédito contra a Fazenda Pública não dispensa o precatório, nem a letra nem as inspirações do art. 100 CF permitiriam que o fizesse a circunstância acidental de ser ele derivado de sentença concessiva de mandado de segurança"[155].

E também no Superior Tribunal de Justiça:

> "Segundo a compreensão firmada pelo Superior Tribunal de Justiça em sede de mandado de segurança, o pagamento das parcelas compreendidas entre a data da impetração e a concessão da ordem não dispensa o regime de precatório"[156].

11. Recursos

A análise do recurso cabível contra a decisão que concede ou nega liminar em mandado de segurança foi desenvolvida em tópico específico (Capítulo VII, item 3.3).

Dispondo sobre os recursos no processo mandamental, assim se posicionou Hely Lopes Meirelles, ainda na vigência da legislação anterior:

> "Os recursos agora cabíveis, especificamente, em mandado de segurança são os seguintes: apelação, da decisão que apreciar o mérito, decretar a carência ou indeferir a inicial (Lei n. 1.533/51, arts. 8º e 12; CPC, art. 296); recurso de ofício, da sentença que conceder a segurança (Lei n. 1.533/51, art. 12, parágrafo único); agravo regimental, do despacho do Presidente do Tribunal que suspender a execução da sentença ou cassar

[154] Direito, Carlos Alberto Menezes, op. cit., p. 140. Contra, no sentido de que o pagamento deve ser imediato, sem a expedição de precatório, na hipótese prevista no artigo 1º, § 2º, da Lei nº 5.021/66 (revogada): Scarpinella Bueno, Cassio, op. cit., p. 305.

155 RE 334.279/PA, rel. Min. Sepúlveda Pertence, j. 15-06-2004.

[156] AgRg no Ag 757.192/RJ, rel. Min. Paulo Gallotti, j. 15-03-2007.

a liminar (Lei 1.533/51, art. 13; Lei 4.348/64, art. 4º; Regimento Interno do STF, art. 297); recurso ordinário, qualquer que seja o valor da impetração, desde que o acórdão incida nos permissivos constitucionais (CF, arts. 102, II, "a", e 104, II, "b") e seja denegada a segurança.

Cabem, ainda, genericamente, os demais recursos contemplados pelo Código de Processo Civil (art. 496), desde que no processamento da impetração venham a ocorrer as situações que os ensejam, a saber, agravo de instrumento e embargos de declaração, bem como a apelação de terceiro prejudicado (CPC, art. 499) e o recurso adesivo (CPC, art. 500). Até mesmo o incidente de uniformização de jurisprudência (CPC, art. 476), como é agora denominado prolixamente o prejulgado, é admissível em mandado de segurança, perante qualquer tribunal, como também o são, perante o STF, os embargos de divergência, quando a decisão da Turma dissentir do julgamento de outra ou do Plenário (CPC, art. 546, parágrafo único; Regimento Interno do STF, arts. 330 a 332). Cabe, também, ao STJ, recurso especial contra decisão de única ou última instância dos TRFs ou dos Tribunais dos Estados, do Distrito Federal e Territórios, quando 'contrariar tratado ou lei federal, ou negar-lhes vigência; julgar válida lei ou ato de governo local contestado em face de lei federal; der a lei federal interpretação divergente da que lhe haja atribuído outro tribunal' (CF, art. 105, III, "a" a "c"). O recurso extraordinário, para o STF, só é admissível quando a decisão 'contrariar dispositivo desta Constituição; declarar a inconstitucionalidade de tratado ou lei federal; julgar válida lei ou ato de governo local contestado em face desta Constituição' (CF, art. 102, III, "a" a "c"), e o 'recorrente deverá demonstrar a repercussão geral das questões constitucionais discutidas no caso' (CF, art. 102, § 3º, com a redação da EC n. 45/2004 – v. a Lei n. 11.418, de 19.12.2006)"[157].

Atualmente, a Lei nº 12.016/09 prevê, de forma explícita, o cabimento de apelação para a sentença concessiva ou denegatória da segurança (art. 14). Além disso, dispõe que "das decisões em mandado de segurança proferidas em única instância pelos tribunais cabe recurso especial e extraordinário, nos casos legalmente previstos, e recurso ordinário, quando a ordem for denegada" (art. 18).

[157] *Mandado de Segurança*, p. 107.

Nos casos de competência originária dos tribunais, da decisão do relator que conceder ou negar a liminar cabe agravo ao órgão competente do tribunal que integre (art. 16 da LMS).

A despeito de entendimento doutrinário em sentido oposto[158], sedimentou-se no Supremo Tribunal Federal (Súmula nº 597) e no Superior Tribunal de Justiça (Súmula nº 169) a orientação de que são inadmissíveis *embargos infringentes* no processo de mandado de segurança. A vedação restou expressamente consagrada no art. 25 da Lei nº 12.016/09.

Reexame necessário. Dispõe o art. 14, § 1º, da LMS, que a sentença concessiva da ordem fica sujeita ao duplo grau de jurisdição, podendo, entretanto, ser executada provisoriamente. Como se observa, a remessa necessária somente se dá quando concedida a segurança. Se a sentença denega a ordem, descabe a providência, mas apenas o recurso voluntário das partes. Entende-se que o reexame da sentença concessiva do *mandamus* é sempre necessário, sendo inaplicável, no caso, o disposto no art. 496, § 3º, do CPC, que exclui a medida quando a condenação ou o direito controvertido não exceder a 60 salários mínimos. Isso porque a regra especial da LMS prevalece sobre a disposição genérica do CPC[159]. Assinale-se que apenas a sentença do juiz singular está sujeita a reexame necessário, mas não o acórdão proferido em *writ* de competência originária de tribunal.

A apelação da sentença concessiva do *mandamus* é recebida somente no *efeito devolutivo*, não apenas diante da letra expressa da lei (art. 14, § 3º, da LMS), mas também em razão da natureza desse remédio constitucional, que reclama imediato cumprimento das decisões nele proferidas[160]. Registre-se, porém, a existência de exceção a essa regra no mesmo preceito, que proscreve a execução provisória nos casos em que é vedada a concessão de medida liminar. Disposição semelhante, contida

[158] NERY Jr., Nelson; NERY, Rosa Maria de Andrade. *CPC Comentado*, p. 1.562; MORAES, Alexandre de. *Direito Constitucional Administrativo*, p. 307.

[159] STJ, Resp 869.169/SP, rel. Min. Mauro Campbell Marques, j. 19-08-2008; Resp 1.047.540/MT, rel. Min. Eliana Calmon, j. 24-06-2008; Resp 924.286/MT, rel. Min. Teori Zavascki, j. 17-06-2008. Contra: SCARPINELLA BUENO, Cassio, op. cit., p. 155.

[160] FIGUEIREDO, Lucia Valle, op. cit., 199; SCARPINELLA BUENO, Cassio, op. cit., p. 144; MEIRELLES, Hely Lopes, op. cit., p. 108; NERY Jr., Nelson, op. cit., p. 1.562.

na Lei nº 4.348/64 (hoje revogada), foi reputada inconstitucional, dentre outros, por Hely Lopes Meirelles[161] e Cassio Scarpinella Bueno[162].

Estão *legitimados* à interposição de recursos no processo mandamental os impetrantes, o Ministério Público, o Tribunal de Contas (sobretudo na defesa de sua competência constitucional), a pessoa jurídica a que está vinculada a autoridade coatora, os litisconsortes, os assistentes (para quem os admite no mandado de segurança) e o terceiro prejudicado. Quanto à autoridade impetrada, sempre predominou o entendimento de que também possui legitimidade recursal, mas apenas para prevenir sua responsabilidade por eventual dano decorrente do ato coator, e não para a defesa deste ato em grau recursal, o que incumbe à pessoa jurídica de direito público[163].

Atualmente, a legitimidade recursal da autoridade coatora vem expressamente concebida no art. 14, § 2º, da Lei nº 12.016/09. Cabe enfatizar, porém, que legitimidade para recorrer não se confunde com capacidade postulatória (CPC, art. 103). Desse modo, para interpor recursos, deverá a autoridade estar representada em juízo por procurador legalmente habilitado, salvo se ela mesma ostentar tal habilitação, caso em que poderá postular em causa própria.

Os prazos para recorrer, à falta de disposição legal em sentido contrário, são os previstos no CPC, inclusive com a contagem em dobro para o Ministério Público e para a Fazenda Pública (artigo 183)[164].

Registre-se que, segundo o verbete da Súmula nº 392 do STF, "o prazo para recorrer de acórdão concessivo de segurança conta-se da publicação oficial de suas conclusões, e não da anterior ciência à autoridade para cumprimento da decisão".

Por fim, como salientado quando da exposição dos mecanismos de impugnação às decisões que concedem liminares (Capítulo VII, item 3.3), tem-se, também quanto à sentença, a possibilidade da chamada

[161] Op. cit., p. 108.

[162] Op. cit., p. 283.

[163] Meirelles, Hely Lopes, op. cit., p. 110; Scarpinella Bueno, Cassio, op. cit., p. 45; Moraes, Alexandre de, op. cit., p. 306. STJ, ED no Resp 180.613/SE, Corte Especial, rel. Min. Eliana Calmon, j. 17-11-2004. *Contra* a legitimidade recursal da autoridade coatora: Direito, Carlos Alberto Menezes, op. cit., 155; Pacheco, José da Silva, op. cit., p. 220. STF, RE-AgR 412.430/MS, rel. Min. Ellen Gracie, j. 13-12-2005.

[164] Nery Jr., Nelson; Nery, Rosa. *CPC Comentado*, p. 1.562.

suspensão da segurança, prevista no art. 15 da Lei nº 12.016/09, cujo requerimento cabe à pessoa jurídica de direito público interessada ou ao Ministério Público.

Como na suspensão da segurança não se aprecia o mérito do *writ*, "mas apenas aspectos relacionados à potencialidade lesiva do ato decisório»[165], o seu emprego não exclui a necessidade de interposição do recurso cabível, inclusive para se evitar o trânsito em julgado da sentença ou acórdão.

12. Honorários advocatícios e custas processuais

Sempre divergiu a doutrina sobre o cabimento ou não de condenação ao pagamento de *honorários advocatícios* em mandado de segurança. Para uma corrente, incide normalmente o princípio da sucumbência em relação ao vencido no *writ*, com imposição do pagamento de honorários na forma do artigo 85 do CPC, que tem aplicação subsidiária no processo mandamental[166]. A outra orientação é no sentido do descabimento da condenação em verba honorária em qualquer hipótese, mercê da grandeza constitucional do instituto e de sua vocação para o controle jurisdicional dos atos da Administração por meio da participação popular[167]. Posição intermediária é defendida por Nelson Nery Júnior e Rosa Maria de Andrade Nery, para quem os honorários são devidos apenas se o impetrante sair-se vencedor, mas não quando for denegada a ordem[168].

A matéria, porém, está atualmente pacificada nos tribunais superiores com a edição de Súmulas pelo Supremo Tribunal Federal e pelo Superior Tribunal de Justiça, que firmaram o entendimento segundo o qual não se admite condenação em honorários advocatícios na ação de mandado de segurança (STF, Súmula nº 512; STJ, Súmula nº 105).

Com a entrada em vigor da Lei nº 12.016/09, afastou-se de vez, *ope legis*, a possibilidade de condenação ao pagamento de honorários advocatícios nas ações mandamentais (art. 25). Esse dispositivo, inclusive, foi julgado constitucional pela Suprema Corte na ADI 4296.

Inexiste, por outro lado, previsão constitucional explícita para isenção do pagamento de *custas* no processo de mandado de segurança.

[165] STF, SS-AgR 3273/RJ, rel. Min. Ellen Gracie, j. 16-04-2008.

[166] MEIRELLES, Hely Lopes, op. cit., p. 101.

[167] SCARPINELLA BUENO, Cassio, op. cit., p. 212; DIREITO, Carlos A. Menezes, op. cit., p. 23.

[168] *CPC Comentado*, p. 1.561.

Sendo assim, eventual isenção dependerá da legislação federal ou estadual sobre custas processuais.

No Supremo Tribunal Federal, a Resolução nº 662, de 10-02-2020, prevê o pagamento de custas tanto para a impetração do *writ* na Corte (nos casos de competência originária) como para os recursos em mandado de segurança a ela endereçados. A Lei nº 11.636/07, que dispõe sobre as custas judiciais no âmbito do Superior Tribunal de Justiça, estabelece isenção de pagamento apenas para os processos de *habeas corpus* e *habeas data*, bem como para os processos criminais, mas não para o mandado de segurança.

Já a Lei nº 9.289/96 dispõe sobre as custas devidas à União, na Justiça Federal de primeiro e segundo graus. Prevê o texto a isenção do pagamento de custas apenas nos processos de *habeas corpus* e *habeas data*, mas não para o mandado de segurança (art. 5º). São isentos do pagamento de custas na Justiça Federal, porém, a União, os Estados, os Municípios, o Distrito Federal e as respectivas autarquias e fundações, bem como o Ministério Público (art. 4º).

No âmbito do Estado de São Paulo, a Lei nº 11.608/03, que dispõe sobre a taxa judiciária, não prevê isenção do pagamento de custas para as ações de mandado de segurança (art. 7º). Estabelece, todavia, que a União, o Estado, os Municípios e respectivas autarquias e fundações, assim como o Ministério Público, estão isentos do pagamento da taxa judiciária (art. 6º).

Fica a ressalva, porém, de que os beneficiários da assistência judiciária gratuita estão isentos do pagamento das custas processuais (Lei nº 1.060/50, art. 3º; Lei nº 9.289/96, art. 4º, II).

Capítulo 8
Mandado de Segurança Coletivo

1. Considerações gerais

O mandado de segurança coletivo, no plano constitucional, encontra previsão no art. 5º, inciso LXX, *in verbis*:

> "o mandado de segurança coletivo pode ser impetrado por:
> a) partido político com representação no Congresso Nacional;
> b) organização sindical, entidade de classe ou associação legalmente constituída e em funcionamento há pelo menos um ano, em defesa dos interesses de seus membros ou associados;"

Note-se que o dispositivo em comento não trouxe um rol de características próprias do mandado de segurança coletivo, mas tão só expressou esta dimensão transindividual e identificou quem são os seus legitimados.

Além disso, foi colocado em dispositivo contíguo ao do mandado de segurança individual, o que, ainda uma vez, reforça a ideia de que não houve a criação de um instrumento novo, mas tão só o desdobramento do antigo. Logo, parece-nos clara a conclusão de que a atual Constituição abrigou o remédio judicial mandado de segurança, o qual apresenta duas espécies: o individual e o coletivo.

Assim, a disciplina jurídica do mandado de segurança coletivo é, essencialmente, a mesma do *mandamus* individual. Afirma-se, inclusive, que o preceito constitucional não teria criado uma outra figura ao lado do MS individual, mas apenas hipótese de legitimação para a causa. Por conta disso, o cabimento do *writ* coletivo pressupõe os mesmos requisitos do individual, a saber, ato de autoridade ou de quem lhe faça as vezes, ilegalidade ou abuso de poder e lesão ou ameaça de lesão a direito líquido e certo[169].

Confira-se, a respeito, o seguinte aresto do Supremo Tribunal Federal:

> "Os princípios básicos que regem o mandado de segurança individual informam e condicionam, no plano jurídico-processual, a utilização do "writ" mandamental coletivo. Não se revelam sindicáveis, pela via jurídico-processual do mandado de segurança, os atos em tese, assim considerados aqueles – como as leis ou os seus equivalentes constitucionais – que dispõem sobre situações gerais e impessoais, que têm alcance genérico e que disciplinam hipóteses neles abstratamente previstas. Súmula 266/STF. Precedentes. O mandado de segurança não se qualifica como sucedâneo da ação direta de inconstitucionalidade, não podendo ser utilizado, em conseqüência, como instrumento de controle abstrato da validade constitucional das leis e dos atos normativos em geral. Precedentes"[170].

Registre-se, todavia, que as peculiaridades do MS coletivo não estão jungidas apenas à legitimidade ativa, mas se estendem ao seu objeto, à litispendência e à coisa julgada. Lucia Valle Figueiredo, a propósito, aponta a possibilidade de divergência na configuração do ato coator no *writ* coletivo. Isso porque, segundo a autora, enquanto no *mandamus* individual a constrição ou sua ameaça devem ser concretas para o impetrante, no coletivo bastaria a ameaça de constrição à categoria ou classe de pessoas, ainda que não concretizada individualmente[171].

Não por outra razão, Teori Albino Zavascki anota que "conferiu-se ao mandado de segurança a excepcional virtualidade de ensejar proteção coletiva a um conjunto de direitos líquidos e certos, violados ou ameaçados por ato de autoridade. Em outras palavras: transformou-se o mandado de segurança em instrumento para tutela coletiva de direitos. Assim,

[169] DI PIETRO, Maria S. Zanella.*Direito Administrativo,* p. 723; SCARPINELLA BUENO, Cassio, op. cit., p. 37; PACHECO, José da, op. cit., p. 295.

[170] MS-AgR-QO 23.785, Pleno, rel. Min. Celso de Mello, j. 05-09-2002, pub. 27-10-2006.

[171] *Mandado de Segurança,* p. 44-45.

o mandado de segurança coletivo é um mandado de segurança, mas é também uma ação coletiva, e isso faz uma enorme diferença"[172].

Nesse sentido, os artigos 21 e 22 da Lei 12.016/2009 constituem, no âmbito infraconstitucional, o alicerce normativo do mandado de segurança coletivo, dispositivos esses que, a nosso juízo, acabaram por consagrar um perfil mais conservador do instituto, que, em certa medida, lhe desnatura enquanto ação coletiva.

A afirmação tem lugar sobretudo em virtude do art. 21, cujo *caput*, a pretexto de regulamentar, acaba restringindo a legitimação para a causa e cujo parágrafo único, a idêntico pretexto, termina por adstringir o seu campo objetal.

Analisemos, em primeiro lugar, a questão da legitimidade ativa, versada pelo *caput* do precitado art. 21, *verbis*:

> Art. 21. O mandado de segurança coletivo pode ser impetrado por partido político com representação no Congresso Nacional, **na defesa de seus interesses legítimos relativos a seus integrantes ou à finalidade partidária,** ou por organização sindical, entidade de classe ou associação legalmente constituída e em funcionamento há, pelo menos, 1 (um) ano, **em defesa de direitos líquidos e certos da totalidade, ou de parte, dos seus membros ou associados, na forma dos seus estatutos e desde que pertinentes às suas finalidades, dispensada, para tanto, autorização especial.** (g.n.)

Tanto em relação aos partidos políticos como às organizações sindicais, entidades de classe e associações, a tônica do dispositivo foi a de restringir a legitimidade de tais entidades a questões que, de algum modo, apresentem pertinência com seus respectivos âmbitos de atuação.

Como apontado pelo então Ministro, Teori Albino Zavascki, o MS coletivo deve também ser enfocado como uma ação de caráter metaindividual, predisposta, deste modo, a servir de veículo de provocação da atividade jurisdicional para situações que reclamem uma tutela jurisdicional transindividual. O MS coletivo, portanto, estaria para a ação civil pública como o mandado segurança individual está para as várias ações individuais (procedimento ordinário etc.), ou seja, os primeiros se

[172] *Processo Coletivo*. São Paulo: Revista dos Tribunais, 2006, p. 206.

constituiriam em, respectivamente, via sumária e ordinária para assuntos metaindividuais, enquanto os outros desempenhariam esse papel em relação a questões individuais.

Tal raciocínio se robustece diante do seguinte questionamento: havendo transcurso do prazo de 120 dias para a propositura do MS coletivo, qual seria a ação adequada não tendo havido perecimento do direito?

Entendendo que, nesse caso, a ação civil pública deva se constituir na via adequada, quer nos parecer que uma exegese integrativa da Constituição Federal seja conducente de única conclusão possível: a de que o MS coletivo e a ação civil pública nada mais são do que vias distintas para a provocação da atividade jurisdicional em matéria metaindividual. Como a legitimidade tem como parâmetro a ação (direito de provocar a jurisdição) e não a via processual, somos do entendimento de que a previsões constitucionais e legais acerca da ação civil pública e do MS coletivo conferem legitimidade para as ações metaindividuais de maneira geral, sob pena, por exemplo, de se violar o vetusto preceito segundo o qual *para todo direito existe uma ação que o proteja*, pois partidos políticos, por exemplo, estão legitimados para o MS coletivo, mas não o estão para a ação civil pública. Assim, transposto o prazo de 120 dias, inviabilizada a via mandamental, não existiria ação apta a proteger o direito violado, nada obstante ainda não suplantado o prazo de prescrição.

Todavia, é bem de se ver que a previsão legal em pauta solidifica, de forma ainda mais intensa, essa visão mais conservadora do MS coletivo, o que indica uma grande probabilidade de que essa interpretação extensiva não venha a encontrar lugar no entendimento pretoriano.

De forma conexa com a legitimidade, o parágrafo único do aludido dispositivo legal delimita, também de forma restritiva, o campo objeto da ação mandamental coletiva, apontando que:

> Parágrafo único. Os direitos protegidos pelo mandado de segurança coletivo podem ser:
>
> I – coletivos, assim entendidos, para efeito desta Lei, os transindividuais, de natureza indivisível, de que seja titular grupo ou categoria de pessoas ligadas entre si ou com a parte contrária por uma relação jurídica básica;
>
> II – individuais homogêneos, assim entendidos, para efeito desta Lei, os decorrentes de origem comum e da atividade ou situação específica da totalidade ou de parte dos associados ou membros do impetrante.

A Lei nº 12.016/2009, como se vê, excluiu do âmbito do MS coletivo a tutela dos chamados direitos ou interesses difusos, declarando, pois, que a via mandamental coletiva só estaria apta à tutela de direitos coletivos e individuais homogêneos.

Quer nos parecer, no entanto, que a restrição não está adequada à Constituição, cujo inciso LXX, do art. 5º, ao tratar do MS coletivo não alude, tampouco permite, qualquer restrição por norma infraconstitucional. Ademais, qualquer ação judicial há de ser interpretada à luz do inciso XXXV, também do art. 5º, ao preconizar o amplo e irrestrito acesso à jurisdição, o que, de evidência, prenuncia a necessidade de interpretações ampliativas, que favoreçam o acesso à jurisdição e não o contrário.

Nessa diretriz, parece-nos imperiosa uma interpretação conforme à Constituição, de tal modo que o MS coletivo seja havido, ao lado da ação civil pública e da ação popular, como mais uma via para a tutela de direitos metaindividuais, elastecendo-se, deste modo, as amarras indevidamente colocadas pelas disposições ora examinadas.

O *procedimento* do MS coletivo é o mesmo do individual, vale dizer, segundo a Lei nº 12.016/2009. Peculiaridade da petição inicial se verifica na necessidade de haver indicação clara do âmbito de representatividade e dos fins associativos da entidade impetrante. Isso de modo a se demonstrar o interesse processual e a legitimação do autor, bem assim identificar (a) os substituídos atingidos pela sentença, (b) a autoridade impetrada e (c) o juízo competente[173]. Não se exige, porém, que a inicial seja instruída com a relação nominal dos associados da impetrante, pois inaplicável ao *mandamus*, nesse aspecto, o artigo 2º-A da Lei nº 9.494/97[174].

Outra especificidade do mandado de segurança coletivo é que "a liminar será concedida, quando cabível, após a audiência do representante judicial da pessoa jurídica de direito público, que deverá se pronunciar no prazo de 72 (setenta e duas) horas" (art. 22, §2º da Lei nº 12.016/2009), sob pena de nulidade[175].

Cassio Scarpinella Bueno pondera, todavia, que o "entendimento majoritário em sede de doutrina e que deve ser prestigiado é no sentido

173 Zavascki, Teori Albino, op. cit., p. 219.

174 STF, MS 23.769/BA, rel. Min. Ellen Gracie, j. 03-04-2002.

175 STF, Pet-AgR 2066/SP, Pleno, rel. Min. Marco Aurélio, j. 19-10-2000; STJ, REsp 160.984/BA, rel. Min. Humberto Gomes de Barros, j. 23-02-99 (Informativo STJ nº 08/fevereiro de 1999).

de que o representante do Poder Público só deverá ser intimado a se pronunciar sobre o pedido de liminar se essa providência não comprometer a salvaguarda do direito do impetrante, isto é, naqueles casos em que, rigorosamente, o *periculum in mora* (o perigo de ineficácia da medida) não é tão intenso. Em sendo, no entanto, o estabelecimento desse contraditório prévio deve ser necessária e sistematicamente afastado, dando-se lugar à grandeza constitucional do instituto"[176]. Nessa linha de raciocínio, ao julgar em 09-06-2021 a ADI 4296, o Supremo Tribunal Federal declarou inconstitucional o § 2º do art. 22 da LMS, pois o dispositivo restringe o poder geral de cautela do magistrado.

2. Legitimidade ativa

Estão legitimados à propositura do mandado de segurança coletivo (a) os partidos políticos com representação no Congresso Nacional e (b) as organizações sindicais, as entidades de classe e as associações legalmente constituídas e em funcionamento há pelo menos um ano, em defesa dos interesses de seus membros ou associados (CF, art. 5º, LXX).

No caso, o que se tem é legitimação extraordinária dos partidos políticos e das demais entidades, que atuam como substitutos processuais de terceiros. Por isso, isto é, por tratar-se de substituição processual e não de representação, "a impetração de mandado de segurança coletivo por entidade de classe em favor dos associados independe de autorização destes" (STF, Súmula nº 629)[177].

Partidos políticos. Prevalece na doutrina o entendimento de que a legitimação dos partidos políticos não está limitada aos interesses particulares de seus filiados, porque inexiste lastro constitucional para tal restrição. Assim, como pontifica Teori Albino Zavascki, "podem ser tutelados pelo partido político, por mandado de segurança, os direitos ameaçados ou violados por ato de autoridade, ainda que pertencentes a terceiros não-filiados, quando a sua defesa se compreenda na finalidade institucional ou constitua objetivo programático da agremiação"[178]. A única

[176] *Mandado de Segurança*, p. 99. No sentido da inconstitucionalidade do artigo, pois se trata de inovação não prevista na Lei Maior: MEIRELLES, Hely Lopes, op. cit., p. 34.

[177] STF, RE-AgR 348.973/DF, rel. Min. Cezar Peluso, j. 23-03-2004; STJ, AgRg no REsp 413.736/PB, rel. Min. Maria Thereza de Assis Moura, j. 16-09-2008.

[178] Op. cit., p. 213. No mesmo sentido: MORAES, Alexandre de, op. cit., p. 316; SCARPINELLA BUENO, Cassio, op. cit., p. 38; FIGUEIREDO, Lucia Valle, op. cit., p. 38.

imposição constitucional é que se trate de partido político com representação no Congresso Nacional, seja na Câmara dos Deputados, seja no Senado Federal.

Registre-se, todavia, o pensamento divergente de Hely Lopes Meirelles, para quem "o partido político só pode impetrar mandado de segurança coletivo para a defesa de seus próprios filiados, em questões políticas, quando autorizado pela lei e pelo estatuto, não lhe sendo possível pleitear, por exemplo, os direitos da classe dos aposentados em geral (STJ, MS n. 197-DF, rel. Min. Garcia Vieira, RSTJ 12/215) ou dos contribuintes, em matéria tributária (STF, RE n. 196.184/AM, rel. Min. Ellen Gracie, DJU 18.2.2005, e RTJ 194/1034)"[179].

A controvérsia, parece-nos, continua acesa, uma vez que o mencionado art. 21 da Lei 12.016/2009 acabou por restringir expressamente o comando constitucional, apontando que *mandado de segurança coletivo pode ser impetrado por partido político com representação no Congresso Nacional, na defesa de seus interesses legítimos relativos a seus integrantes ou à finalidade partidária*.

Dentro dos marcos já apontados, a revelar a impossibilidade de que a lei restrinja a amplitude de um remédio constitucional, entendemos necessária a realização de exegese afinada ao texto constitucional, o que, a nosso aviso, implica interpretação ampliativa da legitimidade dos partidos políticos.

Organizações sindicais, entidades de classe e associações. Entende-se que a exigência de constituição e funcionamento *há pelo menos um ano* diz respeito apenas às associações, e não aos sindicatos[180]. Impõe a Constituição, ainda, que a impetração se dê em defesa dos interesses de seus membros ou associados, mas nada obsta que a pretensão veiculada interesse apenas a uma parte da respectiva categoria (STF, Súmula nº 630)[181].

Demais disso, como já decidiu o Supremo Tribunal Federal, "o objeto do mandado de segurança coletivo será um direito dos associados, independentemente de guardar vínculo com os fins próprios da entidade impetrante do *writ*, exigindo-se, entretanto, que o direito esteja

[179] *Mandado de Segurança*, p. 33.

[180] Zavascki, Teori Albino, op. cit., p. 215.STF, RE 198.919/DF, rel. Min. Ilmar Galvão, j. 15-06-1999.

[181] STF, RE 284.993/ES, rel. Min. Ellen Gracie, j. 15-02-05.Contra: Meirelles, Hely L., op. cit., p. 29.

compreendido nas atividades exercidas pelos associados, mas não se exigindo que o direito seja peculiar, próprio, da classe"[182].

Reclama-se, assim, a presença da chamada *pertinência temática* na impetração, que se revela na relação de compatibilidade entre a finalidade institucional da entidade impetrante e o conteúdo do direito ameaçado ou violado, objeto da demanda[183].

Além dos entes expressamente indicados na Carta Magna, admite-se a legitimidade para impetração do *mandamus* coletivo ao Ministério Público[184] e à Ordem dos Advogados do Brasil, esta, porém, apenas para a tutela de direitos atinentes ao exercício da advocacia[185].

De se ver, nesse sentido, que a Lei 12016/2009 não trouxe qualquer inovação em relação ao tema. Ao contrário, consolidou, em nível legal, a interpretação mais restritiva da garantia constitucional examinada.

3. Objeto

Talvez o ponto de maior controvérsia em mandado de segurança coletivo seja a delimitação de seu campo objetal. É que a Constituição de 1988, ao criar o instituto, se houve com bastante parcimônia, limitando-se, pois, a estabelecer sua denominação – pela agregação do adjetivo *coletivo* – e a indicar os entes legitimados à sua impetração.

Quer nos parecer, nesse sentido, que a Constituição Federal, ao assim proceder, quis criar um novo mecanismo processual para a tutela dos chamados direitos metaindividuais, ombreando-o, neste ponto, à ação civil pública e à ação popular.

Compartilhando desse ponto de vista, a lúcida explanação de Eurico Ferraresi:

> "Cabe enfatizar, contudo, que a Constituição de 1988, ao criar a forma coletiva do mandado de segurança, não o excluiu da proteção de tais direitos. É mais um instrumento do ordenamento brasileiro para a tutela dos direitos supra-individuais. Ao lado das ações coletivas e da ação popular, presta-se à defesa de direitos de massa.

[182] MS 22.132/RJ, Pleno, rel. Min. Carlos Velloso, j. 21-08-1996.

[183] Zavascki, Teori Albino, op. cit., p. 214; Scarpinella Bueno, Cassio, op. cit., p. 39.

[184] Scarpinella Bueno, Cassio, op. cit., p. 41; Figueiredo, Lucia Valle, op. cit., p. 39.

[185] Meirelles, Hely Lopes, op. cit., p. 33.

Retirar-lhe o atributo coletivo atingiria o próprio escopo do mandado de segurança coletivo, que tem dimensão bem mais abrangente que a mera defesa de seus autores".[186]

Há de se agregar, no entanto, que, muito embora tal entendimento se projete prevalecente, muitas decisões judiciais apontam a necessidade de pertinência temática entre o pedido mandamental coletivo e os fins institucionais da entidade que o ajuizou. A título de exemplo, confira-se o seguinte aresto do Supremo Tribunal Federal:

> "CONSTITUCIONAL. MANDADO DE SEGURANÇA COLETIVO. SUBSTITUIÇÃO PROCESSUAL. AUTORIZAÇÃO EXPRESSA: DESNECESSIDADE. OBJETO A SER PROTEGIDO PELA SEGURANÇA COLETIVA. C.F., art. 5º, LXX, b. MANDADO DE SEGURANÇA CONTRA LEI EM TESE: NÃO CABIMENTO. Súmula 266-STF. I. – A legitimação das organizações sindicais, entidades de classe ou associações, para a segurança coletiva, é extraordinária, ocorrendo, em tal caso, substituição processual. CF, art. 5º, LXX. II. – Não se exige, tratando-se de segurança coletiva, a autorização expressa aludida no inc. XXI do art. 5º, CF, que contempla hipótese de representação. III. – O objeto do mandado de segurança coletivo será um direito dos associados, independentemente de guardar vínculo com os fins próprios da entidade impetrante do writ, exigindo-se, entretanto, que o direito esteja compreendido nas atividades exercidas pelos associados, mas não se exigindo que o direito seja peculiar, próprio, da classe. IV. – Não cabe mandado de segurança, individual ou coletivo, contra lei em tese (Súmula 266-STF), dado que a lei e, de resto, qualquer ato normativo, em sentido material, ostenta características de generalidade, impessoalidade e abstração, não tendo, portanto, operatividade imediata, necessitando, para a sua individualização, da expedição de ato administrativo. V. – Mandado de Segurança não conhecido. (MS 22132/RJ, Relator(a): Min. CARLOS VELLOSO, Julgamento: 21/08/1996)".

Como já apontado, o par. único, do art. 21, da Lei 12016/2009 acabou incorporando essa visão restritiva, enunciando expressamente que

[186] *Ação Popular, Ação Civil Pública e Mandado de Segurança Coletivo.* Rio de Janeiro: Forense, 2009, p. 244.

o mandado de segurança coletivo só pode se prestar à defesa de direitos coletivos *stricto sensu* e de direitos individuais homogêneos, o que nos parece, como apontado, de duvidosa constitucionalidade.

4. Litispendência e coisa julgada

Sobre a *litispendência* envolvendo o mandado de segurança coletivo, confira-se o escólio de Teori Albino Zavascki:

> "O titular do direito subjetivo individual tem a faculdade de promover ou dar seguimento a mandado de segurança (ou a ação de rito comum) destinado a tutelar seus interesses, mesmo que esteja em curso a ação coletiva de mandado de segurança em que possa figurar como substituído. Não há, portanto, litispendência ou continência entre um e outro. Essa conclusão deriva da aplicação analógica das regras e dos princípios da ação coletiva, nomeadamente os estabelecidos no art. 104 da Lei 8.078, de 1990. Não há, com efeito, identidade entre as duas ações. Uma não reproduz a outra. No mandado de segurança individual a cognição é mais ampla, envolvendo o direito líquido e certo do impetrante em todas as suas especificidades. Já na ação coletiva de mandado de segurança, o âmbito cognitivo é mais limitado, ficando restrito ao núcleo de homogeneidade dos direitos subjetivos, que são visualizados e examinados em sua dimensão genérica e impessoal. O que há, entre as duas ações, portanto, é inegável laço de conexão (CPC, art. 103), a determinar, na medida do possível, o seu processamento conjunto, perante o juízo de mandado de segurança coletivo"[187].

Decidiu o Superior Tribunal de Justiça, no mesmo sentido, que a "impetração de mandado de segurança coletivo por entidade de classe e de *writ* individual não induz litispendência, tendo em vista que aquele não retira o direito de agir de seus associados"[188].

Essa visão, com adendos – os quais, aliás, só pioraram o trato do tema –, foi incorporada pelo art. 22 da Lei 12.016/2009, que dispõe:

> **Art. 22.** No mandado de segurança coletivo, a sentença fará coisa julgada limitadamente aos membros do grupo ou categoria substituídos pelo impetrante.

[187] Op. cit., p. 221.

[188] AgRg no Resp 675.992/AC, rel. Min. Laurita Vaz, j. 28-02-2008.

> § 1° O mandado de segurança coletivo não induz litispendência para as ações individuais, mas os efeitos da coisa julgada não beneficiarão o impetrante a título individual se não requerer a desistência de seu mandado de segurança no prazo de 30 (trinta) dias a contar da ciência comprovada da impetração da segurança coletiva.

Diferentemente da legislação aplicável à ação civil pública, o interessado deve desistir (e não singelamente pedir a *suspensão* – art. 104 da Lei 8.078/90) da ação caso queira se beneficiar dos efeitos do julgamento do mandado de segurança coletivo. Todavia, quer nos parecer que o regime jurídico da coisa julgada no *writ* coletivo emerge da conjugação do dispositivo acima citado com os preceitos dos artigos 103 e 104 da Lei nº 8.078/90. A principal conclusão daí decorrente é a de que, se favorável a sentença ao impetrante, haverá coisa julgada material *erga omnes* ou *ultra partes*; se denegatória, restará aberta a via do *mandamus* individual[189], ou mesmo a propositura de outra ação, inclusive de índole coletiva, desde que alicerçada em novos elementos de prova.

Leia-se, a propósito, o seguinte aresto do STJ:

> "O mandado de segurança coletivo, embora mantendo objeto constitucional e sumariedade de rito próprios do mandado de segurança individual, tem características de ação coletiva, a significar que a sentença nele proferida é de caráter genérico, não comportando exame de situações particulares dos substituídos e nem operando, em relação a eles, os efeitos da coisa julgada, salvo em caso de procedência"[190].

[189] FIGUEIREDO, Lucia Valle, op. cit., p. 47; SCARPINELLA BUENO, Cassio, op. cit., p. 183; ZAVASCKI, Teori Albino, op. cit., p. 222; MEIRELLES, Hely Lopes, op. cit., p. 113. STJ, AgRg no Ag 971.521/SE, rel. Min. Félix Fischer, j. 23-06-2008.

[190] REsp 707.849/PR, rel. Min. Teori Albino Zavascki, j. 06-03-2008.

AÇÃO CIVIL PÚBLICA

Capítulo 1
Conceito

A ação civil pública é o instrumento processual conferido a determinados legitimados para a tutela dos interesses difusos, coletivos e individuais homogêneos.

Trata-se, pois, de instrumento processual vocacionado a dar curso ao princípio constitucional da inafastabilidade da jurisdição (art. 5º, XXXV) sempre que a lesão ou a ameaça de lesão estiver voltada para direitos ou interesses metaindividuais.

Prevalece na doutrina a compreensão de que as expressões "ação civil pública" (Lei nº 7.347/85) e "ação coletiva" (Lei nº 8.078/90) são sinônimas e podem, como se dará neste trabalho, ser empregadas indistintamente[191]. Registre-se, todavia, a existência de pensamento no sentido de que não há sinonímia entre as locuções. Para essa corrente, a "ação civil pública" se prestaria à tutela dos interesses difusos, coletivos e individuais homogêneos, neste último caso, porém, apenas quando houver relevância social. A "ação coletiva", por outro lado, seria endereçada à proteção exclusiva dos interesses individuais homogêneos[192].

[191] MENEZES VIGLIAR, José Marcelo. *Interesses Individuais Homogêneos.* 2 ed. São Paulo: Saraiva, p. 62.

[192] ALMEIDA, João Batista de. *Aspectos Controvertidos da Ação Civil Pública.* São Paulo: RT, 2001, p. 36.

A ação civil pública tem assento constitucional no artigo 129, inciso III, da Carta Magna, e vem disciplinada essencialmente pela Lei nº 7.347/85 (LACP) e pelos artigos 81 a 104 da Lei nº 8.078/90 (Código de Defesa do Consumidor).

Comentando a Lei nº 7.347/85, Rodolfo de Camargo Mancuso pontifica que se cuida de "lei de índole *predominantemente processual*, visto que, basicamente, objetiva oferecer os instrumentos processuais hábeis à efetivação, em juízo, da tutela aos interesses difusos reconhecidos nos textos substantivos. Ainda que nos dois aspectos antes ressalvados (arts. 10 e 13), a Lei 7.347/85 apresente coloração de direito material, estamos em que, no mais, trata-se de lei de natureza processual. Há interesse nessa qualificação, a mais de um título: os textos legais de natureza processual trazem certas peculiaridades no que concerne à sua eficácia no tempo e no espaço, à sua interpretação, à forma por que se faz sua integração em caso de lacuna ou defasagem, enfim, à sua interação com os demais textos do ordenamento positivo".[193]

É de se notar, entretanto, que também se costuma denominar de ação civil pública aquela aforada pelo Ministério Público em defesa de direitos individuais indisponíveis, quer por aplicação direta do art. 127 da Constituição (em defesa de direitos como o da saúde), quer por aplicação de disposições infraconstitucionais, das quais a mais comumente empregada é aquela constante do art. 201, inciso V, do Estatuto da Criança e do Adolescente, que expressamente legitima o Ministério Público para a defesa de interesses individuais relativos à infância e à adolescência[194].

Com alguma frequência, verificamos a existência de argumentos que intentam tachar de inconstitucional a aludida disposição protetiva da infância e da juventude, conclusão esta com a qual não concordamos.

Do ponto de vista constitucional, a matéria vem disciplinada basicamente por três disposições, os artigos 127, 129, inciso III e 129, inciso IX.

O primeiro delimita que o Ministério Público deve se prestar à proteção da legalidade democrática, dos direitos indisponíveis e dos direitos sociais relevantes.

[193] *Ação Civil Pública*. 10 ed. São Paulo: RT, 2006, p. 28.

[194] O Estatuto do Idoso também prevê a legitimidade do Ministério Público para o ajuizamento de ações civis públicas volvidas à proteção de direitos individuais indisponíveis do idoso (Lei 10.741/03, art. 74, I), com respaldo, inclusive, em julgados do STJ (REsp 695.665/RS, 1ª Seção, rel. Min. Eliana Calmon, j. 23-04-2008).

É evidente que ao falarmos de direitos da infância e juventude, do direito à educação ou do direito à saúde, cogitamos de direitos fundamentais e, nessa ordem, indisponíveis e irrenunciáveis, o que revela a inteira adequação de tal situação aos objetivos institucionais do Ministério Público enunciados pelo precitado art. 127.

O artigo 129, inciso III, da Constituição, por sua vez, atribui ao Ministério Público a defesa de interesses difusos e coletivos, porém, tal disposição deve ser integrada ao disposto no inc. IX, do mesmo artigo, que atribui à lei a capacidade de investir a instituição de outras atribuições, desde que compatíveis com a sua natureza.

Cuidando-se, pois, de direitos da infância, à educação ou à saúde, não há como lhes retirar a adjetivação de indisponíveis e relevantes socialmente, tornando insubsistente, *data venia*, a coima de inconstitucionalidade que se intenta atribuir ao citado dispositivo do Estatuto da Criança e do Adolescente.

Desse mesmo compreender, a jurisprudência do Superior Tribunal de Justiça, da qual tiramos, a título de ilustração, o seguinte aresto relatado pelo eminente Ministro Luiz Fux:

> "...
>
> 4. *Legitimatio ad causam* do Ministério Público à luz da dicção final do disposto no art. 127 da CF/1988, que o habilita a demandar em prol de interesses indisponíveis.
>
> 5. Sob esse enfoque a Carta Federal outorgou ao Ministério Público a incumbência de promover a defesa dos interesses individuais indisponíveis, podendo, para tanto, exercer outras atribuições previstas em lei, desde que compatíveis com sua finalidade institucional (CF/1988, arts. 127 e 129).
>
> 6. *In casu*, trata-se de Ação Civil Pública ajuizada pelo Ministério Público do Estado do Rio Grande do Sul, objetivando o fornecimento de medicamento para o menor Rafael Vailatti Favero, portador de cardiopatia congênita.
>
> 7. O direito à saúde, insculpido na Constituição Federal, é direito indisponível, em função do bem comum, maior a proteger, derivado da própria força impositiva dos preceitos de ordem pública que regulam a matéria.
>
> 8. Outrossim, o art. 6º do CPC configura a legalidade da legitimação extraordinária cognominada por Chiovenda como "substituição processual".

9. Impõe-se ressaltar que a jurisprudência hodierna do E. STJ admite ação individual acerca de direito indisponível capitaneada pelo MP (Precedentes: REsp 688052 / RS, DJ 17.08.2006; REsp 822712 /RS, DJ 17.04.2006; REsp 819010 / SP, DJ 02.05.2006).

..."[195]

Sublinhe-se, todavia, que a denominação da ação (ação civil pública, ação de obrigação de fazer, mandado de segurança etc.) não se veste de qualquer relevância, uma vez não é o nome, mas o pedido e os seus fundamentos que lhe demarcam a natureza e revelam que tipo de direito se busca proteger.

195 REsp 69843/RS, RECURSO ESPECIAL 2006/0152570-3, DJ 15.10.2007, p. 243.

Capítulo 2
Interesses ou Direitos Tutelados

De acordo com o artigo 1º da Lei nº 7.347/85, e sem prejuízo da ação popular, a ação civil pública tem por objeto a tutela do meio ambiente, do consumidor, dos bens e direitos de valor artístico, estético, histórico, turístico e paisagístico, da ordem econômica e da economia popular, da ordem urbanística e de qualquer outro interesse difuso ou coletivo. A Lei nº 8.078/90 (Código de Defesa do Consumidor) acrescentou a esse rol os interesses individuais homogêneos (arts. 81 e 91).

Conclui-se, pois, que a relação dos direitos ou interesses tuteláveis por meio de ação civil pública é meramente exemplificativa. Isso em razão da cláusula aberta que admite o emprego do instituto para a tutela de quaisquer interesses difusos, coletivos ou individuais homogêneos.

Nesse contexto, p. ex., comportam proteção por intermédio da ação civil pública os direitos da pessoa idosa (Lei nº 10.741/03) ou portadora de deficiência física ou mental (Lei nº 7.853/89; Lei nº 13.146/2015), das crianças e adolescentes (Lei nº 8.069/90), a livre concorrência (Lei nº 12.529/2011), a probidade administrativa e o patrimônio público (Lei nº 8.429/92; STJ, Súmula nº 329), os direitos dos investidores no mercado de valores mobiliários (Lei nº 7.913/89) etc.

Os conceitos de interesses difusos, coletivos e individuais homogêneos estão expressos no artigo 81, parágrafo único, da Lei nº 8.078/90 (CDC).

Assim, *interesses ou direitos difusos* são os transindividuais, de natureza indivisível, de que sejam titulares pessoas indeterminadas e ligadas por circunstâncias de fato.

Interesses ou direitos coletivos são os transindividuais de natureza indivisível, de que seja titular grupo, categoria ou classe de pessoas ligadas entre si ou com a parte contrária por uma relação jurídica base.

Finalmente, segundo a noção trazida pelo legislador, *interesses ou direitos individuais homogêneos* são os decorrentes de uma origem comum.

Visando a distinguir as três formas de interesses, Hugo Nigro Mazzilli propõe a seguinte fórmula:

> "Para identificar corretamente a natureza de interesses transindividuais ou de grupos, devemos, pois, responder a estas questões: a) o dano provocou lesões divisíveis, individualmente variáveis e quantificáveis? Se sim, estaremos diante de interesses individuais homogêneos; b) O grupo lesado é indeterminável e o proveito reparatório, em decorrência das lesões, é indivisível? Se sim, estaremos diante de interesses difusos; c) O proveito pretendido em decorrência das lesões é indivisível, mas o grupo é determinável, e o que une o grupo é apenas uma relação jurídica básica comum, que deve ser resolvida de maneira uniforme para todo o grupo? Se sim, então estaremos diante de interesses coletivos".[196]

Tais características, portanto, podem ser assim sintetizadas:

	Difusos	**Coletivos**	**Individuais homogêneos**
Grupo	indeterminável	determinável	determinável
Objeto	indivisível	indivisível	divisível
Origem	situação de fato	relação jurídica	origem comum

Note-se, com base nos argumentos já apresentados, que os interesses difusos e os coletivos são aqueles designados como essencialmente metaindividuais, uma vez que não existem fora do binômio transindividualidade/indivisibilidade. Em outras palavras, um interesse só pode receber a denominação de difuso ou de coletivo se simultaneamente pertencer a mais de uma pessoa e sem que haja possibilidade quantificação individual do respectivo interesse.

Os interesses individuais homogêneos, diferentemente, têm natureza individual, tanto que admitem, inclusive, reivindicação singular pelo

[196] *A Defesa dos Interesses Difusos em Juízo.* 20 ed. São Paulo: Saraiva, 2007, p. 55.

próprio interessado. Todavia, uma vez que proveniente de origem comum, a legislação admite que sejam objeto de tutela coletiva; por isso, são designados como formalmente coletivos, conclusão esta que se firma diante do diagnóstico de que só são metaindividuais na forma de reivindicação por meio de ação civil pública.

Dois pontos aqui merecem destaque. O primeiro consiste no fato de que a previsão legal que possibilita a proteção metaindividual de direitos de natureza individual decorre do impacto coletivo causado por danos oriundos de origem comum. Como exemplo, podemos citar um problema qualquer na produção de certo medicamento. Toda uma partida desses medicamentos estará comprometida, gerando, portanto, danos que, embora individuais, atingirão diversas pessoas, recomendando que, ao menos, haja possibilidade de reivindicação coletiva para reparação dos danos oriundos de uma origem, neste caso, a falha no processo de produção. O segundo está em que, exatamente por se tratar de interesses ou direitos de natureza individual, a ação que os reivindica de forma coletiva deverá necessariamente se caracterizar por um pedido e uma eventual condenação dotados de generalidade.

Capítulo 3
Inquérito Civil

1. Conceito, natureza jurídica e características

O inquérito civil é investigação administrativa, de caráter inquisitorial, unilateral e facultativa, instaurado e presidido pelo Ministério Público e destinado a apurar a ocorrência de danos efetivos ou potenciais a direitos ou interesses difusos, coletivos ou individuais homogêneos ou outros que lhe incumba defender, servindo como preparação para o exercício das atribuições inerentes às suas funções institucionais[197].

Tem o inquérito civil a *natureza jurídica* de um *procedimento* administrativo. Não se trata de processo, pois nele não há acusação e dele não decorrem sanções. O escopo do inquérito civil é apenas colher informações com o fim de formar-se a convicção do órgão do Ministério Público para eventual propositura de ação civil pública[198].

São *características* do inquérito civil: a exclusividade de sua titularidade, a facultatividade de sua instauração, a formalidade restrita, a inquisitividade, a publicidade mitigada e a auto-executoriedade[199].

[197] Art. 2º da Resolução 484/06-CPJ, que disciplina o inquérito civil no âmbito do Ministério Público do Estado de São Paulo; art. 1º da Resolução nº 23/07, editada pelo Conselho Nacional do Ministério Público.

[198] Mazzilli, Hugo Nigro. *O Inquérito Civil.* São Paulo: Saraiva, 1999, p. 48.

[199] Proença, Luis Roberto. *Inquérito Civil.* São Paulo: RT, 2001, p. 34.

Exclusividade de sua titularidade. O inquérito civil é instrumento de utilização privativa do Ministério Público (CF, art. 129, III; Lei nº 7.347/85, art. 8º, § 1º). Seu emprego e sua presidência são vedados aos demais co-legitimados para a propositura da ação civil pública; estes poderão, entretanto, para instruir a petição inicial, requerer as certidões e informações necessárias às autoridades competentes.

Facultatividade de sua instauração. O inquérito civil é procedimento de instauração facultativa pelo *Parquet*[200]. Uma vez existentes os elementos de convicção necessários à propositura da ação, tais como cópias de autos de inquéritos policiais, sindicâncias administrativas, procedimentos dos Tribunais de Contas, afigura-se dispensável a abertura de inquérito civil.

Formalidade restrita. Os atos praticados no curso do inquérito devem ser escritos e formalizados nos autos[201]. Todavia, as normas que disciplinam o procedimento têm apenas o propósito de conferir maior racionalidade e organização durante a sua tramitação. Nenhuma nulidade decorre (sobretudo para a futura ação proposta) da inobservância de formalidades previstas para a colheita de depoimentos, juntada de documentos, cumprimento de prazos etc.

Inquisitividade. Trata-se de procedimento de natureza inquisitiva, de modo que a ele não se aplicam os princípios constitucionais do contraditório e da ampla defesa[202]. Isso porque o inquérito civil não visa à imposição de sanções a quem quer que seja. Seu escopo é apenas reunir elementos de convicção para o eventual ajuizamento de ação civil pública, onde, aí sim, o contraditório e a ampla defesa serão de observância imperiosa.

Publicidade mitigada. Como regra, os atos praticados no âmbito do inquérito civil devem estar revestidos de publicidade, ressalvadas as exceções previstas em lei ou na própria Constituição Federal (CF, art. 5º, incisos XXXIII e LX, e art. 37)[203]. Luís Roberto Proença lembra que "quanto à vista dos autos, porém, pela própria natureza do inquérito, muitas vezes haverá a necessidade de se determinar sejam eles mantidos sob sigilo, seja parcialmente, seja integralmente, por haver elementos

200 STJ, Resp 849.841/MG, rel. Min. Eliana Calmon, j. 28-08-2007.

201 Resolução CNMP nº 23/2007, art. 6º.

202 TJSP, Apelação Cível 788.500-5/8-00, rel. Carlos Eduardo Pachi, j. 26-01-2009.

203 Resolução CNMP nº 23/2007, art. 7º.

sobre os quais paire sigilo legal ou por necessidade da própria investigação, aplicando-se analogicamente o art. 20 do CPP"[204].

Autoexecutoriedade. Na instrução do inquérito civil, o representante do Ministério Público tem o poder de realizar por si próprio as diligências necessárias, bem como de requisitá-las a terceiros, prescindindo, portanto, da intervenção do Poder Judiciário (CF, art. 129, VI). Qualquer providência judicial, na fase do inquérito civil, somente ocorrerá excepcionalmente, como, p. ex., se houver necessidade de busca e apreensão no interior de domicílio (CF, art. 5º, XI).

2. Instauração

O inquérito civil pode ser instaurado: I – de ofício; II – em face de representação formulada por qualquer pessoa; III – mediante comunicação de outro órgão do Ministério Público ou de qualquer autoridade; IV – por determinação do Procurador-Geral de Justiça ou da República, conforme o caso, do Conselho Superior do Ministério Público, das Câmaras de Coordenação e Revisão e dos demais órgãos superiores da Instituição[205].

A representação – que deve conter a qualificação do representante, a descrição do fato a ser investigado e a indicação dos meios de prova ou documentos pertinentes – pode ser indeferida de plano caso não apresente elementos mínimos de convicção. Antes de indeferi-la, poderá o membro do Ministério Público determinar sua complementação em 10 dias, notificando-se o interessado para que assim o faça.

Uma vez indeferida a representação, seu proponente deverá ser notificado para, se desejar, interpor recurso, no prazo de 10 dias, ao Conselho Superior do Ministério Público ou à Câmara de Coordenação e Revisão respectiva[206].

Por outro lado, em dispositivo que recebeu severas críticas da doutrina[207], a Lei Orgânica do Ministério Público de São Paulo (LCE 734/93, art. 108) prevê recurso ao Conselho Superior da instituição,

204 Op. cit., p. 39.

205 Lei nº 7.347/85, arts. 6º e 7º; Lei Complementar Estadual paulista nº 734/93 (LOMPSP), art. 106; Resolução CNMP nº 23/07, art. 2º.

206 LCE 734/93 (LOMPSP), art. 107; Resolução CNMP 23/07, art. 5º.

207 Mazzilli, Hugo Nigro. *O Inquérito Civil.* São Paulo: Saraiva, 1999, p. 274.

com efeito suspensivo, da decisão do membro do Ministério Público que instaura inquérito civil.

Registre-se que a instauração do inquérito civil se dá mediante portaria numerada em ordem crescente, que há de mencionar, ainda que sucintamente, o objeto e o fundamento legal para o início da investigação, as pessoas envolvidas, as diligências iniciais, a data e o local em que foi baixada, a designação do secretário, a remessa de cópia para publicação e a cientificação do representante, se o caso[208].

Admite-se, ainda, a instauração de *procedimento preparatório de inquérito civil* para complementação das informações e melhor identificação do objeto da investigação e das pessoas envolvidas[209]. O prazo de conclusão do procedimento preparatório é exíguo, não podendo superar 90 dias, ressalvada uma prorrogação por igual lapso[210]. Findo o procedimento, poderá o membro do Ministério Público: (i) convertê-lo em inquérito civil, (ii) arquivá-lo ou (iii) propor ação civil pública.

Representação anônima. É possível a instauração de inquérito civil – ou procedimento administrativo preparatório – com base em representação anônima, desde que sobre fato determinado[211].

3. Instrução

Na fase de instrução se dá a colheita das provas que servirão de base à formação do convencimento do membro do Ministério Público que preside o inquérito civil.

Luís Roberto Proença leciona que "não há forma rígida para a instrução do inquérito civil, com procedimentos prefixados em lei. Pela natureza da atividade investigativa, o seu desenvolvimento é livre, dependendo a ordenação dos atos da própria evolução dos trabalhos, isto é, daquilo que vá se apresentando como matéria pertinente e relevante para o conhecimento do conjunto de fatos apurados"[212].

[208] Resolução CNMP nº 23/07, art. 4º; Resolução nº 484/06-CPJ (MPSP), art. 19.

[209] LCE 734/93 (LOMPSP), art. 106, § 1º, Resolução CNMP nº 23/07, art. 2º, § 4º.

[210] No âmbito do Ministério Público de São Paulo, o prazo de conclusão é de 90 dias, prorrogável por igual prazo (art. 23 da Resolução 484/06-CPJ).

[211] Resolução CNMP nº 23/07, art. 2º, § 3º; Resolução 484/06-CPJ (MPSP), art. 12, § único. STF, MS 24.369 MC/DF, rel. Min. Celso de Mello, j. 10-10-2002; STJ, MS 12.385/DF, rel. Min. Paulo Gallotti, j. 14-05-2008.

[212] Op. cit., p. 50.

Para atingir esse desiderato – granjear elementos de convicção – dispõe o Ministério Público de inúmeros instrumentos conferidos pela Carta Magna e pela legislação infraconstitucional.

Assim, poderá o membro do *Parquet*, no exercício de suas atribuições, notificar e colher o depoimento de testemunhas, requisitar informações, exames, perícias e documentos de autoridades, requisitar da Administração Pública serviços temporários de seus servidores e meios materiais necessários para a realização de atividades específicas, requisitar informações e documentos de entidades privadas, realizar inspeções e diligências investigatórias, ter livre acesso a qualquer local público ou privado, respeitadas as normas constitucionais relativas à inviolabilidade do domicílio, ter acesso a banco de dados de caráter público ou referente a serviço de relevância pública e requisitar o auxílio de força policial (CF, art. 129; LC nº 75/93, art. 8º; Lei nº 8.625/93, art. 26).

Sem prejuízo dessas medidas, admite-se a realização de audiências públicas, antes ou durante o curso do inquérito civil, para discussão de situações das quais decorra ou possa decorrer lesão a interesses difusos, coletivos e individuais homogêneos (Lei nº 8.625/93, art. 27, § único, IV).

4. Conclusão e valor probatório

Segundo o art. 9º da Resolução CNMP nº 23/2007, o prazo para conclusão do inquérito civil é de *um ano*, prorrogável pelo mesmo período e quantas vezes forem necessárias, sempre mediante decisão fundamentada de seu presidente e quando imprescindível para o desfecho das investigações. Nada obsta, porém, que cada Ministério Público estabeleça, por norma própria, prazo inferior para a conclusão do inquérito.

Ao cabo da fase de instrução, e já dispondo de suficientes elementos de convicção, caberá ao membro do Ministério Público aferir a presença, efetiva ou potencial, de lesão aos interesses metaindividuais que lhe incumbe defender. Com o encerramento do inquérito civil abrem-se, portanto, duas possibilidades: arquivamento (que poderá ocorrer com ou sem celebração de compromisso de ajustamento de conduta) ou propositura de ação civil pública.

Arquivamento. Afastado o risco de lesão a interesses metaindividuais, segue-se a *promoção de arquivamento* do inquérito civil, sempre mediante decisão fundamentada. Após, os autos deverão ser enviados ao Conselho Superior do Ministério Público (ou Câmara de Revisão), no prazo de 03 dias, sob pena de falta grave, para reexame necessário da decisão de arquivamento (art. 9º da Lei 7.347/85).

Antes da sessão do Conselho Superior ou da Câmara de Revisão que irá deliberar sobre a homologação ou não da promoção de arquivamento, as pessoas colegitimadas, além de outros interessados, poderão apresentar razões escritas ou documentos (art. 9º, § 2º, da LACP; art. 10, § 3º, da Resolução CNMP nº 23/07)[213].

Ao apreciar a promoção de arquivamento, o Conselho Superior (ou Câmara de Revisão) poderá: I- homologá-la; II – rejeitá-la e determinar a propositura de ação civil pública; III – converter o julgamento em diligência. Na hipótese de rejeição da promoção de arquivamento, dar-se-á a designação de outro membro do Ministério Público para o ajuizamento da ação (art. 9º, § 4º, da LACP).

Arquivamento com celebração de compromisso de ajustamento de conduta. Nos termos do art. 5º, § 6º, da Lei nº 7.347/85, os órgãos públicos legitimados à propositura de ação civil pública poderão tomar dos interessados compromisso de ajustamento de conduta às exigências legais, mediante cominações, que terá eficácia de título executivo extrajudicial. Sendo o compromisso firmado pelo Ministério Público no bojo de inquérito civil, a medida fica sujeita à homologação pelo Conselho Superior da instituição (LCE nº 734/93 - LOMPSP, art. 112).

Desarquivamento do inquérito civil. É possível, sempre que houver o surgimento de novas provas ou para investigar fato novo relevante (Resolução CNMP nº 23/07, art. 12; LCE nº 734/93 - LOMPSP, art. 111).

Propositura de ação civil pública. Convencido da ocorrência de lesão aos interesses metaindividuais que constituem o objeto do inquérito, e não sendo possível a celebração de compromisso de ajustamento de conduta, deverá o membro do Ministério Público ajuizar a ação civil pública correspondente. Nesse caso, os autos do inquérito servirão para instruir a petição inicial da ação coletiva (LCE 734/93 - LOMPSP, art. 109).

Valor probatório. As provas colhidas no inquérito civil têm valor probatório relativo, porque produzidas sem a observância do contraditório, mas só devem ser afastadas quando há contraprova de hierarquia supe-

213 PROENÇA, Luís Roberto, op. cit., p. 52.

rior, ou seja, produzida sob a vigilância do contraditório. A prova colhida inquisitorialmente não se afasta por mera negativa, cabendo ao juiz, no seu livre convencimento, sopesá-las, observando as regras processuais pertinentes à distribuição do ônus da prova[214].

[214] STJ, Resp 849.841/MG, rel. Min. Eliana Calmon, j. 28-08-2007.

Capítulo 4
Competência

A competência para o processo e julgamento da ação civil pública é aferida pela interpretação sistemática dos artigos 2º da Lei nº 7.347/85 (LACP), 109, inciso I, da Constituição Federal, e 93 da Lei nº 8.078/90 (Código de Defesa do Consumidor).

Reza o art. 2º da LACP que "as ações previstas nesta Lei serão propostas no foro do local onde ocorrer o dano, cujo juízo terá competência funcional para processar e julgar a causa".

Discorrendo acerca do preceito, assim se posiciona, com acerto, Rodolfo de Camargo Mancuso:

> "Sem embargo, não há negar que no citado art. 2º da Lei nº 7.347/85 o legislador aproximou critérios que, ordinariamente, conduzem a competências de natureza diversa: seja porque aí se seguiu a regra de competência territorial especial (CPC, art. 100, V, a: *forum commissi delicti*), seja porque o juiz 'terá competência funcional para processar e julgar a causa'. Não há dúvida de que, no caso, trata-se de competência absoluta, com as conseqüências daí decorrentes: não se prorroga, não depende de exceção para ser conhecida, pode ser declarada de ofício em qualquer tempo ou grau de jurisdição, é fator de nulidade absoluta, ensejadora de ação rescisória (CPC, art. 485, II).
>
> (...)

> É plenamente justificável que assim seja, dado ser intuitivo que é o juízo 'do local onde ocorrer o dano' o mais indicado, mais habilitado na espécie, pela proximidade física com o evento"[215].

Cabe enfatizar, por outro lado, que nas causas em que a União, entidade autárquica ou empresa pública federal forem interessadas na condição de autoras, rés, assistentes ou oponentes, a competência será da Justiça Federal do *local em que ocorrer o dano* (art. 109, I, da CF).

Com efeito, ao julgar conflito de competência em ação civil pública, decidiu o Superior Tribunal de Justiça que "a competência da Justiça Federal, prevista no art. 109, I, da Constituição, tem por base um critério subjetivo, levando em conta, não a natureza da relação jurídica litigiosa, e sim a identidade dos figurantes da relação processual. Presente, no processo, um dos entes ali relacionados, a competência será da Justiça Federal"[216].

Por fim, segundo o art. 93 da Lei nº 8.078/90 (Código de Defesa do Consumidor), aplicável às ações civis públicas por força do art. 21 da Lei nº 7.347/85, ressalvada a competência da Justiça Federal, é competente para processar e julgar as ações coletivas:

> I – o juízo do lugar onde ocorreu ou deva ocorrer o dano, quando este for de âmbito local;
>
> II – o juízo da Capital do Estado ou do Distrito Federal, para os *danos de âmbito nacional ou regional,* aplicando-se as regras do Código de Processo Civil aos casos de competência concorrente.

Registre-se que a propositura da ação civil pública prevenirá a competência do juízo para todas as ações posteriormente intentadas que possuam a mesma causa de pedir ou o mesmo objeto (art. 2º, § único, da LACP).

215 Op. cit., p. 68.

216 CC 90.722/BA, 1ª Seção, rel. Min. Teori Albino Zavascki, j. 25-06-2008.

Capítulo 5
Legitimidade *ad causam*

Legitimidade ativa. Estão legitimados à propositura da ação civil pública, principal ou cautelar, o Ministério Público, a Defensoria Pública, a União, os Estados, o Distrito Federal, os Municípios, as autarquias, empresas públicas, sociedades de economia mista e associações (art. 5º da Lei nº 7.347/85, com redação dada pela Lei nº 11.448/07).

Ainda segundo o art. 82, inciso III, da Lei nº 8.078/90 (CDC), também estão legitimados à propositura das ações coletivas as entidades e órgãos da administração pública, direta ou indireta, mesmo que sem personalidade jurídica, especificamente destinados à defesa dos interesses e direitos dos consumidores.

No caso das associações, exige-se que (i) estejam constituídas há mais de um ano, salvo dispensa pelo juiz nas hipóteses do art. 5º, § 4º, da LACP e (ii) incluam, entre as suas finalidades institucionais, a proteção ao patrimônio público e social, ao meio ambiente, ao consumidor, à ordem econômica, à livre concorrência, aos direitos de grupos raciais, étnicos ou religiosos ou ao patrimônio artístico, estético, histórico, turístico e paisagístico (trata-se da chamada "pertinência temática").

A legitimidade ativa para a ação civil pública é extraordinária, na medida em que o autor age em nome próprio, mas visando à tutela de um direito ou interesse metaindividual. Como pontifica Teori Albino Zavascki, "tratando-se de direitos difusos ou coletivos (=sem titular determinado), a legitimação ativa é exercida, invariavelmente, em regime de substituição processual: o autor da ação defende, em nome próprio, direito de que não é titular. Pode-se afirmar, por isso mesmo, que esse regime, de natureza extraordinária no sistema comum do processo civil, é o regime ordinário na ação civil pública"[217].

Ademais, além de extraordinária, a legitimidade ativa nas ações civis públicas é considerada *concorrente* e *disjuntiva*. *Concorrente* porque todos os colegitimados do art. 5º da LACP ou do art. 82 do CDC podem agir em defesa de interesses transindividuais; *disjuntiva* porque não precisam comparecer em litisconsórcio[218].

O Ministério Público, se não intervier no processo como parte, atuará obrigatoriamente como fiscal da lei, sob pena de nulidade (art. 5º, § 1º, da LACP).

A propósito da legitimidade ativa do Ministério Público, pode-se dizer que é ampla e irrestrita quando a demanda versar sobre direitos difusos ou coletivos. Tratando-se, porém, de ação civil pública volvida à proteção de direitos individuais homogêneos, a legitimidade *ad causam* da Instituição tem sido condicionada à presença, no caso concreto, de relevância social na tutela desses direitos[219].

Legitimidade passiva. Como regra, qualquer pessoa física ou jurídica, pública ou privada, pode ser sujeito passivo em ação civil pública. Basta que de sua ação ou omissão resulte um prejuízo, efetivo ou potencial, a qualquer interesse difuso, coletivo ou individual homogêneo.

Litisconsórcio e assistência. O litisconsórcio (ativo ou passivo) é expressamente admitido nos processos concernentes às ações civis públicas (LACP, art. 5º, §§ 2º e 5º; CDC, art. 94). A assistência, embora não prevista na LACP, também é aceita pela doutrina quando se tratar do próprio lesado[220].

[217] *Processo Coletivo*, p. 77.

[218] Mazzilli, Hugo Nigro, op. cit., p. 314.

[219] STF, RE-AgR 472.489/RS, 2ª T., rel. Min. Celso de Mello, j. 29-04-2008.

[220] Almeida, João Batista de, op. cit., p. 116; Mazzilli, Hugo Nigro, op. cit., p. 319; Mancuso, Rodolfo de Camargo, op. cit., p. 215.

Capítulo 6
Outros Aspectos Processuais

1. Rito processual

O rito da ação civil pública podia ser o *ordinário* ou o *sumário*, segundo as disposições previstas no Código de Processo Civil anterior (art. 19 da Lei nº 7.347/85)[221].

Confira-se, a respeito, o escólio de Rodolfo de Camargo Mancuso:

> "A petição inicial observará os ditames prescritos para o procedimento comum, podendo, conforme o caso, apresentar a forma indicada nos arts. 282 (rito ordinário) ou 275 (rito sumário), dado que ambos integram o 'procedimento comum' (CPC, art. 272). A escolha do rito não é discricionária, e muito menos arbitrária, mas deve pautar-se pelos critérios legais: se a causa é de valor não superior a 60 (sessenta) salários mínimos, ou, excedendo esse teto, enquadra-se, *ratione materiae*, numa das hipóteses elencadas no inc. II do art. 275 (pensamos no caso da alínea *c* – 'ressarcimento por danos em prédio urbano ou rústico', num caso de desfiguração da fachada de prédio de interesse histórico ou de particular beleza arquitetônica), a ação deverá seguir o rito sumário, ressalvada a conversão deste em ordinário, 'quando houver necessidade de prova técnica de maior complexidade' (§ 5º do art. 277)"[222].

[221] Mazzilli, Hugo Nigro. *A Defesa dos Interesses Difusos em Juízo*, p. 220.
[222] *Ação Civil Pública*, p. 87.

Atualmente, todavia, as ações civis públicas seguem o rito comum, previsto nos artigos 318 e ss. do CPC/2015.

2. Objeto e pedido

O objeto da ação é exteriorizado pelo seu pedido. No caso das ações civis públicas, esse pedido pode ser dos mais variados, isto é, simples, cumulado, sucessivo, alternativo ou eventual (CPC, arts. 322 e ss.).

Assim dispõe o art. 3º da LACP: "A ação civil poderá ter por objeto a condenação em dinheiro ou o cumprimento de obrigação de fazer ou não fazer"[223].

Da mesma forma, em dispositivo que realça a amplitude do objeto da ação civil pública, preconiza o art. 83 da Lei nº 8.078/90 (CDC) que "para a defesa dos direitos e interesses protegidos por este Código são admissíveis todas as espécies de ações capazes de propiciar sua adequada e efetiva tutela".

Nada obsta, ainda, nomeadamente à luz dos princípios da instrumentalidade das formas e da economia processual, que numa mesma ação civil pública sejam cumulados pedidos visando à tutela de interesses difusos, coletivos e individuais homogêneos.

Em suma, como aduz Hugo Nigro Mazzilli, "cabem hoje ações civis públicas ou coletivas: a) *principais*: condenatórias (reparatórias ou indenizatórias), declaratórias e constitutivas; b) *cautelares* (preparatórias ou incidentes); c) *cautelares satisfativas*, que não dependem de outra ação dita principal; d) de *execução de título extrajudicial*; e) *mandamentais*; f) *quaisquer outras*, com qualquer preceito cominatório, declaratório ou constitutivo"[224].

Importante aduzir, nessa direção, que o artigo 95 da Lei 8078/90, ao aduzir à sentença nas ações tutelares de direitos ou interesses individuais homogêneos estabelece que "em caso de procedência do pedido, a condenação será genérica, fixando a responsabilidade do réu pelos danos causados".

[223] Conforme sedimentado entendimento doutrinário e jurisprudencial, a conjunção "ou", na hipótese, tem o significado de "ou também", de modo que são perfeitamente cumuláveis pedidos condenatórios de obrigação de fazer, não-fazer e de pagar quantia em dinheiro (ZAVASCKI, Teori Albino, op. cit., p. 69).

[224] *A Defesa dos Interesses Difusos em Juízo*, p. 218.

A propósito, o bem-posto ensinamento de Ada Pellegrini Grinover:

> "A sentença genérica do art. 95 é, portanto, certa e ilíquida. Enquadra-se no disposto do art. 586, § 1º, do CPC, que contempla a condenação genérica como aquela que, reconhecendo em definitivo o direito, há de ser liquidada para 'estabelecer o *quantun*, ou a *res*, ou o *facere* ou o non *facere*'
>
> A referida sentença contem-se, ainda, nos limites do pedido – que também será genérico, portanto ilíquido-, nenhuma exceção representando às regras dos arts. 460 e 461 do CPC".[225]

Com fundamento no escólio acima transcrito, pode-se perceber que o intuito do legislador foi, de fato, o de criar um instrumento de reivindicação coletiva de direitos individuais e, para viabilizá-lo, adstringiu o objeto do processo a um pedido genérico, para que a eventual condenação se limite a fixar o dever de indenizar, deixando a identificação dos respectivos valores para a fase de execução do julgado.

Exatamente por isso, o parágrafo único do art. 97 da Lei 8078/90, que disciplina a liquidação e a execução da sentença, prescreve que ao liquidante caberá provar exclusivamente "o nexo de causalidade, o dano e o seu montante".

3. Tutela cautelar e antecipação de tutela

Tutela cautelar. As Leis nº 7.347/85 e 8.078/90 admitem, textualmente, a tutela cautelar na preservação dos interesses metaindividuais, seja por meio de ação cautelar própria, seja pela concessão de liminar no bojo da ação principal (LACP, arts. 4º e 12; CDC, arts. 83 e 84, § 3º).

Há que se compatibilizar essas disposições, no entanto, com o Código de Processo Civil de 2015, que não mais prevê o processo cautelar autônomo. Sendo assim, a concessão de tutela provisória pode ser fundada em urgência ou evidência. A tutela provisória de urgência, cautelar ou antecipada, pode ser concedida em caráter antecedente ou incidental, segundo a sistemática instituída pelos artigos 294 e seguintes do novo diploma processual civil.

[225] *Das Ações Coletivas para a Defesa de Interesses Individuais Homogêneos, in Código do Consumidor comentado pelos autores do anteprojeto.* 8ª edição/Forense. Rio de Janeiro/2004, p. 884.

Sobre a tutela cautelar, assim se posicionou o saudoso José Carlos Barbosa Moreira:

> "A necessidade do processo cautelar, que lhe justifica a existência, resulta da possibilidade de ocorrerem situações em que a ordem jurídica se vê posta em perigo iminente, de tal sorte que o emprego das outras formas de atividade jurisdicional provavelmente não se revelaria eficaz, seja para impedir a consumação da ofensa, seja mesmo para repará-la de modo satisfatório. Isso explica o caráter *urgente* de que se revestem as providências cautelares, e, simultaneamente, o fato de que, para legitimar-lhes a adoção, não é possível investigar, previamente, de maneira completa, a real ocorrência dos pressupostos que autorizariam o órgão judicial a dispensar ao interessado a tutela satisfativa: ele tem de contentar-se com uma averiguação superficial e provisória, e deve conceder a medida pleiteada desde que os resultados dessa pesquisa lhe permitam formular um *juízo de probabilidade* acerca da existência do direito alegado, a par da convicção de que, na falta do pronto socorro, ele sofreria lesão irremediável ou de difícil reparação"[226].

Para que se obtenha efetividade na tutela cautelar, o juiz poderá impor multa diária ao demandado, independentemente de pedido do autor, se for suficiente ou compatível com a obrigação, fixando prazo razoável para o cumprimento do preceito. A multa cominada liminarmente só será exigível do réu após o trânsito em julgado da decisão favorável ao autor, mas será devida desde o dia em que se houver configurado o descumprimento (art. 12, § 2º, da LACP).

Vale lembrar que, *sem prejuízo da interposição de agravo*, havendo requerimento da pessoa jurídica de direito público interessada, e para evitar grave lesão à ordem, à saúde, à segurança e à economia pública, poderá o Presidente do Tribunal a que competir o conhecimento do recurso *suspender a execução da liminar*, por meio de decisão fundamentada e sujeita a recurso no prazo de 05 dias (art. 12, § 1º, da LACP).

Dispõe o art. 1º da Lei nº 8.437/92, por outro lado, que "não será cabível medida liminar contra atos do Poder Público, no procedimento cautelar ou em quaisquer outras ações de natureza cautelar ou preventiva, toda vez que providência semelhante não puder ser concedida em

[226] *O Novo Processo Civil Brasileiro*. 25 ed. Rio de Janeiro: Forense, 2007, p. 307.

ações de mandado de segurança, em virtude de vedação legal". Já o art. 2º do mesmo diploma legal prevê que "a liminar será concedida, quando cabível, após a audiência do representante judicial da pessoa jurídica de direito público, que deverá se pronunciar no prazo de 72 (setenta e duas) horas".

Comentando o predito dispositivo, Hugo Nigro Mazzilli acentua que "embora não o diga a lei, essa exigência só terá razoabilidade se não significar denegação de acesso efetivo à prestação jurisdicional; a se entender o contrário, cairíamos em flagrante inconstitucionalidade, pois o cumprimento formal da exigência poderia inviabilizar a eficácia do acesso à jurisdição"[227].

Anote-se, por fim, que nas ações civis de responsabilidade por ato de improbidade administrativa, a Lei nº 8.429/92 prevê a possibilidade de decreto de indisponibilidade dos bens de quem enriqueceu ilicitamente ou causou prejuízo ao erário (arts. 7º e 16). Admite, ainda, o afastamento cautelar do agente público do exercício do cargo, emprego ou função, sempre que a medida se fizer necessária à instrução processual (art. 20, § único).

Nessas hipóteses contempladas na Lei nº 8.429/92 não se exige, por óbvio, a prévia notificação do requerido (art. 17, § 7º), sob pena, inclusive, de absoluta ineficácia da tutela de urgência. Confira-se o seguinte aresto do Superior Tribunal de Justiça:

> "Processual Civil. Administrativo. Ação Civil Pública. Improbidade Administrativa. Medida Cautelar. Indisponibilidade e seqüestro de bens. Requerimento na inicial da ação principal. Deferimento de liminar *inaudita altera parte,* antes da notificação prévia. Possibilidade. Arts. 7º e 16 da Lei 8429/92"[228].

Antecipação de tutela. Por força do art. 19 da LACP, a antecipação de tutela, tal como posta nos artigos 294 e seguintes do CPC, afigura-se perfeitamente aplicável às ações civis públicas.

[227] *A Defesa dos Interesses Difusos em Juízo,* p. 474. Sobre o tema, ademais, valem todas as considerações já expendidas no título concernente ao mandado de segurança (cf. capítulos VII, item 3, e VIII, item 1).

[228] REsp 880.427/MG, rel. Min. Luiz Fux, j. 04-11-2008.

Sobre o tema, João Batista de Almeida afirma que a antecipação dos efeitos da tutela é de ser aplicada à ação civil pública, na medida em que redunda em "providências mais consistentes, sem necessidade de prestação de caução, circunstâncias que demonstram a sua grande versatilidade e utilidade, mormente em ações ligadas ao meio ambiente e ao consumidor"[229].

Registre-se que o art. 1º da Lei nº 9.494/97, cuja constitucionalidade foi reconhecida pelo Supremo Tribunal Federal na ADC nº 04 (rel. Min. Celso de Mello, j. em 01-10-2008), estende à tutela antecipada contra a Fazenda Pública as restrições previstas nos arts. 5º e 7º da Lei nº 4.348/64, no art. 1º da Lei nº 5.021/66 e nos arts. 1º, 3º e 4º da Lei nº 8.437/92.

4. Litispendência

Reza o art. 104 da Lei nº 8.078/90 (CDC) que "as ações coletivas, previstas nos incisos I e II do parágrafo único do art. 81, não induzem litispendência para as ações individuais...".

Por disposição expressa de lei, assim, inexiste litispendência entre eventuais ações individuais – propostas sobretudo por consumidores lesados – e ações civis públicas ou coletivas. Como adverte Teori Albino Zavascki, há, porém, "conexão (CPC, art. 103 – CPC/2015, art. 55), a determinar, na medida do possível, o processamento conjunto, perante o juízo da ação coletiva, de todas as ações individuais, anteriores ou supervenientes"[230].

5. Desistência e transação

Desistência. É admissível na ação civil pública. Poderá ocorrer, na forma prevista no art. 485, §§ 4º e 5º, do CPC, até o decurso do prazo de resposta do réu; após, só com a anuência deste. Dispõe a LACP (art. 5º, § 3º), todavia, que "em caso de desistência infundada ou abandono da ação por associação legitimada, o Ministério Público ou outro legitimado assumirá a titularidade ativa".

[229] *Aspectos Controvertidos da Ação Civil Pública*, p. 123. No mesmo sentido: Mancuso, Rodolfo de Camargo, op. cit., p. 99; Mazzilli, Hugo Nigro, op. cit., p. 223.

[230] *Processo Coletivo*, p. 191.

A desistência da ação pelo Ministério Público também é admitida pela doutrina majoritária. Como leciona Nelson Nery Júnior, a "indisponibilidade que incide na ação civil pública diz com o direito material defendido em juízo, de sorte que ao Ministério Público é vedado renunciar ao direito sobre o qual se funda a ação (art. 269, nº V, CPC - art. 487, III, CPC/2015), e, quando réu reconhecer juridicamente o pedido (art. 269, nº II, CPC), que são atos de disposição do direito material discutido em juízo"[231]. Não há óbice legal, contudo, à disposição do *conteúdo processual* da lide, sempre que o interesse público assim o indicar[232].

Transação. Como frisado, o autor da ação civil pública não possui disponibilidade sobre o direito material posto em juízo. Se nas ações individuais a transação é possível quanto a direitos patrimoniais de caráter privado (CC, art. 841), tal não ocorre nas ações coletivas. E essencialmente por duas razões. Mesmo quando as ações civis públicas tenham por objeto a defesa de direitos patrimoniais, estes ganham projeção social quando tutelados por essa via processual. Ademais, o autor da ação coletiva, porque age como substituto processual, não é o titular do direito material e, portanto, dele não pode dispor.

Nesse sentido é o magistério de Hugo Nigro Mazzilli:

> "Posto detenha disponibilidade sobre o conteúdo processual do litígio, o legitimado extraordinário não tem disponibilidade do conteúdo material da lide. Como a transação envolve disposição do próprio direito material controvertido, a rigor o legitimado de ofício não pode transigir sobre direitos dos quais não é titular"[233].

Nada obsta, porém – como ocorre com o compromisso de ajustamento de conduta na fase extrajudicial –, que se formalize a transação judicial desde que preservados, em sua totalidade, os direitos transindividuais *sub judice*. O acordo poderá recair, conforme o caso, sobre o modo ou o tempo de cumprimento da obrigação assumida pelo causador do dano, sem disposição do direito material reclamado em juízo.

[231] *Código Brasileiro de Defesa do Consumidor comentado pelos autores do anteprojeto*. 9 ed. Rio de Janeiro: Forense Universitária, 2007, p. 1037.

[232] MAZZILLI, Hugo Nigro, op. cit., p. 372.

[233] Op. cit., p. 375.

Como leciona Rodolfo de Camargo Mancuso, "a *solução negociada* que se pode conceber numa ação civil pública – seja o Ministério Público autor ou fiscal da lei – é aquela que, preservando o *núcleo essencial* do interesse judicializado (*v.g.*, a correta informação devida ao consumidor, a recuperação da área degradada), todavia *cede* ou *flexibiliza* em pontos tangenciais ou periféricos, como a fixação de *tempo razoável* para a supressão da mensagem publicitária enganosa ou de um cronograma para realização das obras de recuperação do sítio degradado"[234].

Vale ressaltar que nas ações civis de responsabilidade por ato de improbidade administrativa a Lei nº 13.964/2019 passou a admitir a celebração de acordo de não persecução cível (art. 17, § 1º, da Lei nº 8.429/92).

6. Sentença e coisa julgada

Sentença. A sentença proferida nos processos coletivos deve observar, assim como qualquer outra, os requisitos do art. 489 do CPC, isto é, há de conter o relatório, os fundamentos jurídicos e o dispositivo.

Do cotejo entre os artigos 3º, 11 e 13 da Lei nº 7.347/85 dessume-se que a sentença prolatada nas ações civis públicas pode ter conteúdo cominatório e/ou reparatório de danos causados aos interesses metaindividuais tutelados, buscando, sempre, a obtenção da máxima efetividade do processo. Tratando-se de ação que veicule direitos individuais homogêneos, a condenação será genérica, fixando a responsabilidade do réu pelos danos causados, de modo que cada lesado possa, posteriormente, promover a liquidação e a execução do julgado (arts. 95 e 97 da Lei nº 8.078/90).

Teori Albino Zavascki, embora fazendo alusão ao CPC/1973, mas em lição aplicável ainda hoje, assevera que na "ação civil pública a procedência do pedido importará, conforme o caso, outorga da tutela jurisdicional geral ou específica, líquida ou ilíquida, condenatória, declaratória, constitutiva, mandamental ou executiva, mediante sentença que seja congruente com a natureza do que foi postulado. E, conforme já referido, a ação civil pública permite a postulação de tutela de qualquer natureza. Em se tratando de obrigação de fazer ou não fazer e de entregar coisa, a sentença será executiva *lato sensu*, subordinada ao regime dos arts. 461 e 461-A do CPC. Isso significa que o seu cumprimento será

[234] Op. cit., p. 237.

promovido no âmbito da mesma relação processual em que foi proferida, e não em ação autônoma de execução"[235].

Certo é, porém, que a sentença proferida em ação civil pública deve ter, precipuamente, natureza cominatória. O objeto da demanda é voltado, como regra, para a tutela específica de um interesse metaindividual, e não para a obtenção de uma condenação pecuniária. É do cumprimento da obrigação de fazer ou da cessação de atividade nociva que resultará a preservação do bem tutelado ou a sua reposição ao estado anterior. A reparação pecuniária, a ser recolhida ao fundo de que trata o art. 13 da LACP, beneficiará apenas reflexamente a coletividade[236].

Coisa julgada. A coisa julgada *material* consiste na eficácia que torna imutável e indiscutível a sentença, não mais sujeita a recurso ordinário ou extraordinário (CPC, art. 502).

Nas ações civis públicas a disciplina da coisa julgada ostenta certas peculiaridades, exatamente por conta da dispersão de lesados, não integrados, individualmente, no polo ativo da demanda coletiva. Tratam do tema, essencialmente, os artigos 16 da Lei nº 7.347/85 (com redação dada pela Lei nº 9.494/97) e 103 da Lei nº 8.078/90 (CDC), este último por força do art. 21 da LACP.

O processo coletivo brasileiro acolhe, conforme deflui do art. 103 do CDC, a técnica da coisa julgada *secundum eventum litis*: a coisa julgada realiza-se plenamente ou não, a depender de a massa probatória ter possibilitado uma cognição exauriente ou não, aplicando-se esta negativa quando "o pedido for julgado improcedente por insuficiência de provas, hipótese em que qualquer legitimado poderá intentar outra ação com idêntico fundamento, valendo-se de nova prova"[237].

Questão tormentosa que se coloca é a da possibilidade de limitação territorial dos efeitos da coisa julgada, mercê da redação conferida ao art. 16 da LACP pela Lei nº 9.494/97 ("A sentença civil fará coisa julgada *erga omnes*, nos limites da competência territorial do órgão prolator...").

Sobre o tema, a doutrina posiciona-se, majoritariamente, pela absoluta inaplicabilidade e inocuidade do art. 16 da LACP, bem como, segundo alguns autores, pela inconstitucionalidade da alteração promovida

[235] *Processo Coletivo*, p. 77.

[236] Mancuso, Rodolfo de Camargo, op. cit., p. 253; Almeida, João Batista de, op. cit., p. 149.

[237] Mancuso, Rodolfo de Camargo, op. cit., p. 292.

pela Lei nº 9.494/97. Leia-se, a respeito, o escólio de Nelson Nery Júnior e Rosa M. de Andrade Nery:

> "O CDC 103 aplica-se a todas as ações coletivas que versem sobre direitos difusos, coletivos e individuais homogêneos, ainda que ajuizadas com base na LACP. Essa incidência se dá por força da LACP 21. O regime da coisa julgada da LACP 16, com a redação dada pela L 9494/97, não mais se aplica a nenhuma ação coletiva. Não se aplica porque tem abrangência restrita, sendo que o sistema do CDC 103 é mais completo e atende às necessidades das sentenças proferidas nas ações coletivas. A LACP 16 também não pode ser aplicada a nenhuma ação coletiva por ser inconstitucional, já que ofende os princípios constitucionais do direito de ação (CF 5º XXXV), da razoabilidade e da proporcionalidade. Qualquer modificação na LACP 16 ou no CDC 103 para restringir os limites subjetivos da coisa julgada a território, o que *per se* é um absurdo jurídico ímpar, abstraindo-se de sua inconstitucionalidade, para que pudesse ter eficácia, deveria ter sido feita não apenas na LACP 16, mas também no CDC 103. Como isso não ocorreu, a L 9494/97 não produziu nenhum efeito. O juiz não poderá restringir os limites subjetivos da coisa julgada como preconizado pela LACP 16: deve aplicar o CDC 103, ignorando aquela norma inconstitucional"[238].

Certo é, todavia, que o assunto remanesce controvertido no Superior Tribunal de Justiça, havendo julgados colidentes quanto à aplicabilidade ou não do art. 16 da Lei nº 7.347/85.

No sentido da inaplicabilidade do art. 16 da LACP:

> "A distinção, defendida inicialmente por Liebman, entre os conceitos de eficácia e de autoridade da sentença, torna inócua a limitação territorial dos efeitos da coisa julgada estabelecida pelo art. 16 da LACP. A coisa julgada é meramente a imutabilidade dos efeitos da sentença.

[238] *Leis Civis Comentadas*. São Paulo: Revista dos Tribunais, 2006, p. 258. No mesmo sentido: LENZA, Pedro. *Teoria Geral da Ação Civil Pública*. 3 ed. São Paulo, RT, 2008, p. 274. Perfilhando a tese de que a alteração promovida pela Lei nº 9494/97 é inócua, encontram-se, dentre outros, Ada Pellegrini Grinover (*Código Brasileiro de Defesa do Consumidor comentado pelos autores do anteprojeto*, 9 ed. Rio de Janeiro: Forense Universitária, p. 943), Hugo Nigro Mazzilli (*A Defesa dos Interesses Difusos em Juízo*, p. 526) e João Batista de Almeida (*Aspectos Controvertidos da Ação Civil Pública*, p. 170).

Mesmo limitada aquela, os efeitos da sentença produzem-se *erga omnes*, para além dos limites da competência territorial do órgão julgador.

O procedimento regulado pela ação civil pública pode ser utilizado para a defesa dos direitos do consumidor em juízo, porém, somente no que não contrariar as regras do CDC, que contém, em seu art. 103, uma disciplina exaustiva para regular a produção de efeitos pela sentença que decide uma relação de consumo. Assim, não é possível a aplicação do art. 16 da LACP para essas hipóteses"[239].

Pela incidência do art. 16 da LACP:

"Processual Civil. Administrativo. Embargos de divergência. Pressupostos de admissibilidade. Dissídio notório. Ação civil pública. Caderneta de poupança. Relação de consumo. Código de Defesa do Consumidor. Correção monetária. Janeiro//89. Coisa julgada. Limites. Dissenso jurisprudencial superado. Súmula 168/STJ.

A sentença na ação civil pública faz coisa julgada *erga omnes* nos limites da competência territorial do órgão prolator, nos termos do art. 16 da Lei n. 7.347/85, com a novel redação dada pela Lei 9.494/97. Precedentes do STJ"[240].

Recentemente, contudo, o Supremo Tribunal Federal pôs cobro à discussão ao julgar inconstitucional o artigo 16 da Lei nº 7.347/85 no Recurso Extraordinário nº 1.101.937, com repercussão geral reconhecida (Tema 1075), fixando a seguinte tese:

"I – É inconstitucional a redação do art. 16 da Lei 7.347/1985, alterada pela Lei 9.494/1997, sendo repristinada sua redação original. II – Em se tratando de ação civil pública de efeitos nacionais ou regionais, a competência deve observar o art. 93, II, da Lei 8.078/1990 (Código de Defesa do Consumidor). III – Ajuizadas múltiplas ações civis públicas de âmbito nacional ou regional e fixada a competência nos termos do item II, firma-se a prevenção do juízo que primeiro conheceu de uma delas, para o julgamento de todas as demandas conexas".

239 REsp 411.529/SP, rel. Min. Nancy Andrighi, j. 24-06-2008.

240 AgRg nos EREsp 253.589/SP, rel. Min. Luiz Fux, j. 04-06-2008.

De qualquer forma, tendo em conta as diretrizes fincadas no art. 103 da Lei nº 8.078/90, pode-se estabelecer, com apoio na lição de Hugo Nigro Mazzilli, o seguinte regime para a coisa julgada nas ações coletivas:

> "a) a coisa julgada será *erga omnes*, na ação civil pública ou coletiva que verse interesses difusos, quando julgada procedente;
>
> b) a coisa julgada será *erga omnes*, na ação civil pública ou coletiva que verse interesses difusos, caso a improcedência se funde em qualquer motivo que não seja a falta de provas;
>
> c) não haverá *coisa julgada material* na ação civil pública ou coletiva que verse interesses difusos, se a improcedência for por falta de provas;
>
> d) a coisa julgada será *ultra partes*, mas limitadamente ao grupo, classe ou categoria de lesados, na ação civil pública ou coletiva que verse interesses coletivos, quando julgada procedente;
>
> e) a coisa julgada será *ultra partes*, mas limitadamente ao grupo, classe ou categoria de lesados, na ação civil pública ou coletiva que verse interesses coletivos, caso a improcedência se funde em qualquer motivo que não seja a falta de provas;
>
> f) não haverá *coisa julgada material*, na ação civil pública que verse interesses coletivos, se a improcedência for por falta de provas, salvo para os lesados individuais que intervieram na ação coletiva;
>
> g) a coisa julgada será *erga omnes*, na ação civil pública ou coletiva que verse interesses individuais homogêneos, se for julgada procedente, e, nesse caso, beneficiará vítimas e sucessores;
>
> h) não haverá *coisa julgada material*, na ação civil pública ou coletiva que verse interesses individuais homogêneos, caso venha a ser julgada improcedente por qualquer motivo, salvo para os lesados individuais que intervieram na ação coletiva"[241].

7. Recursos

A interposição e o processamento dos recursos nas ações civis públicas seguem o sistema recursal do Código de Processo Civil, observadas as disposições específicas estabelecidas nas Leis nº 7.347/85 (LACP) e 8.078/90 (CDC).

[241] *A Defesa dos Interesses Difusos em Juízo*, p. 538.

Note-se, a respeito, a lição de João Batista de Almeida, ainda na vigência do CPC/1973:

"Poucos dispositivos da LACP tratam do tema. Na verdade, apenas os arts. 12 e 14 a ele se reportam: o primeiro para dizer que cabe agravo da decisão que concede mandado liminar (*caput*) e da decisão do Presidente do Tribunal que suspender a execução de liminar (§ 1º). Já o art. 14 estabelece que 'o juiz poderá conferir efeito suspensivo aos recursos, para evitar dano irreparável à parte'.

Tal fato permite concluir que o legislador não pretendeu criar sistema recursal específico para a ação civil pública, preferindo acolher o sistema de recursos previsto no CPC e dispor muito sumariamente sobre aspectos em que pretendeu estabelecer norma própria para essa via processual. Isto porque: a) o CPC é a lei ordinária nesta matéria, não se justificando, no caso, a criação de sistema recursal diferenciado, posto que o existente satisfaz plenamente, e b) a própria LACP manda aplicar o CPC à ação civil pública, 'naquilo em que não contrarie suas disposições' (art. 19), de sorte que, não possuindo a LACP sistema recursal próprio, é caso de aplicação subsidiária do regime do CPC, observadas as peculiaridades contidas nos arts. 12 e 14 da LACP.

Assim, cabe agravo das decisões interlocutórias (CPC, art. 522) e da sentença cabe apelação (CPC, art. 513). São cabíveis, ainda, o recurso especial para o Superior Tribunal de Justiça (CF, art. 105, III, *a* a *c*) e o recurso extraordinário para o Supremo Tribunal Federal (CF, art. 102, III, *a* a *c*). Por óbvio, são cabíveis também os demais recursos previstos no art. 496 do CPC"[242].

Efeitos dos recursos. Segundo o art. 14 da Lei nº 7.347/85, "o juiz poderá conferir efeito suspensivo aos recursos, para evitar dano irreparável à parte". Não se aplica às ações civis públicas, portanto, quanto aos efeitos dos recursos, a regra geral insculpida no art. 1.012 do CPC.

Do preceito se infere, assim, que nas ações civis públicas ou coletivas os recursos são recebidos apenas no efeito devolutivo, salvo decisão judicial atribuindo-lhes efeito suspensivo "para evitar dano irreparável à parte".

[242] *Aspectos Controvertidos da Ação Civil Pública*, p. 153. Registre-se, porém, que nas ações civis públicas propostas com base no Estatuto da Criança e do Adolescente, há peculiaridades no sistema recursal, tais como o prazo de 10 dias para interposição de apelação (art. 198 da Lei nº 8.069/90).

Vale sublinhar que a concessão de efeito suspensivo ao recurso deve ocorrer sempre de forma fundamentada e considerando as peculiaridades do caso concreto. Há que proceder o magistrado, nessa hipótese, com redobrada prudência, sobretudo diante dos interesses sociais envolvidos nas ações coletivas, os quais podem restar desprotegidos se a tutela proferida na sentença não puder ser implementada desde logo.

Reexame necessário. A LACP não instituiu o reexame necessário das decisões proferidas nas ações civis públicas, seguindo-se, portanto, a regra geral prevista no art. 496 do CPC. Apenas as sentenças de carência ou improcedência proferidas nas ações civis públicas que versem interesses transindividuais de pessoas portadoras de deficiência é que estão sujeitas ao duplo grau de jurisdição, não produzindo efeitos antes de confirmadas pelo tribunal (Lei nº 7.853/89, art. 4º, § 1º).

8. Execução

A liquidação e o cumprimento das sentenças proferidas no processo coletivo também seguem, em regra, as disposições do Código de Processo Civil.

Leia-se, a propósito, o escólio de Teori Albino Zavascki, ainda na vigência do CPC/1973:

> "Ressalvadas as peculiaridades inerentes à natureza transindividual do direito a ser satisfeito, as sentenças proferidas na ação civil pública estão subordinadas, na fase de seu cumprimento, ao regime do Código de Processo Civil, como ocorre com qualquer outra sentença proferida em procedimento comum. O procedimento a ser adotado, portanto, dependerá da natureza da prestação a ser cumprida. Em se tratando de obrigação de fazer e não fazer ou de obrigação de entrega de coisa, observar-se-á o disposto nos arts. 461 e 461-A do Código de Processo Civil. Nesses casos, portanto, o cumprimento da sentença independe de ação autônoma de execução, sendo promovido no âmbito da mesma relação processual em que foi proferida. E, em se tratando de obrigação de pagar quantia, a sentença será considerada título executivo, que dará ensejo à postulação das providências próprias das obrigações dessa natureza, previstas, a partir da Lei 11.232/05, nos Capítulos IX e X do Título VIII, do Livro I do CPC (arts. 475-A e seguintes)"[243].

[243] *Processo Coletivo*, p. 81. No mesmo sentido: MAZZILLI, Hugo Nigro, op. cit., p. 507; ALMEIDA, João Batista de, op. cit., p. 157.

Acresça-se que, sendo a obrigação de fazer ou não fazer, à semelhança do que estabelecia o art. 461 do CPC/1973, o art. 84, § 5º, da Lei nº 8.078/90 (CDC) assim dispõe: "Para a tutela específica ou para a obtenção do resultado prático equivalente, poderá o juiz determinar as medidas necessárias, tais como busca e apreensão, remoção de coisas e pessoas, desfazimento de obra, impedimento de atividade nociva, além de requisição de força policial".

Traz a LACP, por outro lado, disposições específicas sobre a legitimidade para promover a liquidação e a execução da sentença, bem como sobre o destino a ser dado à indenização percebida pelos danos causados aos interesses metaindividuais (arts. 13 e 15).

Assim, decorridos 60 dias do trânsito em julgado da sentença, sem que o autor da ação lhe promova a execução, deverá fazê-lo o Ministério Público, facultada igual iniciativa aos demais legitimados. Cuidando-se, porém, de ação que veicule direitos individuais homogêneos, ostentam legitimidade para promover a liquidação e a execução da sentença tanto os autores da demanda como as vítimas e seus sucessores (art. 97 do CDC).

Havendo condenação em dinheiro, a indenização será revertida aos fundos a que se refere o art. 13 da Lei nº 7.347/85, cujos recursos serão destinados à reconstituição dos bens lesados.

9. Custas e honorários advocatícios ou periciais

Rezam os artigos 18 da Lei nº 7.347/85 (LACP) e 87 da Lei nº 8.078/90 (CDC) que nas ações civis públicas (ou coletivas) não haverá adiantamento de custas, emolumentos, honorários periciais e quaisquer outras despesas, nem condenação da associação autora, salvo comprovada má-fé, em honorários de advogado, custas e despesas processuais.

Trata-se de regra especial que excepciona a regra geral insculpida no Código de Processo Civil (arts. 82 e ss.), notadamente quanto ao adiantamento de custas e condenação ao pagamento das verbas de sucumbência. Cuidando-se de norma excepcional, sua incidência beneficia apenas o proponente da ação civil pública ou coletiva, e não os demandados.

Confira-se, sobre o tema, a jurisprudência do Superior Tribunal de Justiça:

> "ADMINISTRATIVO. PROCESSUAL CIVIL. AÇÃO CIVIL PÚBLICA. ÔNUS DE SUCUMBÊNCIA. PARTE RÉ. ARTS. 18 E 19 DA LEI Nº 7.347/85. ISENÇÃO. DESCABIMENTO.
>
> O ônus da sucumbência na ação civil pública subordina-se a um duplo regime, a saber: (a) Vencida a parte autora, aplica-se a *lex specialis* (Lei 7.347/85), especificamente os arts. 17 e 18, cuja *ratio essendi* é evitar a inibição dos legitimados ativos na defesa dos interesses transindividuais e (b) Vencida a parte ré, aplica-se *in totum* o art. 20 do CPC, na medida em que, à míngua de regra especial, emprega-se a *lex generalis, in casu,* o Código de Processo Civil"[244].
>
> "PROCESSUAL CIVIL. AÇÃO CIVIL PÚBLICA. ADIANTAMENTO DE HONORÁRIOS PERICIAIS. DESCABIMENTO. INCIDÊNCIA DO ART. 18, DA LEI 7.347/85.
>
> 1. Por expressa determinação legal (art. 18 da Lei 7.347/85), nas ações civis públicas não há adiantamento de honorários periciais pelo Ministério Público autor.
>
> 2. A Lei 9.289/96, que dispõe sobre as custas devidas na Justiça Federal, não revogou o art. 18 da Lei 7.347/85. Nesse caso, a aparente antinomia resolve-se pelo critério da especialidade e do inequívoco objetivo constitucional e legal de facilitar o acesso coletivo à Justiça"[245].

Vale lembrar que, pelo enunciado da Súmula nº 345 do Superior Tribunal de Justiça, "são devidos honorários advocatícios pela Fazenda Pública nas execuções individuais de sentença proferida em ações coletivas, ainda que não embargadas".

[244] Resp 845.339/TO, rel. Min. Luiz Fux, j. 18-09-2007.

[245] Resp 716.939/RN, rel. Min. Herman Benjamin, j. 23-10-2007.

AÇÃO POPULAR

Capítulo 1
Conceito, Finalidade e Natureza dos Interesses Tutelados

Com origem no direito romano e presente em diversos ordenamentos jurídicos pelo mundo afora[246], a ação popular foi consagrada no constitucionalismo brasileiro pelo texto de 1934: "Qualquer cidadão será parte legítima para pleitear a declaração de nulidade ou anulação dos atos lesivos do patrimônio da União, dos Estados ou dos Municípios" (art. 113, item 38).

Desde então, o instituto foi mantido em todas as Constituições nacionais, à exceção da Lei Maior de 1937, período correspondente ao chamado "Estado Novo". Atualmente, a conformação constitucional da ação popular é ditada pelo art. 5º, inciso LXXIII, da Carta de 1988, em Título concernente aos direitos e garantias fundamentais:

> "qualquer cidadão é parte legítima para propor ação popular que vise a anular ato lesivo ao patrimônio público ou de entidade de que o Estado participe, à moralidade administrativa, ao meio ambiente e ao patrimônio histórico e cultural, ficando o autor, salvo comprovada má-fé, isento de custas judiciais e do ônus da sucumbência;"

[246] Para um exame aprofundado da evolução histórica da ação popular, inclusive no direito comparado: Silva, José Afonso da. *Ação Popular Constitucional.* 2 ed. São Paulo: Malheiros, 2007.

Assim, comparada à sua formatação constitucional inicial, a ação popular teve ampliado o seu espectro para abranger a tutela do patrimônio de qualquer entidade da qual o Estado participe. Além disso, não só a proteção do patrimônio público, mas da moralidade administrativa, do meio ambiente e do patrimônio histórico e cultural também passaram a compor o objeto da ação popular.

No plano infraconstitucional, como se verá adiante, a regulamentação da ação popular se dá por meio da Lei nº 4.717, de 29 de junho de 1965, e alterações posteriores.

Clássico é o *conceito* de ação popular ditado por José Afonso da Silva:

> "Ação popular constitucional brasileira é um instituto processual civil, outorgado a qualquer cidadão como garantia político-constitucional (ou remédio constitucional), para a defesa do interesse da coletividade, mediante a provocação do controle jurisdicional corretivo de atos lesivos do patrimônio público, da moralidade administrativa, do meio ambiente e do patrimônio histórico e cultural"[247].

Mais que um direito público subjetivo, autônomo e abstrato, a ação popular é tida como um direito político do cidadão brasileiro, na medida em que proporciona a ele a possibilidade de controle dos atos da Administração Pública. Trata-se de instrumento de participação popular na fiscalização da gestão dos negócios da nação.

Bem por isso, a *finalidade* do instituto é preventiva e repressiva. Como instrumento *preventivo* de lesão ao patrimônio público, à moralidade administrativa, ao meio ambiente e ao patrimônio histórico e cultural, a ação popular poderá ser ajuizada antes da consumação dos efeitos lesivos do ato; como meio *repressivo*, poderá ser proposta depois da lesão, para reparação do dano[248].

Natureza dos interesses tutelados. A destinação da ação popular é resguardar o patrimônio público, histórico e cultural, a moralidade administrativa e o meio ambiente, bens jurídicos que são titularizados não apenas pelo indivíduo, mas também pela coletividade.

[247] Op. cit., p. 100.

[248] MEIRELLES, Hely Lopes. *Mandado de Segurança.* 30 ed. São Paulo: Malheiros, 2007, p. 130; MEDAUAR, Odete. *Direito Administrativo Moderno.* 5 ed. São Paulo: RT, 2001, p. 475.

Nas palavras de Teori Albino Zavascki, "a transindividualidade dos interesses tutelados por ação popular fica evidenciada, não apenas quando seu objeto é a proteção do meio ambiente ou do patrimônio histórico e cultural (direitos tipicamente difusos, sem titular determinado), mas também quando busca anular atos lesivos ao patrimônio das pessoas de direito público ou de entidades de que o Estado tenha participação. Nesse caso, embora o patrimônio tutelado esteja sob o domínio jurídico-formal (=sob a propriedade) de uma pessoa jurídica identificada, ele, real e substancialmente, pertence à coletividade como um todo"[249].

[249] *Processo Coletivo*. São Paulo: RT, 2006, p. 86.

Capítulo 2
Legitimidade Ativa e Passiva

1. Legitimidade ativa

Único legitimado à propositura da ação popular é o cidadão brasileiro, nato ou naturalizado (art. 5º, LXXIII, da CF; art. 1º da Lei nº 4.717/65), isto é, o eleitor, a pessoa física que está no pleno gozo de seus direitos políticos[250]. A prova dessa condição se dá mediante exibição, com a petição inicial, de cópia do título de eleitor ou documento equivalente, como, p. ex., uma certidão expedida pela Justiça Eleitoral (art. 1º, § 3º, da LAP).

Sendo assim, não ostentam legitimidade para o ajuizamento da ação popular os estrangeiros[251], as pessoas jurídicas, sejam de direito público ou privado (STF, Súmula nº 365), o Ministério Público e os brasileiros privados do pleno exercício de seus direitos políticos (CF, art. 15).

Admite-se a legitimidade ativa e a capacidade processual, mesmo sem assistência do representante legal, aos maiores de dezesseis anos e menores de dezoito, para os quais o alistamento eleitoral e o voto são

[250] Meirelles, Hely Lopes, op. cit., p. 135; Silva, José Afonso da, op. cit., p. 158. *Contra*, no sentido de que a legitimidade para a propositura da ação popular, sobretudo em defesa do meio ambiente, não deve ficar restrita apenas ao cidadão: Alencar, Rosmar A. R. Cavalcanti de. *Ação Popular*. 2 ed. Porto Alegre: Núria Fabris Editora, 2008, p. 43.

[251] Sustentando que o português equiparado (CF, art. 12, § 1º) também possui legitimidade para a ação popular: Moraes, Alexandre de. *Direito Constitucional Administrativo*. São Paulo: Atlas, 2002, p. 264.

facultativos (CF, art. 14, inc. II, letra "c"). Isso porque, como refere José Afonso da Silva, "se o maior de 16 anos é constitucionalmente qualificado para o exercício do direito ativo de voto, sem necessidade de assistência ou de autorização, nessa qualificação inclui-se também o direito político ativo dali decorrente, relativamente ao exercício, por si só, da ação popular"[252].

De qualquer forma, o autor da ação deverá apresentar-se em juízo sempre por intermédio de advogado regularmente constituído, que é o detentor do *ius postulandi.*

A assistência e o litisconsórcio ativo, que no caso é facultativo, são expressamente concebidos no processo da ação popular, aplicando-se-lhes as disposições do Código de Processo Civil (arts. 6º, § 5º, e 22 da Lei nº 4.717/65).

Respeitável segmento doutrinário e jurisprudencial argumenta que a posição do autor popular é a de substituto processual, na medida em que não estaria ele a defender em juízo um direito subjetivo próprio, mas de toda a coletividade[253].

Entende-se, todavia, que de pura e simples substituição processual não se cuida, pois o autor popular defende, a um só tempo, direito próprio e interesses difusos ou coletivos. Ao veicular "matéria afeta à proteção do patrimônio público e social, a ação popular revela-se um instrumento de participação direta do cidadão nos negócios públicos. Assim, diferentemente do que outrora se sustentou, o autor popular não milita como substituto processual. Antes, veicula por meio dessa ação direito próprio, determinado pela titularidade subjetiva da prerrogativa constitucional de ter o patrimônio público, ao qual o administrado está relacionado, gerido de forma honesta. O desrespeito a esse preceito provoca lesão de caráter individual, legitimando o cidadão à propositura da ação popular"[254].

252 Op. cit., p. 174. No mesmo sentido: Nery Jr., Nelson; Nery, Rosa M. de Andrade. *CPC Comentado.* 10 ed. São Paulo: RT, 2007, p. 189; Alencar, Rosmar A. R. Cavalcanti de, op. cit., p. 42; Pacheco, José da Silva. *Mandado de Segurança e outras ações constitucionais típicas.* 5 ed. São Paulo: RT, 2008, p. 506. Admitindo a legitimidade para o menor de 18 anos, mas exigindo a assistência do representante legal: Mancuso, Rodolfo de Camargo. *Ação Popular.* 5 ed. São Paulo: RT, 2003, p. 166.

253 Zavascki, Teori Albino, op. cit., p. 88; Alencar, Rosmar A. R. Cavalcanti de, op. cit., p. 91.

254 Araujo, Luiz Alberto David; Nunes Jr., Vidal Serrano. *Curso de Direito Constitucional.* 11 ed. São Paulo: Saraiva, 2007. No mesmo sentido: Moraes, Alexandre de, op. cit., p. 265; Mancuso, Rodolfo de Camargo, op. cit., p. 164.

2. Legitimidade passiva

Os sujeitos passivos da ação popular são os indicados no artigo 6º da Lei nº 4.717/65, em litisconsórcio necessário (CPC, art. 114). Assim, devem figurar no polo passivo da demanda três classes de réus:

a) pessoa jurídica de direito público ou privado de onde emanou o ato impugnado, que poderá, por sua vez, (i) contestar a ação, (ii) abster-se de contestar ou (iii) atuar ao lado do autor, desde que isso se afigure útil ao interesse público (art. 6º, § 3º, da LAP);
b) as autoridades, funcionários ou administradores que houverem autorizado, aprovado, ratificado ou praticado o ato impugnado ou que, por omissas, tiverem dado oportunidade à lesão;
c) os beneficiários diretos (e não indiretos) do ato, se houver.

Como decidiu o Superior Tribunal de Justiça,

> "a ação popular reclama cúmulo subjetivo no polo passivo, cujo escopo é o de alcançar e convocar para o âmbito da ação, não apenas os responsáveis diretos pela lesão, mas todos aqueles que, de forma direta ou indireta, tenham concorrido para sua ocorrência, bem assim os que dela se beneficiaram"[255].

A ausência de citação de litisconsorte passivo necessário em ação popular enseja a nulidade do feito a partir do momento em que o ato citatório deveria ter sido praticado[256].

Caso algum dos beneficiários ou responsáveis pelo ato impugnado se torne conhecido apenas no curso do processo e antes de proferida a sentença, proceder-se-á à sua citação para que passe a integrar a lide (art. 7º, inciso III, da LAP).

[255] REsp 879.999/MA, rel. Min. Luiz Fux, j. 02-09-2008.

[256] STJ, REsp 678.620/MG, rel. Min. Francisco Falcão, j. 06-11-2006; REsp 480.712/SP, rel. Min. Luiz Fux, j. 12-05-2005.

Capítulo 3
Objeto e Requisitos da Ação Popular

O *objeto* da ação popular é duplo: a) anulação de ato lesivo ao patrimônio público ou das entidades de que o Estado participe, ou da moralidade administrativa, ou do meio ambiente, ou do patrimônio histórico e cultural; b) condenação dos responsáveis pelo ato invalidado, e dos que dele se beneficiaram, ao pagamento de perdas e danos[257].

Sendo assim, são comumente apontados pela doutrina os seguintes *requisitos* (pressupostos ou condições especiais) para o ajuizamento da ação popular:

a) qualidade de cidadão do sujeito ativo;
b) ilegalidade ou imoralidade praticada pelo Poder Público ou entidade de que ele participe (arts. 2º, 3º e 4º da LAP);
c) lesão ao patrimônio público, à moralidade administrativa, ao meio ambiente ou ao patrimônio histórico e cultural.[258]

A qualidade de cidadão que se reclama no polo ativo da demanda já foi esquadrinhada no item concernente à legitimidade.

Por outro lado, tanto a *ilegalidade* (ou ilegitimidade) como a *lesividade* são requisitos indispensáveis à invalidação do ato administrativo sindicado na ação popular. É dizer, assim, que o ato deve ser, a um só tempo,

[257] Silva, José Afonso da. *Ação Popular Constitucional*, p. 104.

[258] Di Pietro, Maria Sylvia Zanella. *Direito Administrativo*. 20 ed. São Paulo: Atlas, 2007, p. 728; Moraes, Alexandre de, op. cit., p. 263; Meirelles, Hely Lopes, op. cit., p. 125.

ilegal e lesivo ao patrimônio público. Não basta a ilegalidade. Reclamam o texto constitucional (art. 5º, LXXIII) e a própria LAP (arts. 2º, 3º e 4º) que da violação à lei decorra um prejuízo ao erário, mercê da lesividade do ato ou omissão verificados. Essa *lesividade*, todavia, pode ser real ou presumida.

Como pontifica Teori Albino Zavascki, "a lesividade constitui, portanto, requisito indispensável para que o ato fique submetido a controle por essa especial via judicial. É certo que, ao especificar os casos de nulidade e de anulabilidade de atos administrativos a que se referia, a Lei da Ação Popular fez menção explícita ao requisito da lesividade em relação a uns (os aludidos em seus arts. 2º e 3º), mas não o fez em relação a outros (os alinhados em seu art. 4º). Para compatibilizar a falta de referência específica, por parte da lei, com a exigência afirmada expressamente na Constituição, a doutrina assentou entendimento de que, nos casos do art. 4º, a lesividade é presumida (presunção *juris tantum*). Ela, portanto, não está dispensada. O autor é que está dispensado de demonstrá-la, cabendo ao réu, se for o caso, provar que, naqueles casos, a lesão não ocorreu. Há, na jurisprudência mais recente do STF, uma nítida tendência no sentido de ampliar os casos de presunção de lesividade, que, 'na maioria das vezes (...) decorre da própria ilegalidade do ato impugnado'"[259].

Assim também é o escólio de Hely Lopes Meirelles:

> "O terceiro requisito da ação popular é a *lesividade* do ato ao patrimônio público. Na conceituação atual, lesivo é todo ato ou omissão administrativa que desfalca o erário ou prejudica a Administração, assim como o que ofende bens ou valores artísticos, cívicos, culturais, ambientais ou históricos da comunidade. E essa lesão tanto pode ser *efetiva* como *legalmente presumida*, visto que a lei regulamentar estabelece casos de *presunção de lesividade* (art. 4º), para os quais basta a prova da prática do ato naquelas circunstâncias para considerar-se lesivo e nulo de pleno direito. Nos demais casos impõe-se a dupla demonstração da *ilegalidade* e da *lesão efetiva* ao patrimônio protegível pela ação popular"[260].

[259] *Processo Coletivo*, p. 88.

[260] *Mandado de Segurança*, p. 126.

A propósito, revela-se pacífica a jurisprudência do Superior Tribunal de Justiça quanto à necessidade da presença do binômio ilegalidade/lesividade (que poderá ser presumida, nos casos previstos em lei) para a procedência da ação popular[261].

Moralidade administrativa. O documento constitucional de 1988 erigiu a moralidade a princípio regente da Administração Pública (art. 37) e fundamento autônomo para o cabimento da ação popular (art. 5º, LXXIII)[262]. Teori Albino Zavascki leciona que "a lesão ao princípio da moralidade administrativa é, rigorosamente, uma lesão a valores e princípios incorporados ao ordenamento jurídico, constituindo, portanto, uma injuridicidade, uma ilegalidade *lato sensu*. Trata-se, ademais, de uma ilegalidade qualificada pela gravidade do vício, o que é razão suficiente, segundo a Constituição, para ensejar sua anulação por ação popular, independentemente da perquirição, que é exigida para as demais hipóteses, a respeito da sua efetiva lesividade patrimonial"[263].

Cuidando-se, portanto, de ato (ou omissão) que, por sua natureza, se afigure acintoso ao princípio constitucional da moralidade administrativa, é dispensável a comprovação de prejuízo material ao erário para a procedência da ação popular.

Nesse sentido já decidiu o Supremo Tribunal Federal:

> "O entendimento sufragado pelo acórdão recorrido no sentido de que, para o cabimento da ação popular, basta a ilegalidade do ato administrativo a invalidar, por contrariar normas específicas que regem a sua prática ou por se desviar dos princípios que norteiam a Administração Pública, dispensável a demonstração de prejuízo material aos cofres públicos, não é ofensivo ao inc. LXXIII do art. 5º da Constituição Federal, norma esta que abarca não só o patrimônio material do Poder Público, como também o patrimônio moral, o cultural e o histórico"[264].

261 STJ, REsp 952.899/DF, rel. Min. José Delgado, j. 03-06-2008; REsp 479.803/SP, rel. Min. João Otávio de Noronha, j. 22-08-2006; REsp 260.821/SP, rel. Min. João Otávio de Noronha, j. 23-11-2005.

262 Mancuso, Rodolfo de Camargo, op. cit., p. 107.

263 Op. cit., p. 95.

264 STF, RE 170.768/SP, rel. Min. Ilmar Galvão, j. 26-03-1999.

E também o Superior Tribunal de Justiça:

> "A ação popular é instrumento hábil à defesa da moralidade administrativa, ainda que inexista dano material ao patrimônio público. Precedentes do STJ"[265].

Com efeito, ao apontar a moralidade administrativa como objeto de proteção da ação popular, quis o constituinte erigi-la à condição de causa autônoma de invalidação de atos administrativos, pois, não fosse esse o raciocínio correto, haveria uma desnecessária sobreposição de conceitos, uma vez que todo ato que vulnera o patrimônio público, por certo, é ato vestido de imoralidade.

Todavia, é possível verificar-se situações em que a violação à moralidade exista independentemente de qualquer prejuízo ao patrimônio público, hipótese em que a proteção autônoma à moralidade passa a se justificar.

Rodolfo de Camargo Mancuso, tratando do tema, tece o seguinte esclarecimento:

> "Atribui-se a Hauriou – 'esse fecundo e operoso agitador de idéias', como lhe qualifica Antonio José Brandão – quem primeiro lançou as bases conceituais da 'moralidade administrativa', ao comentar um acórdão do *Conseil d'État* (*arrêt Gommel*, Sirey, 1917); propunha ele que, além do controle da mera legalidade dos atos administrativos, pelos meios ordinários, impunha-se algo mais, consistente no exame do eventual desvio de poder na ação administrativa. Fundou o conceito de 'moralidade administrativa' no 'conjunto de regras de conduta tiradas da disciplina interior da Administração'. O núcleo desse conceito foi ao depois desenvolvido por Welter (*Le contrôle juridictionnel de la moralité administrative*, 1930): 'A moralidade administrativa, que nos propomos a estudar, não se confunde com a moralidade comum; ela é composta por regras da boa administração, ou seja: pelo conjunto das regras finais e disciplinares suscitadas, não só pela distinção entre o bem e o mal, mas também pela idéia geral de administração e pela idéia de função administrativa'".

[265] REsp 474.475/SP, rel. Min. Luiz Fux, j. 09-09-2008; REsp 479.803/SP, rel. Min. João Otávio de Noronha, j. 22-08-2006.

Nesse sentido, o entendimento do Supremo Tribunal Federal, expresso na ementa abaixo transcrita:

> "MANDADO DE SEGURANÇA. NEPOTISMO. CARGO EM COMISSÃO. IMPOSSIBILIDADE. PRINCÍPIO DA MORALIDADE ADMINISTRATIVA. Servidora pública da Secretaria de Educação nomeada para cargo em comissão no Tribunal Regional do Trabalho da 16ª Região à época em que o vice-presidente do Tribunal era parente seu. Impossibilidade. A proibição do preenchimento de cargos em comissão por cônjuges e parentes de servidores públicos é medida que homenageia e concretiza o princípio da moralidade administrativa, o qual deve nortear toda a Administração Pública, em qualquer esfera do poder. Mandado de segurança denegado".[266]

Neste ponto, a Constituição de 1988 trouxe louvável ampliação do campo objetal da ação popular, nele inserindo a proteção da moralidade administrativa e, deste modo, permitindo o controle de atos que impliquem violação às regras da boa administração, independentemente de eventual prejuízo ao erário.

Para arrematar, transcrevemos mais uma importante ementa de acórdão do Supremo Tribunal Federal que, ainda uma vez, consolida o entendimento acima apresentado:

> "AÇÃO POPULAR. ABERTURA DE CONTA EM NOME DE PARTICULAR PARA MOVIMENTAR RECURSOS PÚBLICOS. PATRIMÔNIO MATERIAL DO PODER PÚBLICO. MORALIDADE ADMINISTRATIVA. ART. 5º, INC. LXXIII, DA CONSTITUIÇÃO FEDERAL. O entendimento sufragado pelo acórdão recorrido no sentido de que, para o cabimento da ação popular, basta a ilegalidade do ato administrativo a invalidar, por contrariar normas específicas que regem a sua prática ou por se desviar dos princípios que norteiam a Administração Pública, dispensável a demonstração de prejuízo material aos cofres públicos, não é ofensivo ao inc. LXXIII do art. 5º da Constituição Federal, norma esta que abarca não só o patrimônio material do Poder Público, como também o patrimônio moral, o cultural e o histórico. As premissas

[266] MS 23780/MA, rel. Min. Joaquim Barbosa, j. 28/09/2005.

fáticas assentadas pelo acórdão recorrido não cabem ser apreciadas nesta instância extraordinária à vista dos limites do apelo, que não admite o exame de fatos e provas e nem, tampouco, o de legislação infraconstitucional. Recurso não conhecido".[267]

Meio Ambiente. O art. 5º, inciso LXXIII também permite o manejo da ação popular para a proteção do meio ambiente, entendido, por força do art. 3º, inciso I, da Lei de Política Nacional do Meio Ambiente, como "o conjunto de condições, leis, influências e interações de ordem física, química e biológica, que permite, abriga e rege a vida em todas as suas formas".

José Afonso da Silva, por sua vez, conceitua meio ambiente como "a interação do conjunto de elementos naturais, artificiais e culturais que propiciem o desenvolvimento equilibrado da vida em todas as suas formas".[268]

Com força em tal explanação, parece-nos clara a conclusão de que o meio ambiente se projeta em três diferentes espaços: a natureza (biosfera, litosfera, atmosfera e hidrosfera), os espaços urbanos e os bens naturais e urbanos que foram agregados de valor cultural pelo ser humano, como, por exemplo, os sítios de valor arqueológico.

Assim sendo, a ação popular constitui um dos meios aptos à preservação e à reparação do meio ambiente, quer impedindo o dano ambiental, quer buscando a sua reconstituição.

Patrimônio Cultural. Como se depreende do artigo 216 da Constituição Federal, a ideia de patrimônio cultural está associada à noção de valores que carregam traços atinentes à identidade e à memória dos diversos grupos formadores da sociedade brasileira, *in verbis*:

> *Art. 216. Constituem patrimônio cultural brasileiro os bens de natureza material e imaterial, tomados individualmente ou em conjunto, portadores de referência à identidade, à ação, à memória dos diferentes grupos formadores da sociedade brasileira, nos quais se incluem:*
>
> *I – as formas de expressão;*
>
> *II – os modos de criar, fazer e viver;*
>
> *III – as criações científicas, artísticas e tecnológicas;*

[267] RE 170768/SP, Relator(a): Min. ILMAR GALVÃO, Julgamento: 26/03/1999; DJ 13-08-1999 PP-00016.

[268] *Direito Ambiental Constitucional*. 2 ed. São Paulo: Malheiros, p. 2.

IV – as obras, objetos, documentos, edificações e demais espaços destinados às manifestações artístico-culturais;

V – os conjuntos urbanos e sítios de valor histórico, paisagístico, artístico, arqueológico, paleontológico, ecológico e científico.

Nesse sentido, como bem aponta José Afonso da Silva, "criar cultura, no fundo, consiste em transformar realidades naturais ou sociais, mediante a impregnação de valores".[269]

Desta forma, entendemos que os bens, materiais e imateriais, construídos ou naturais, que, penetrados por valores, tornem-se portadores de referência à identidade e à memória dos diversos grupos formadores da sociedade brasileira, constituem o patrimônio cultural do país.

Importante notar que o conceito é amplo, englobando todas as espécies de manifestações que consolidem aspectos atinentes à identidade e à memória dos grupos formadores da sociedade brasileira.

Por isso, mesmo certames esportivos, como o futebol, têm sido protegidos como parte integrante do patrimônio cultural do país.

Com efeito, o art. 217 da Constituição Federal, ao tratar do desporto, prescreve que as entidades desportivas dirigentes são dotadas de autonomia quanto a sua organização e funcionamento, a revelar que tais entidades são constituídas sob a forma de associações, o que, em primeira linha, as afasta da incidência do art. 37, também de nossa Constituição, e, portanto, dos princípios nele insculpidos.

Assim, havendo eventual violação das regras do certame, corrompendo-se a noção de moralidade que um campeonato deve ter, não se pode invocar a moralidade administrativa propriamente dita como apanágio para eventual impugnação judicial, pois rigorosamente o campeonato não é organizado ou tutelado por um órgão público, mas por uma entidade privada.

Todavia, tratando-se o futebol, por exemplo, de uma inegável referência à identidade do país, corromper um importante certame configura, inegavelmente, dano ao patrimônio cultural, franqueando a possibilidade de defesa por meio de ação popular ou mesmo ação civil pública.[270]

[269] *Ordenação Constitucional da Cultura*, São Paulo, 2001, Malheiros.

[270] TRF 1ª Região – AG – 1998.01.00.057324- 4 – DJ 01/03/2000 – Rel. Juíza Selene Almeida – TRF/DF: "PROCESSUAL CIVIL. AÇÃO CIVIL PÚBLICA. CAMPEONATO BRASILEIRO DE FUTEBOL DE 1997. REBAIXAMENTO DO FLUMINENSE FOOTBALL CLUBE E DO

CLUBE ATLÉTICO BRAGANTINO PARA A SEGUNDA DIVISÃO. LEI 8.672/93. DANO MORAL CAUSADOS AOS VALORES DESPORTIVOS. INTERESSE JURÍDICO NA LIDE. FORO COMPETENTE.

1. A Confederação Brasileira de Futebol é uma entidade federal de administração desse esporte, nos termos do art. 9º da Lei nº 8.672, de 6.7.1993, com objetivos definidos no art. 2º dos seus Estatutos.

No uso de suas atribuições, organizou e realizou o Campeonato Brasileiro de Futebol Profissional Séries "A" e "B" - 1996, o maior e mais tradicional torneio regular de futebol do País, composto de séries (ou divisões).

2. O Regulamento da série "A" – Normas Especiais Série - "A" – 1996 (doc. 01), dispõe: "Art. O Campeonato Brasileiro de Clubes de Futebol Profissional, será disputado pelas 24 (vinte e quatro) Associações que o integram na forma destas normas.(...) Art. 9º. As 02 (duas) Associações de pior índice técnico, ao final da 1ª fase, descenderão para a série "B" em 1997.

Parágrafo único. Em caso de empate em pontos ganhos ao final da 1ª fase entre 02 (duas) ou mais Associações, serão considerados os mesmos critérios de desempate já mencionados para o final da 1ª fase.

(...)".

3. Essas normas destinavam-se a dar cumprimento ao estabelecido no art. 59 da Lei nº 8.672/93, que dispõe: "Art. 59. Em campeonatos ou torneios regulares com mais de uma divisão, as entidades de administração do desporto determinarão em seus regulamentos o princípio do acesso e descenso, observado sempre o critério técnico".

4. Terminado o certame, verificou-se que "as duas Associações de pior índice técnico" foram o Bragantino e o Fluminense, que, segundo as regras então estabelecidas, deveriam descender para a Série "B".

5. Apesar da norma legal e do regulamento que determinavam o descenso das associações referidas, a CBF, por decisão de sua diretoria, deliberou não rebaixá-las, mas, sim, mantê-las na primeira divisão.

Para tanto, fez-se necessária a ampliação do número de associações participantes do Campeonato Brasileiro de Futebol de 1997, que passou de 24 para 26 clubes.

6. A Lei nº 8.078, de 11 de junho de 1990, acrescentou o inciso IV ao art. 1º da Lei nº 7.347/85, para incluir na esfera de cabimento da ação civil pública, as ações de responsabilidade por danos morais e patrimoniais causados "a qualquer outro interesse difuso ou coletivo".

7. A Lei Complementar nº 75, de 23 de maio de 1993 (Lei Orgânica do Ministério Público da União) atribui competência ao Ministério Público para "prover outras ações necessárias ao exercício de suas funções institutionais, em defesa da ordem jurídica, do regime democrático e dos interesses sociais e individuais indisponíveis, especialmente quanto: (...) ao patrimônio cultural brasileiro" (art. 6º, inciso XIV, alínea d).

8. O legislador ordinário elegeu o Distrito Federal como o foro competente para as ações civis públicas de reparação de danos de âmbito nacional, os limites da competência territorial, em casos que tais, é o próprio território nacional. Portanto, a regra limitativa dos efeitos das sentenças proferidas em ações civis públicas em nada afeta as ações propostas no Distrito Federal, quando o escopo delas for a reparação de danos de âmbito nacional.

9. Agravo provido em parte".

Capítulo 4
Competência

A definição do juízo competente para processar e julgar a ação popular é aferida pela "origem do ato impugnado" (art. 5º da Lei nº 4.717/65).

Assim, tratando-se de ato praticado por agente público da União, entidade autárquica ou empresa pública federal, ou sendo a lesão afeta a um desses entes, a competência para o processo e julgamento da ação popular será da Justiça Federal. Sendo a ação intentada em face da União, caberá ao proponente optar por ajuizá-la na seção judiciária de seu próprio domicílio, naquela onde houver ocorrido o ato ou fato que deu origem à demanda ou onde esteja situada a coisa, ou, ainda, no Distrito Federal (CF, art. 109, § 2º). Nesse caso, como decidiu o Superior Tribunal de Justiça, a competência é concorrente, podendo o autor ajuizar a ação popular em qualquer desses foros[271].

Anote-se que, nos termos do art. 5º da Lei nº 9.469/97, a União poderá intervir nas causas em que figurarem, como autoras ou rés, autarquias, fundações públicas, sociedades de economia mista e empresas públicas federais. Nessa hipótese, poderá ocorrer o deslocamento da competência, inclusive para a Justiça Federal, tal como se dá nas ações aforadas contra sociedade de economia mista sob controle acionário federal (p. ex. Banco do Brasil), as quais, de regra, tramitam na Justiça Estadual[272].

[271] Conflito de Competência nº 47.950/DF, rel. Min. Denise Arruda, j. 11-04-2007.

[272] É da competência da Justiça Estadual o processo e julgamento de ação popular contra o SEBRAE, por aplicação analógica do enunciado da Súmula nº 516 do STF (STJ, REsp

Não sendo ato originário de agente da União ou de suas entidades, ou em prejuízo do patrimônio desses entes, isto é, cuidando-se de ato circunscrito à esfera dos Estados ou Municípios, a competência recai, em caráter residual, sobre a Justiça Estadual. A partir daí, somado ao critério da "origem do ato" (art. 5º da LAP), aplicam-se subsidiariamente as disposições do Código de Processo Civil e as normas de organização judiciária de cada ente federado, que podem, p. ex., instituir varas privativas para causas da Fazenda Pública.

Quando o pleito interessar simultaneamente à União e a qualquer outra pessoa ou entidade, a competência será da Justiça Federal[273]; quando interessar simultaneamente ao Estado e ao Município, será competente o juízo das causas do Estado, se houver (art. 5º, § 2º, da LAP).

A competência para processar e julgar a ação popular é, em regra, do juiz de primeiro grau de jurisdição (federal ou estadual), mesmo que ajuizada contra autoridades detentoras de foro por prerrogativa de função, tais como o Presidente da República, do Senado, da Câmara dos Deputados, do Supremo Tribunal Federal, o Procurador-Geral da República, os Governadores e os Prefeitos. Como já decidiu o Pretório Excelso, "não é da competência originária do STF conhecer de ações populares, ainda que o réu seja autoridade que tenha na Corte o seu foro por prerrogativa de função para os processos previstos na Constituição"[274].

Apenas em duas situações o Supremo Tribunal Federal concebe sua competência originária para julgar a ação popular: a) quando houver potencial conflito federativo entre a União e Estado-membro (CF, art. 102, I, "f")[275] ou b) quando todos os membros da magistratura de 1ª instância sejam direta ou indiretamente interessados (CF, art. 102, I, "n")[276].

766.674/SC, rel. Min. Eliana Calmon, j. 06-09-2005 – Informativo nº 259; STF, RE 414.375/SC, rel. Min. Gilmar Mendes, j. 31-10-2006).

[273] Cf. STJ, REsp 936.205/PR, rel. Min. Francisco Falcão, j. 07-08-2007, cujo acórdão fixou a competência da Justiça Federal para decidir ação popular com pedido de declaração de nulidade de convênio que acarretou repasse de verbas da União para determinada Prefeitura Municipal.

[274] STF, PetAgR 3152/PA, rel. Min. Sepúlveda Pertence, Pleno, j. 23-06-2004; Pet-QO 3674/DF, rel. Min. Sepúlveda Pertence, Pleno, j. 04-10-2006.

[275] ACO-QO 622/RJ, rel. Min. Ilmar Galvão, Pleno, j. 07-11-2007.

[276] Pet-QO 3674/DF rel. Min. Sepúlveda Pertence, Pleno, j. 04-10-2006; AO-AgR 1031/RN, rel. Min. Carlos Velloso, Pleno, j. 19-02-2004.

A propositura da ação prevenirá a jurisdição do juízo para todas as ações que forem posteriormente intentadas contra as mesmas partes e sob os mesmos fundamentos (art. 5º, § 3º, da LAP). Assim, havendo várias ações populares contra as mesmas partes e com causas de pedir e pedidos semelhantes, aplica-se o critério da prevenção para definição da competência[277], segundo as regras do Código de Processo Civil.

[277] STJ, CC 22.123/MG, rel. Min. José Delgado, j. 18-06-2001 (Informativo nº 101).

Capítulo 5
Ministério Público

Assim como se dá no *mandamus*, na ação popular também é imprescindível a intervenção do representante do Ministério Público, sob pena de nulidade do feito (CPC, art. 178; art. 6º, § 4º, da LAP), mercê do evidente interesse público na tutela dos bens jurídicos arrolados no art. 5º, inciso LXXIII, da CF.

Hely Lopes Meirelles bem sintetiza a atuação do Ministério Público na ação popular:

> "O Ministério Público tem posição singular na ação popular: é *parte pública autônoma* incumbida de velar pela regularidade do processo, de apressar a produção da prova e de promover a responsabilidade civil ou criminal dos culpados.
>
> Como *parte pública autônoma*, o Ministério Público tem liberdade para manifestar-se, a final, a favor ou contra a procedência da ação, pois o que a lei veda (art. 6º, § 4º) é que assuma a defesa do ato impugnado ou dos réus, isto é, que contradite a inicial, promova provas ou pratique outros atos processuais contra os autores. Mas, na manifestação final, deverá opinar no sentido em que a prova indicar, pela procedência ou improcedência da ação, por se tratar de conduta característica da Instituição. Se houver abandono da ação, caber-lhe-á promover seu prosseguimento, em lugar do autor omisso, se reputar de interesse público seu julgamento (art. 9º). Isso não impede que o autor popular desista expressamente da

ação e com isso concorde o Ministério Público, para sua homologação regular, se ambos se convencerem da inexistência de fundamento para seu prosseguimento e houver concordância dos réus"[278].

Essa forma de intervenção é, de fato, a que mais se coaduna com o perfil da Instituição traçado pelos artigos 127 a 129 da Constituição Federal de 1988.

Rodolfo de Camargo Mancuso respalda essa linha de pensamento ao asseverar que "a qualificação proposta por Hely Lopes Meirelles nos parece bastante satisfatória, espelhando bem a conduta do Ministério Público, a quem compete zelar para que a afirmada ilegalidade/lesividade brandida pelo autor na inicial seja objeto de séria e eficiente investigação probatória, mantendo o *Parquet*, todavia, sua independência funcional, que lhe é assegurada constitucionalmente (CF, art. 127, § 1º), para ao final formar sua convicção, *pró ou contra* a tese sustentada pelo autor"[279].

[278] *Mandado de Segurança*, p. 137.
[279] *Ação Popular*, p. 228.

Capítulo 6
Procedimento

1. Peculiaridades do rito na ação popular

A ação popular segue o *rito comum*, previsto no Código de Processo Civil, com as modificações estabelecidas no artigo 7º da Lei nº 4.717/65.

Dessa forma, ao despachar a inicial, o juiz determinará a citação dos réus e a intimação do representante do Ministério Público, interveniente obrigatório no feito. Além disso, na mesma oportunidade, requisitará diretamente da repartição pública competente os documentos, certidões e informações necessários à instrução da causa e que porventura tenham sido negados ao autor popular, fixando prazo de 15 a 30 dias para atendimento, sob pena de desobediência (art. 8º).

Prevê o art. 7º, inciso II, da LAP, que, *quando o autor preferir*, a citação dos beneficiários far-se-á por edital com prazo de 30 dias. Entende-se, porém, sob pena de ferimento aos postulados do contraditório e da ampla defesa, que a citação editalícia em questão se refere apenas aos beneficiários desconhecidos ou, se conhecidos, estiverem em local incerto, caso em que deverão ser nominalmente indicados no edital[280].

O prazo de contestação é de 20 dias, prorrogáveis por mais 20, a requerimento do interessado, se particularmente difícil a produção de prova documental, e será comum a todos os interessados, correndo da

[280] Mancuso, Rodolfo de Camargo, op. cit., p. 210.

entrega em cartório do mandado cumprido, ou, quando for o caso, do decurso do prazo assinado em edital.

Revelia. José Afonso da Silva concebe, sem restrições, a imposição dos efeitos da revelia na ação popular[281]. Melhor nos parece, todavia, a solução intermediária proposta por Rodolfo de Camargo Mancuso. Assim, segundo o aludido autor, não incidem os efeitos da revelia em relação à pessoa jurídica de direito público ou privado cujo ato é sindicado na ação, pois o direito afeto a esses entes é de natureza indisponível. Ademais, há permissivo legal no sentido de que a entidade potencialmente lesada pelo ato impugnado pode abster-se de contestar a ação, sem que isso implique confissão ficta.

Por outro lado, quanto aos demais corréus (autoridades, funcionários, beneficiários, avaliadores), os efeitos da revelia se aplicam normalmente, na medida em que sua legitimação advém de responsabilidade *pessoal*, e assim, com relação a eles, não há falar em direitos indisponíveis. Além disso, não se está diante de litisconsórcio unitário, pois a sentença pode resolver a lide de forma diferente para cada acionado, de acordo com a responsabilidade apurada. E por não se tratar de litisconsórcio unitário, conforme refere o aludido processualista, resta afastada a excludente da revelia prevista no art. 345, inciso I, do CPC.[282]

Reconvenção. Não se admite *reconvenção* na ação popular. Como pontifica Rodolfo de Camargo Mancuso, "conquanto possa haver conexão entre a matéria da ação e a que seria deduzida pelo réu na via reconvencional (CPC/1973, art. 315), esse instituto pressupõe que as partes estejam brandindo situações jurídicas que lhes são *próprias*, tanto assim que o parágrafo único desse artigo não permite ao réu, 'em seu próprio nome, reconvir ao autor, quando este demandar em nome de outrem'. Ora, *substancialmente falando*, o autor popular não sustenta posição jurídica própria, e sim da sociedade como um todo, que ele reputa lesada pelo ato/fato/omissão afirmadamente ilegais e lesivos"[283].

Caso não requerida, até a fase de saneamento do processo, a produção de prova testemunhal ou pericial, o juiz ordenará vista às partes por 10 dias, para alegações finais e depois ao Ministério Público, para parecer,

[281] *Ação Popular Constitucional*, p. 214.

[282] *Ação Popular*, p. 245.

[283] Op. cit., p. 246. No mesmo sentido: SILVA, José Afonso da, op. cit., p. 214; MEIRELLES, Hely Lopes, op. cit., p. 142. STJ, REsp 72.065/RS, rel. Min. Castro Meira, j. 03-08-2004.

sendo-lhe os autos conclusos, para sentença, 48 horas após a expiração desse prazo. Havendo requerimento para produção de prova pericial ou testemunhal, o processo tomará o rito ordinário.

Se não for prolatada em audiência de instrução, debates e julgamento, a sentença deverá ser proferida dentro de 15 dias do recebimento dos autos pelo juiz, sob as penas do § único do art. 7º da LAP.

Desistência. Havendo desistência ou abandono da causa pelo autor popular, serão publicados editais com prazo de 30 dias, em três oportunidades, ficando assegurado a qualquer cidadão, bem como ao representante do Ministério Público, promover o prosseguimento da ação dentro do prazo de 90 dias da última publicação feita (art. 9º da Lei nº 4.717/65).

Custas processuais. O autor popular está isento do recolhimento de custas e do ônus da sucumbência, salvo se comprovada sua má-fé (CF, art. 5º, LXXIII; CPC, art. 17). É nesse contexto, portanto, que há de ser interpretado o art. 10 da LAP.

2. Suspensão liminar do ato lesivo

Dispõe o § 4º do art. 5º da Lei nº 4.717/65 que "na defesa do patrimônio público caberá a suspensão liminar do ato lesivo impugnado". Embora a lei mencione apenas o patrimônio público, a disposição tem incidência na tutela dos demais bens jurídicos mencionados na vigente Constituição, bastando apenas que estejam presentes os pressupostos necessários à concessão da medida. Possível a suspensão liminar do ato impugnado, assim, na defesa da moralidade administrativa, do meio ambiente e do patrimônio histórico e cultural[284].

A providência pode ser concedida em qualquer fase do processo, a requerimento do autor, do Ministério Público ou de terceiro interveniente, sendo controvertida, no entanto, a possibilidade da concessão de ofício, com fundamento no poder geral de cautela do juiz[285].

Diante da aplicação subsidiária das normas do Código de Processo Civil, há, ainda, ampla aceitação da doutrina ao cabimento da anteci-

[284] Carvalho Filho, José dos Santos. *Manual de Direito Administrativo.* 19 ed. Rio de Janeiro: Lumen Juris, 2008, p. 924; Zavascki, Teori Albino, *Processo Coletivo,* p. 99.

[285] mancuso, Rodolfo de Camargo, op. cit., p. 217.

pação dos efeitos da tutela na ação popular, se presentes os requisitos dos artigos 294 e ss. do estatuto processual civil[286].

O recurso cabível da decisão que concede ou nega a liminar é o agravo (CPC, art. 1.015; LAP, art. 19, § 1º), sem prejuízo da suspensão da execução da medida por ordem do Presidente do Tribunal ao qual couber o conhecimento do respectivo recurso, nas hipóteses arroladas no art. 4º da Lei nº 8.437/92.

Não incide na ação popular, por outro lado, a vedação à concessão de liminares prevista no art. 1º da Lei nº 8.437/92, na medida em que o autor popular não visa à obtenção de providência contra o Estado, e sim a favor do patrimônio público[287]. Por ausência de imposição legal, não se exige para a concessão da liminar a prévia audiência da pessoa jurídica de direito público interessada, tal como se dá com o mandado de segurança coletivo e com a ação civil pública (art. 2º da Lei nº 8.437/92).

3. Sentença e coisa julgada

O art. 11 da LAP estatui que "a sentença que, julgando procedente a ação popular, decretar a invalidade do ato impugnado, condenará ao pagamento de perdas e danos os responsáveis pela sua prática e os beneficiários dele, ressalvada a ação regressiva contra os funcionários causadores de dano, quando incorrerem em culpa". Nesse caso, a coisa julgada será oponível *erga omnes.*

Todavia, sendo a ação julgada improcedente por deficiência de prova, fica afastada a coisa julgada material, pois qualquer cidadão poderá intentar outra ação com idêntico fundamento, valendo-se de nova prova (art. 18).

Na hipótese de sentença que reconhece a carência da ação ou julga improcedente o pedido, não se perfaz a coisa julgada antes do *reexame necessário* da decisão pelo tribunal competente (art. 19 da Lei nº 4.717/65).

À vista dessas disposições, José dos Santos Carvalho Filho assim sintetiza as características da sentença na ação popular:

[286] ZAVASCKI, Teori Albino, p. 99; MANCUSO, Rodolfo de Camargo, op. cit., p. 219; ALENCAR, Rosmar A. R. Cavalcanti de, op. cit., p. 124.

[287] STJ, RMS 5621-0/RS, rel. Min. Gomes de Barros, j. 31-05-95.

"Em outras palavras, o legislador admitiu que a sentença tenha conteúdo simultaneamente *constitutivo* e *condenatório*, ainda que o pedido formulado pelo autor tenha sido apenas o de desconstituir a relação jurídica decorrente do ato lesivo. A disposição legal pretendeu, por economia processual, admitir logo a condenação dos responsáveis, na medida em que no próprio processo restou comprovada sua culpa em relação ao ato inválido. Se a sentença julgar improcedente a ação, estará reconhecendo que inexistiu ato lesivo e ilegal a ser desconstituído, gerando, em conseqüência, decisão de caráter *declaratório*".

Logo à frente, aludindo ao art. 18 da LAP e à coisa julgada na ação popular, o mesmo autor apresenta três conclusões possíveis:

"1) se o juiz julgar a causa com convicção quanto à prova, a coisa julgada é *erga omnes*, seja procedente ou improcedente o pedido;

2) se o juiz julga procedente o pedido por deficiência de prova por parte do réu, a decisão também fará coisa julgada *erga omnes*, porque a produção de prova é ônus do próprio réu; e

3) se o juiz julga improcedente o pedido, por deficiência de prova por parte do autor, a decisão fará coisa julgada somente *inter partes*, ou seja, nada impedirá que outra ação idêntica seja ajuizada, desde que o autor se socorra de nova prova"[288].

Como lembra Hely Lopes Meirelles, a lei distingue "três situações a serem consideradas na sentença: a do ato impugnado (decretação de invalidade), a dos responsáveis pelo ato (réus) e a dos beneficiários do ato (corréus), todos, em princípio, solidários na reparação do dano. Ficará para ser decidida em ação regressiva somente a responsabilidade dos funcionários culpados, que não tiverem sido chamados na ação popular"[289].

[288] *Manual de Direito Administrativo*, p. 925.

[289] *Mandado de Segurança*, p. 147. Rosmar Antonni R. C. de Alencar se revela contrário à imposição automática de condenação solidária dos acionados, sob o fundamento de que a responsabilidade deve ser apurada individualmente, conforme a participação no ato ou o proveito obtido por cada réu (*Ação Popular*, p. 143). No sentido de que a condenação não deve ser necessariamente solidária, mas na medida da responsabilidade de cada demandado: STJ, REsp 881.426/SP, rel. Min. Francisco Falcão, j. 05-12-2006.

Vale ressaltar que, ante a ausência de previsão legal, na sentença proferida em ação popular não tem lugar a imposição das sanções por ato de improbidade administrativa previstas na Lei nº 8.429/92 (perda da função pública, suspensão dos direitos políticos, multa civil, proibição de contratar com o Poder Público ou de receber benefícios ou incentivos fiscais ou creditícios), ainda que haja pedido expresso do autor nesse sentido[290].

4. Recursos

O sistema recursal da ação popular é, em regra, aquele disciplinado pelo Código de Processo Civil nos seus artigos 994 e seguintes (art. 22 da LAP).

Sobre o tema, Rodolfo de Camargo Mancuso assevera, com alusão ao CPC/1973, que

> "o processo da ação popular é de *conhecimento*, já que tende a uma decisão de mérito, e seu procedimento é ordinário (art. 7º da LAP), de sorte que, à exceção do recurso ordinário constitucional (CPC, arts. 496, V, e 539; CF, arts. 102, II, e 105, II), não se vislumbra razão plausível para qualquer exegese restritiva no tocante ao exercício dos demais recursos cíveis nessa ação. Aliás, pelo contrário, o art. 22 dessa lei remete o intérprete ao CPC, subsidiariamente, o que reforça o entendimento de que se aplicam à ação popular o rol dos recursos cíveis previstos no art. 496, com a redação dada pela Lei 8.038/90, ou seja, além da apelação e do agravo de 'instrumento' já previstos na LAP, mais os seguintes: embargos infringentes, embargos de declaração, recurso especial e recurso extraordinário, a par da modalidade retida do agravo (CPC, art. 523 e parágrafos)"[291].

Além dos recursos mencionados na própria Lei nº 4.717/65 e no Código de Processo Civil, admite-se o pedido de suspensão da execução da liminar ou da sentença estatuído no art. 4º da Lei nº 8.437/92.

Possuem *legitimidade recursal* na ação popular o autor, os réus, a pessoa jurídica ou entidade interessada, o Ministério Público e qualquer

[290] STJ, REsp 879.360/SP, rel. Min. Luiz Fux, j. 17-06-2008.
[291] *Ação Popular*, p. 274.

outro cidadão. Embora disponha o art. 19, § 2º, da LAP que a legitimidade do *Parquet* só existe quando de decisões e sentenças prolatadas contra o autor da ação, entende-se que a legislação ordinária não pode, sob pena de afronta ao art. 127 da Carta Magna, inibir a Instituição de recorrer das decisões que, de alguma forma, sejam lesivas aos interesses sociais e individuais indisponíveis, independentemente de serem ou não favoráveis ao autor popular[292].

Da sentença que julga *procedente* a ação cabe apelação, a ser recebida em ambos os efeitos. Já a sentença que conclui pela *carência de ação*, ou julga *improcedente* o pedido, está sujeita, além da apelação voluntária, ao reexame necessário pela instância superior (art. 19 da LAP).

Tratando-se de sentença que julga *parcialmente procedente* o pedido, o que significa dizer, por outras palavras, improcedência parcial, impõe-se, da mesma forma, o seu reexame necessário pelo tribunal[293].

Registre-se, por fim, que possuindo os litisconsortes procuradores diferentes, serão contados em dobro os prazos para interposição de recurso (CPC, art. 229)[294].

5. Execução

Ostentam *legitimidade* para promover a execução da sentença proferida em ação popular o autor, qualquer outro cidadão, a pessoa jurídica e as demais entidades chamadas na ação, ainda que a tenham contestado (art. 17 da LAP).

O Ministério Público possui, neste ponto, posição peculiar, pois de um lado atua em caráter subsidiário e condicionado, no caso de inércia do autor ou de qualquer outro cidadão (art. 16 da LAP). Todavia, configurando-se tal inércia, o órgão do Ministério Público está obrigado a promover a execução, sob pena de falta grave.

Não há qualquer incoerência na disposição legal, pois se um édito judicial passado em julgado indica ter havido uma lesão aos bens protegidos pela ação popular, não havendo quem o execute, incumbe ao órgão do Ministério Público, de forma vinculada, fazê-lo, sob pena de a decisão restar inaplicada, com a desproteção de bens e valores a cuja

292 MANCUSO, Rodolfo de Camargo, op. cit., p. 277.

293 STJ, REsp 856.388/SP, rel. Min. Francisco Falcão, j. 19-04-2007.

294 STJ, REsp 230.142/RJ, rel. Min. Garcia Vieira, j. 18-11-1999.

defesa deve o Ministério Público se dedicar, nos termos do art. 129 da Constituição Federal.

No polo passivo devem figurar os réus condenados no processo de conhecimento, mas com uma particularidade: nem todos os que contestaram a ação estão sujeitos à execução. Restam excluídas dessa fase as pessoas ou entidades referidas no art. 1º da LAP, pois a execução visa a ressarcir a lesão que o ato impugnado causou ao patrimônio da pessoa ou entidade sindicada. Não teria lógica, assim, que essa pessoa ou entidade, ainda que tenha contestado a ação, fosse condenada a pagar perdas e danos a si mesma[295].

Regra geral, o cumprimento da sentença prolatada na demanda popular segue o rito prescrito no Código de Processo Civil em seus artigos 509 e seguintes, quando se tratar de condenação *a pagar quantia certa*, artigos 806 e seguintes, na obrigação de *entrega de coisa certa*, ou artigos 815 e seguintes na hipótese de *obrigação de fazer ou não fazer*.

As peculiaridades do cumprimento da sentença prolatada em ação popular dizem respeito, essencialmente, à legitimidade para iniciá-la (arts. 16 e 17), ao prazo para o seu exercício (art. 16) e aos mecanismos para satisfação da obrigação, tais como o débito em folha de pagamento do agente público e o sequestro dos bens ou valores e serem restituídos, desde a sentença condenatória (art. 14, §§ 3º e 4º).

A propósito dos prazos na execução da sentença, confira-se a lição de Rodolfo de Camargo Mancuso:

> "– do dia do trânsito em julgado, estendendo-se pelos 60 dias subseqüentes, *para o autor popular ou terceiro* (art. 16 da LAP);
>
> – do termo final desses 60 dias, estendendo-se pelos 30 dias subseqüentes, para o *Ministério Público* 'sob pena de falta grave' (art. 16 da LAP, parte final); essa atuação é subsidiária, porque só se legitima em caso de inação do autor popular ou do terceiro, a teor daquele dispositivo;
>
> – do dia do trânsito em julgado, estendendo-se pelos 5 anos subseqüentes: *para as entidades mencionadas no art. 1º da LAP* (art. 17 dessa lei), ainda que tenham contestado a ação ou se omitido de fazê-lo"[296].

[295] Silva, José Afonso da. *Ação Popular Constitucional*, op. cit., p. 265.

[296] *Ação Popular*, p. 330. Ressalvada a imprescritibilidade quanto aos danos causados ao erário (CF, art. 37, § 5º).

6. Prescrição

Cinco anos é o prazo prescricional estabelecido pela Lei nº 4.717/65 para o manejo da ação popular (art. 21). A prescrição da ação popular pode ser reconhecida de ofício pelo juiz[297], inclusive liminarmente, conforme prevê o artigo 332, § 1º, do CPC. Ressalvada essa hipótese, porém, a prescrição e a decadência não serão declaradas sem que antes seja dada às partes oportunidade de manifestação (CPC, art. 487, parágrafo único).

Ao julgar o Recurso Extraordinário nº 852.475/SP, que teve repercussão geral reconhecida, o Supremo Tribunal Federal fixou a seguinte tese: "São imprescritíveis as ações de ressarcimento ao erário fundadas na prática de ato doloso tipificado na Lei de Improbidade Administrativa".

[297] STJ, REsp 1.034.907/SE, rel. Min. Francisco Falcão, j. 10-06-2008.

HABEAS DATA

Capítulo 1
Conceito, Objeto e Natureza Jurídica

Podemos conceituar *habeas data* como o remédio constitucional disponibilizado a pessoas físicas e jurídicas para viabilizar acesso privilegiado (pela celeridade) ao Poder Judiciário tanto para conhecimento de informações de caráter pessoal, como para a eventual retificação destas, que constem de registros ou banco de dados públicos ou de caráter público, entendidos estes como os que estejam sob domínio privado, mas cujas informações sejam acessíveis por terceiros (ex. SPC, SERASA etc.).

A previsão e a conformação constitucional do instituto são extraídas do art. 5º, inciso LXXII, da Lei Maior:

> "conceder-se-á *habeas data*:
>
> a) para assegurar o conhecimento de informações relativas à pessoa do impetrante, constantes de registros ou bancos de dados de entidades governamentais ou de caráter público;
>
> b) para a retificação de dados, quando não se prefira fazê-lo por processo sigiloso, judicial ou administrativo;"

Trata-se de garantia constitucional que visa a dar efetividade ao direito fundamental à informação, segundo o qual "todos têm direito a receber dos órgãos públicos informações de seu interesse particular (...), ressalvadas aquelas cujo sigilo seja imprescindível à segurança da sociedade e do Estado", consoante preconiza o art. 5º, inciso XXXIII, da Carta Política[298].

O *habeas data* teve, inicialmente, duplo *objeto*: assegurar o conhecimento de informações afetas à pessoa do impetrante e promover a retificação desses dados, quando inexatos. Posteriormente, o art. 7º, inciso III, da Lei nº 9.507/97 ampliou esse objeto para incluir a anotação, nos assentamentos do interessado, de contestação ou explicação sobre dado verdadeiro mas justificável e que esteja sob pendência judicial ou amigável.

Inegável, portanto, que o *habeas data* ostenta duas finalidades distintas: garantir o acesso à informação e promover a retificação ou complementação de dados a respeito do impetrante.

Tais finalidades, de certo modo, estão expressas em seu nome. Como apontam Miguel Ángel Ekmekdjian e Caloger Pizzolo[299], a denominação tomou, em parte, a primeira palavra do antigo instituto do *habeas corpus*, que significa "conserva ou guarda seu..." e a vocábulo inglês *data*, substantivo plural que significa informações ou dados, resultando em uma tradução literal da seguinte têmpera: conserva ou guarda seus dados.

O instituto do *habeas data* foi introduzido em nossa ordem jurídica com a atual Constituição, motivo pelo qual muitos o vinculam à dificuldade de obtenção e retificação de dados durante o regime militar. Todavia, embora não discordemos de tal afirmação, é importante anotar que a razão de ser do *habeas data*, ao menos contemporaneamente, é a proliferação de registros e bancos de dados, frequentemente conectados entre si e acessíveis por redes de computadores (internet etc.), o que potencializa as lesões oriundas, por exemplo, de uma informação falsa neles eventualmente constantes.

A propósito, a explanação de Perez Luño:

> "Em la situación tecnológica propria de la sociedad contemporânea, todos los ciudadanos, desde su nacimiento, se hallan expuestos a

[298] Carvalho Filho, José dos Santos. *Manual de Direito Administrativo*, p. 930; Barroso, Luís Roberto. *O Direito Constitucional e a efetividade de suas normas.* 7 ed. Rio de Janeiro: Renovar, 2003, p. 273. *Contra*, no sentido de que o direito à informação tratado no inciso XXXIII do art. 5º não é o mesmo direito à informação protegido pelo *habeas data*: Di Pietro, Maria Sylvia Zanella. *Direito Administrativo*, p. 701.

[299] *Habeas Data – El derecho a la intimidad frente a la revolución informática.* Buenos Aires/Depalma, 1996, p. 1.

> violaciones ensu intimidad perpetradas por determinados abusos de la informática y la telemática. La injerencia del ordenador en las diversas esferas y em el tejido de relaciones que conforman la vida cotidiana se hace cada vez más extendida, más difusa, más implacable."[300]

Destarte, embora seja dedutível que a motivação do constituinte quanto à criação do *habeas data* esteja enraizada no período autoritário que antecedeu à atual Constituição, é certo que a sua efetiva razão de ser, ao menos em termos contemporâneos, seja a potencialidade lesiva advinda da evolução e da proliferação das redes de informática.

A disciplina infraconstitucional do instituto é ditada pela Lei nº 9.507, de 12 de novembro de 1997 (Lei do *Habeas Data*-LHD)

[300] Perez Luño, Antonio Enrique. *Manual de Informática y Derecho*, Ariel/Madrid.

Capítulo 2
Cabimento

De acordo com os parâmetros formatados pelo artigo 5º, inciso LXXII, da CF, e pelo artigo 7º da Lei nº 9.507/97, o *habeas data* tem cabimento nas seguintes hipóteses:

i. assegurar o *conhecimento* de informações relativas à pessoa do impetrante, constantes de *registros ou banco de dados de entidades governamentais ou caráter público.*

ii. assegurar a *retificação* destas;

iii. assegurar a *anotação,* nos assentamentos do interessado, de contestação ou explicação sobre dado verdadeiro;

1. Assegurar o *conhecimento* de informações relativas à pessoa do impetrante

Segundo o texto constitucional e o artigo 7º, inciso I, da Lei nº 9.507/97 (LDH), a primeira finalidade do *habeas data* é assegurar ao impetrante o acesso a informações a seu respeito mantidas em registros ou bancos de dados de entidades governamentais ou de caráter público.

O direito de conhecer e retificar os dados, assim como o de impetrar o *habeas data* para fazer valer esse direito, quando não espontaneamente prestado, é *personalíssimo* do titular dos dados, isto é, o impetrante, que pode ser pessoa física ou jurídica, nacional ou estrangeira.

José Afonso da Silva refere, todavia, a existência de precedente do extinto TFR (agora, STJ) admitindo que os herdeiros legítimos do morto ou o cônjuge supérstite impetrem o *writ* (HD 1-DF, DJU 2.5.1989, Seção I, p. 6.774). Segundo o autor, trata-se de "decisão liberal que supera o entendimento meramente literal do texto, com justiça, pois não seria razoável que se continuasse a fazer uso ilegítimo e indevido dos dados do morto, afrontando sua memória, sem que houvesse meio de corrigenda adequado"[301].

Mais recentemente, o Superior Tribunal de Justiça decidiu pela legitimidade ativa de cônjuge sobrevivente para impetrar *habeas data* na defesa de interesse do falecido[302].

Como regra, todavia, o *writ* é voltado à tutela de direito pessoal do impetrante, e não de terceiro. Pretendendo-se a obtenção de dados de interesse coletivo ou geral (CF, art. 5º, XXXIII), a via adequada é o mandado de segurança, se presentes os seus requisitos.

As informações relativas ao impetrante podem ser, segundo José da Silva Pacheco: a) direta ou indiretamente ligadas à sua pessoa; ou b) indireta ou mediatamente a ela vinculadas. No primeiro caso, assentam-se, por exemplo, aquelas que constam dos arquivos ou registros, atribuindo qualidades, fatos ou atos a determinada pessoa; no segundo, tem-se assentamento de ocorrências, eventos, processos, grupos, famílias em que aparece determinada pessoa como se dele participasse ou não[303].

Impõe-se, todavia, que as informações sejam específicas sobre a pessoa do interessado, e não consubstanciem dados genéricos, isto é, desvinculados, direta ou indiretamente, de quem reclama o acesso ou retificação de tais informações.

Há de se registrar, entretanto, que, por meio de dispositivos de duvidosa constitucionalidade (arts. 2º e 8º, par. único), a Lei 9.507/97 condiciona a impetração do *habeas data* à comprovação de que houve prévio requerimento ao órgão ou entidade depositária dos registros.

Em favor de uma leitura constitucional de tais disposições, seria possível apontar que o requerimento, longe de condicionar o exercício do direito constitucional de ação, traduzir-se-ia exclusivamente como forma de demonstração do interesse de agir do impetrante.

301 *Comentário Contextual à Constituição*. 5 ed. São Paulo: Malheiros, 2008, p. 169.

302 HD nº 147-DF, rel. Min. Arnaldo Esteves Lima, j. 12-12-2007.

303 *Mandado de Segurança e outras ações constitucionais típicas*, p. 328.

A nosso juízo, contudo, tal interpretação se ressente de uma correção, qual seja, tal condicionamento só traduz a existência de interesse de agir em situações tais em que o impetrante não necessite de uma tutela de urgência, pois tal se fazendo necessária não pode a disciplina infraconstitucional impor limites ao Texto Maior.

Dados sigilosos. Controvertido na doutrina e na jurisprudência é o cabimento do *habeas data* para a obtenção de dados sigilosos relativos ao interessado.

Para a primeira corrente, o direito de acesso às informações não é absoluto, pois cede quando o sigilo for necessário à segurança da sociedade ou do Estado (CF, art. 5º, inciso XXXIII, regulamentado pela Lei nº 12.527/2011)[304]. A valoração, entretanto, não é da competência discricionária do órgão público que detém a informação, cabendo, ao revés, o pronunciamento motivado da autoridade judiciária sobre a presença ou não de razões de defesa nacional que autorizem a manutenção do sigilo[305].

A segunda orientação sustenta que a restrição de acesso às informações, por razões de defesa nacional, não pode ser oposta à própria pessoa do interessado[306].

Na jurisprudência tem prevalecido o entendimento de que o acesso às informações pode, *excepcionalmente,* ser negado ao impetrante, mas apenas quando o sigilo for comprovadamente necessário à segurança da sociedade ou do Estado[307].

Entendemos, porém, que tal restrição, embora contemplada pela parte final do inciso XXXII, do art. 5º, tem natureza excepcional, visto que a regra veiculada pelo mesmo dispositivo assegura o direito de acesso às informações. Logo, muito embora exista viabilidade na definição de dados sigilosos, estes devem guardar estrita conexão com os objetivos

304 MEIRELLES, Hely Lopes, op. cit., p. 265; BARROSO, Luís Roberto, op. cit., p. 273; PACHECO, José da Silva. *Mandado de Segurança e outras ações constitucionais típicas.* 5 ed. São Paulo: RT, 2008, p. 328.

305 BARROSO, Luís Roberto, op. cit., p. 273.

306 MORAES, Alexandre de, op. cit., p. 262; DI PIETRO, Maria Sylvia Zanella, op. cit., p. 701.

307 STJ, HD 91-DF, rel. Min. Arnaldo Esteves Lima, j. 14-03-2007 (RT – 863/163); HD 56-DF, rel. Min. Félix Fischer, j. 10-05-2000 (Informativo nº 57). No Tribunal de Justiça de São Paulo: Apelação Cível nº 287.340-5/4-00, São Paulo, rel. Machado de Andrade, j. 11-05-2006 (RT 852/227), negando o acesso à qualificação de informante da polícia por razões de segurança. Admitindo a informação quanto ao nome de denunciante, mas por meio de mandado de segurança, e não *habeas data*: STF, RMS 24.617-DF, j. 17-05-2005 (RT 839/164).

da norma – segurança do Estado e da Sociedade –, além de comprovadamente necessários. Exatamente por isso, as informações não podem ser negadas ao Poder Judiciário, a quem caberá o juízo de valor sobre a presença ou não de risco à segurança da sociedade ou Estado e, se o caso, posterior liberação dos dados ao impetrante.

2. Assegurar a *retificação* de dados relativos à pessoa do impetrante

Além de assegurar o conhecimento de informações sobre o impetrante, o *habeas data* tem cabimento para a retificação desses dados, quando o interessado não prefira fazê-lo por processo sigiloso, judicial ou administrativo (CF, art. 5º, inciso LXXII, letra "b"; art. 7º, inciso II, da Lei nº 9.507/97).

Quanto à ressalva de que o impetrante poderá optar pela retificação por meio de processo sigiloso, judicial ou administrativo, entende-se que, como a lei não diz qual é o procedimento, deve seguir-se o rito ordinário, observado o segredo de justiça (CPC, art. 189)[308], com a possibilidade de ampla dilação probatória.

Optando pela utilização do *writ*, o interessado deverá anexar, com a petição inicial, todos os documentos que comprovem a inexatidão dos dados lançados a seu respeito e que, por isso, devam ser retificados (art. 8º da LHD). Assim não o fazendo, o impetrante arrisca-se a ver indeferida sua petição inicial, na medida em que "o procedimento do *habeas data*, como se encontra disciplinado na Lei n. 9.507/97, não comporta dilação probatória. Aplica-se o mesmo princípio da prova pré-constituída do mandado de segurança. Assim, a documentação acostada à inicial deverá comprovar, por si só e de plano, o direito do impetrante"[309].

Por esse motivo, sedimentou-se no Superior Tribunal de Justiça a orientação de que não cabe a cumulação de pedidos, num mesmo *habeas data*, para acesso e, se o caso, posterior retificação dos dados obtidos. Confira-se:

> "1. A Lei 9.507/97, ao regulamentar o art. 5º, LXXII, da Constituição Federal, adotou procedimento semelhante ao do mandado de segurança, exigindo, para o cabimento do *habeas data*, prova pré-constituída do direito do impetrante. Não cabe, portanto, dilação probatória.

[308] MEIRELLES, Hely Lopes, op. cit., p. 270.

[309] MEIRELLES, Hely Lopes, op. cit., p. 276.

2. Em razão da necessidade de comprovação de plano do direito do demandante, mostra-se inviável a pretensão de que, em um mesmo *habeas data*, se assegure o conhecimento de informações e se determine a sua retificação. É logicamente impossível que o impetrante tenha, no momento da propositura da ação, demonstrado a incorreção desses dados se nem ao menos sabia o seu teor. Por isso, não há como conhecer do *habeas data* no tocante ao pedido de retificação de eventual incorreção existente na base de dados do Banco Central do Brasil"[310].

O direito de retificação, contudo, não deve ser tomado exclusivamente em sua acepção estrita, vez que invocável, por exemplo, mesmo em face de eventual informação verdadeira, desde que esta implique violação à lei ou à Constituição. Figure-se a possibilidade de uma informação que, conquanto verdadeira, viole a intimidade do respectivo titular, por abordar aspectos pertinentes à sua orientação sexual. Evidente que não poderá constar do respectivo cadastro, ensejando ao indivíduo o direito de retificação (supressão), veiculável através do *habeas data*[311].

Ademais, a depender da espécie de interesse que se esconda por trás da informação (segredo de indústria, segurança da pessoa etc) o direito de retificação pode se traduzir em exigência de confidencialidade[312], o que, em outras palavras, não levaria a supressão do registro, mas impediria o acesso de terceiros ao mesmo.

Finalmente, também pode se supor que no âmbito do direito de retificação esteja o direito de complementar ou de atualizar eventual informação, como, por exemplo, a conclusão de um curso de pós-graduação em um banco de currículos.

3. Assegurar a anotação, nos assentamentos do interessado, de contestação ou explicação sobre dado verdadeiro

Inovando em relação às balizas estabelecidas pelo texto constitucional, a Lei nº 9.507/97 contemplou uma terceira hipótese para o cabimento do *habeas data*. Assim, à luz do art. 7º, inciso III, da LHD, é adequado o writ

[310] HD nº 160-DF, 1ª Seção, rel. Min. Denise Arruda, j. 27-08-2008.

[311] ARAUJO, Luiz Alberto David; NUNES Jr., Vidal Serrano. *Curso de Direito Constitucional.* 11 ed. São Paulo: Saraiva, 2007, p. 208.

[312] FALCÓN, Enrique M. *Habeas Data – concepto e procedimiento.* Abeledo-Perrot/Buenos Aires, 1996, p.23.

para "a anotação, nos assentamentos do interessado, de contestação ou explicação sobre dado verdadeiro mas justificável e que esteja sob pendência judicial ou amigável".

Dessa forma, ainda que não se constate a inexatidão do dado, o interessado poderá apresentar explicação ou contestação sobre o mesmo, bem como justificar possível pendência a respeito, o que deverá ser objeto de anotação em seu cadastro ou prontuário. Impera, aqui, o direito do impetrante à autodeterminação informativa, notadamente quanto aos dados impregnados de elevada carga subjetiva na sua compreensão.

Comentando o preceito, José Carlos Barbosa Moreira pondera que a "ampliação não merece censura do ponto de vista constitucional: o que a lei ordinária não poderia fazer é estreitar, diminuir, restringir o campo de atuação do *habeas data*, delimitado na Carta Política. De resto, apesar da diferença ontológica, se o remédio se presta à consecução de providência mais intensa (retificação de dados), é razoável admitir, *a fortiori*, que se preste à de providência *menos intensa* (simples anotação de explicações fornecidas pelo requerente, sem alteração dos assentamentos existentes)"[313].

Vale enfatizar que, assim como nas demais hipóteses, a petição inicial que veicula pleito de complementação de informações sobre o interessado deve ser instruída com a prova pré-constituída pertinente, sob pena de ser indeferida (art. 10 da LHD).

4. Informações constantes de registros ou banco de dados de entidades governamentais ou de caráter público

Requisito indispensável ao emprego do *habeas data* é o de que as informações a serem acessadas, e porventura retificadas, estejam armazenadas em registros ou banco de dados de entidades governamentais ou de caráter público.

Segundo o art. 1º, § único, da Lei nº 9.507/97, considera-se "de caráter público todo registro ou banco de dados contendo informações que sejam ou que possam ser transmitidas a terceiros ou que não sejam de uso privativo do órgão ou entidade produtora ou depositária das informações".

Nesse contexto, observa-se que os bancos de dados ou registros podem ser mantidos pelo próprio Poder Público ou por instituições

[313] "O *habeas data* brasileiro e sua lei regulamentadora", Revista de Direito Administrativo, vol. 211, Rio de Janeiro, Renovar, 1998, p. 55.

privadas. No último caso, se as informações forem passíveis de transmissão a terceiros, assegura-se ao interessado o direito à impetração.

A ideia central, como refere José Carlos Barbosa Moreira, "é a da comunicabilidade a terceiros: se a entidade se cinge a coligir e armazenar os dados para seu próprio e exclusivo uso, não infringirá a Constituição caso negue à pessoa de quem se trata o acesso ao conteúdo dos registros ou bancos. Note-se, porém, que a lei não reclama a transmissão atual: contenta-se com a *possibilidade* dela. Isso reduz consideravelmente a área excluída da proteção, na qual só acharão espaço as situações em que fique clara a *impossibilidade* de comunicação a terceiros pela entidade depositária das informações"[314].

Nesse sentido, já decidiu o Supremo Tribunal Federal ser inadequada a impetração do *habeas data* por empregado que visava a obtenção de acesso à sua ficha cadastral de emprego, na medida em que não se trata de registro de caráter público, destinado à divulgação para terceiros, mas documento de uso interno da empresa[315].

Perfeitamente admissível a impetração do *writ* contra entidades privadas que prestam serviços de conservação e fornecimento de dados de consumidores, tais como o SPC e a SERASA, classificadas como entidades de caráter público pela Lei nº 8.078/90 (CDC). O mesmo diploma legal assegura ao consumidor, ainda, o acesso e a retificação de informações existentes em cadastros, fichas, registros e dados pessoais e de consumo arquivados sobre ele (art. 43). Dispõe a lei, inclusive, que constitui crime "impedir ou dificultar o acesso do consumidor às informações que sobre ele constem em cadastros, banco de dados, fichas e registros" (art. 72).

Leia-se, a propósito, o seguinte aresto do Superior Tribunal de Justiça, que versa sobre o direito à informação nas relações de consumo:

> "I – A Caixa Econômica Federal, na qualidade de empresa pública que se sujeita ao controle do Poder Público, tem legitimidade para figurar no polo passivo do *habeas data* com o objetivo de fornecimento de dados sobre descontos efetuados na conta-corrente dos impetrantes (artigo 7º, I, da Lei nº 9.507/97).

[314] Op. cit., p. 52.

[315] RE 165.304-3/MG, Pleno, rel. Min. Octavio Gallotti, j. 19-10-2000.

II – O parágrafo único do artigo 7º da mesma lei especifica como sendo de caráter público todo registro ou banco de dados contendo informações que sejam ou possam ser transmitidas a terceiros, ou que não sejam de uso privativo do órgão ou entidade respectiva, abrangendo, assim, a hipótese dos autos.

III – Recurso improvido"[316].

5. *Habeas Data* ou Mandado de Segurança?

Como visto, o *habeas data* tem objeto bem definido pela Constituição Federal: assegurar o acesso, a retificação ou a complementação de informações mantidas pelo Poder Público ou por entidades privadas em registros terceirizáveis, a respeito da própria pessoa do impetrante. Trata-se, portanto, de instituto processual-constitucional com finalidade específica.

Não deve ser confundido, assim, com o mandado de segurança, instituto mais abrangente, volvido à tutela de qualquer direito líquido e certo do impetrante, salvo se invocado o direito à locomoção (*habeas corpus*) ou de acesso às informações sobre a pessoa do interessado (*habeas data*).

O critério a ser adotado na eleição da via processual adequada é, por conseguinte, o do bem jurídico a ser tutelado. Nesse trilhar, se o desiderato é assegurar ao impetrante o direito de obter informações sobre sua própria pessoa, bem como o de retificar ou complementar os dados acessados, o instrumento adequado é o *habeas data*. Caso contrário, impõe-se ao impetrante a utilização do *mandamus* ou mesmo das vias processuais ordinárias.

Por conta disso, já se decidiu que cabe mandado de segurança, e não *habeas data*, para a obtenção de certidões[317] ou extração de cópias de autos de processo administrativo[318].

Também descabe o *habeas data*, p. ex., para se revolver critérios utilizados na correção de provas em concurso público[319], bem como para se obter a quebra de sigilo de inquérito policial[320].

[316] REsp 929.381/AL, rel. Min. Francisco Falcão, j. 04-10-2007.

[317] STJ, REsp 781.969/RJ, rel. Min. Luiz Fux, j. 08-05-2007.

[318] STJ, REsp 904.447/RJ, rel. Min. Teori Albino Zavascki, j. 08-05-2007 (Informativo nº 319).

[319] STJ, AgRg no HD 127-DF, rel. Min. João Otávio de Noronha, j. 14-06-2006 (Informativo nº 288).

[320] STJ, AgRg nos EDcl no HD 98-DF, rel. Min. Teori A. Zavascki, j. 22-09-2004 (Informativo nº 222).

Capítulo 3
Prévio Requerimento Administrativo e Interesse de Agir

Antes da edição da Lei nº 9.507/97, debatia-se se era o caso de exigir-se, como pressuposto de admissibilidade da ação de *habeas data*, o prévio requerimento administrativo do interessado à entidade depositária das informações a seu respeito. Para uma corrente, seria desnecessária a comprovação da tentativa extrajudicial para a obtenção das informações. Para outra linha de pensamento, no entanto, o interesse processual do impetrante somente surgiria se configurada a resistência da entidade.

Prevaleceu a segunda orientação. Sobre o tema, assim dispôs o enunciado da Súmula nº 02 do Superior Tribunal de Justiça, editada em 08-05-1990: "Não cabe o habeas data (CF, art. 5º, LXXII, letra "a") se não houve recusa de informações por parte da autoridade administrativa".

Da mesma forma, ao disciplinar o assunto, a Lei nº 9.507/97 previu que o interesse de agir do impetrante surge somente quando há negativa de informações ou de retificação pela entidade detentora do registro ou banco de dados. Tanto é assim que a petição inicial do *writ* deverá ser instruída, sob pena de indeferimento, com a prova da recusa ao acesso, à retificação ou à complementação das informações a respeito do interessado (arts. 8º e 10).

Por isso, a própria Lei nº 9.507/97 cuidou de delinear uma "fase extrajudicial", preliminar ao ajuizamento do *habeas data*, cuja inobservância ensejará o indeferimento da petição inicial e a extinção do processo por carência de ação (falta de interesse de agir).

Dessa forma, o requerimento de acesso às informações será apresentado ao órgão ou entidade depositária do registro ou banco de dados, que terá o prazo de 48 horas para deferi-lo ou não. A decisão será comunicada ao requerente em 24 horas. Deferindo o pedido, o depositário do registro ou banco de dados marcará dia e hora para que o requerente tome conhecimento das informações (arts. 2º e 3º).

Constatada a inexatidão de qualquer dado a seu respeito, o interessado, em petição acompanhada de documentos comprobatórios, poderá requerer sua retificação. Feita a retificação em, no máximo, 10 dias após a entrada do requerimento, a entidade depositária do registro dará ciência ao interessado. Poderá o interessado, ainda, apresentar explicação ou contestação sobre dado a seu respeito, justificando possível pendência, o que deverá ser objeto de anotação em seu cadastro (art. 4º).

Tratando-se de requerimento administrativo, há, naturalmente, no caso de indeferimento, a possibilidade de interposição de recurso no próprio âmbito da entidade pública depositária das informações. Não se exige do interessado, todavia, o esgotamento da via administrativa, com a apresentação de todos os recursos possíveis, para que daí surja o interesse processual. Basta a primeira recusa da entidade, ou mesmo o decurso do prazo fixado em lei sem manifestação, para que se abra ao interessado a via constitucional do *habeas data*[321].

Nesse contexto, ainda, tanto a demora injustificada como o fornecimento *incompleto* ou *insuficiente* dos dados solicitados pelo interessado dão oportunidade ao manejo do *writ*[322].

Cabe consignar, por fim, que a despeito de ver contestada sua constitucionalidade por parte da doutrina[323], a exigência de prévio requerimento administrativo como condição da ação (interesse de agir) de *habeas data* não é tida, pelo Supremo Tribunal Federal, como desconforme ao texto constitucional[324].

[321] Meirelles, Hely Lopes, op. cit., p. 269.

[322] STJ, HD 147-DF, rel. Min. Arnaldo Esteves Lima, j. 12-12-2007; HD 160-DF, rel. Min. Denise Arruda, j. 27-08-2008.

[323] Moraes, Alexandre de, op. cit., p. 257; Di Pietro, Maria Sylvia Zanella, op. cit., p. 702.

[324] Cf. *Habeas Data* nº 75-DF, rel. Min. Celso de Mello, j. 11-10-2006.

Como afirmamos acima, porém, somos do entendimento de que o art. 8º, parágrafo único, da Lei do Habeas Data[325] se ressinta de uma interpretação conforme, de tal modo que havendo necessidade de acesso ou retificação urgente dos dados registrados, a via judicial não poderia sofrer qualquer espécie de condicionamento, sob pena de violação do princípio constitucional da inafastabilidade da jurisdição.

[325] Art. 8º, par. único: A petição inicial deverá ser instruída com prova: I – da recusa ao acesso às informações ou do decurso de mais de 10 (dez) dias sem decisão; II – da recusa em fazer-se a retificação ou o decurso de mais de 15 (quinze) dias, sem decisão; ou III – da recusa em fazer-se a anotação a que se refere o § 2º do art. 14 ou do decurso de mais de 15 (quinze) dias.

Capítulo 4
Legitimidade Ativa e Passiva: Impetrante e Impetrado

Possuem *legitimidade ativa* para impetrar *habeas data* quaisquer pessoas físicas ou jurídicas, públicas ou privadas, nacionais ou estrangeiras, ainda que não residentes no Brasil[326]. As informações buscadas, ou a serem retificadas, são apenas aquelas concernentes à própria pessoa do impetrante, e não de outrem. Trata-se de direito personalíssimo, não transmissível, em regra, a terceiros.

Como já anotado, todavia, há precedente do extinto Tribunal Federal de Recursos admitindo que os herdeiros legítimos do morto ou o cônjuge supérstite impetrem o *writ* (HD 1-DF, DJU 2.5.1989, Seção I, p. 6.774). O Superior Tribunal de Justiça, igualmente, já decidiu pela legitimidade ativa de cônjuge sobrevivente para impetrar *habeas data* na defesa de interesse do falecido[327].

Também o art. 31 da Lei nº 12.527/2011 (que regulamenta o art. 5º, inciso XXXIII, da CF), embora sem alusão expressa ao *habeas data*, assegura o acesso às informações de que trata o art. 5º, inciso X, da CF (vida privada e intimidade) à pessoa diretamente interessada.

A doutrina tem entendido cabível o *litisconsórcio* e a *assistência* no *habeas data*, sempre que as informações em foco disserem respeito também a interesses jurídicos de terceiros[328].

[326] Barbosa Moreira, José Carlos, op. cit., p. 56.
[327] HD nº 147-DF, rel. Min. Arnaldo Esteves Lima, j. 12-12-2007.
[328] Meirelles, Hely Lopes, op. cit., p. 279.

Sujeito passivo no *writ* é a entidade responsável pelo registro e manutenção das informações concernentes ao impetrante. Pode ser pública, da administração direta ou indireta, de qualquer esfera de governo. Pode, ainda, ser entidade privada, desde que o banco de dados por ela mantido seja de caráter público, isto é, acessível a terceiros.

Por analogia ao mandado de segurança, admite-se a aplicação da teoria da encampação ao *habeas data*, conforme orientação pacífica do Superior Tribunal de Justiça:

> "A teoria da encampação aplica-se ao *habeas data, mutatis mutandis*, quando o impetrado é autoridade hierarquicamente superior aos responsáveis pelas informações pessoais referentes ao impetrante e, além disso, responde na via administrativa ao pedido de acesso aos documentos"[329].

[329] HD 84-DF, 3ª Seção, rel. Min. Maria Thereza de Assis Moura, j. 27-09-2006. No mesmo sentido: HD 147-DF, 3ª Seção, rel. Min. Arnaldo Esteves Lima, j. 12-12-2007.

Capítulo 5
Competência

A competência para processar e julgar *habeas data* vem definida na Constituição Federal e no artigo 20 da Lei nº 9.507/97, levando em conta, sobretudo, a estatura funcional do agente responsável pela recusa de acesso ou retificação dos dados.

Assim, a competência será:

a) do Supremo Tribunal Federal, quando se tratar de ato do Presidente da República, das Mesas da Câmara e do Senado, do Tribunal de Contas da União, do Procurador-Geral da República ou do próprio STF (CF, art. 102, I, "d");

b) do Superior Tribunal de Justiça, quando o ato for praticado por Ministro de Estado, Comandante da Marinha, do Exército ou da Aeronáutica, ou pelo próprio STJ (CF, art. 105, I, "b");

c) dos Tribunais Regionais Federais, quando se tratar de ato do próprio tribunal ou de juiz federal (CF, art. 108, I, "c");

d) dos juízes federais, quando o ato for emanado de autoridade federal (CF, art. 109, VIII).

Os juízes estaduais têm competência *residual*, na forma definida pela Constituição do Estado ou lei de organização judiciária: exercem-na quando não haja disposição que a atribua aos juízes federais ou, originariamente, a algum tribunal[330].

[330] Barbosa Moreira, José Carlos, op. cit., p. 61.

A competência territorial é definida, à semelhança do mandado de segurança, pela sede funcional da autoridade impetrada ou da entidade responsável pelo ato impugnado.

Cuidando-se de *habeas data* impetrado por consumidor contra as entidades referidas no art. 43 da Lei nº 8.078/90, a ação poderá ser ajuizada no próprio domicílio do autor, por analogia ao disposto no art. 101, inciso I, do CDC.

Registre-se, por fim, que compete à Justiça comum estadual processar e julgar os pedidos de retificação de dados cadastrais da Justiça Eleitoral (STJ, Súmula nº 368).

Capítulo 6
Outros Aspectos Processuais

O rito processual do *habeas data* vem previsto nos arts. 8º e seguintes da Lei nº 9.507/97. É inspirado, e por isso reproduz, em linhas gerais, o procedimento do mandado de segurança descrito na Lei nº 1.533/51.

Somando a semelhança de ritos à patente afinidade entre os dois institutos, José Carlos Barbosa Moreira ressalta que "isso autoriza a fácil inferência de que, em princípio, as lacunas do novo diploma legal devem ser complanadas mediante aplicação analógica das disposições do anterior. Naturalmente, não se exclui – do mesmo modo que no mandado de segurança – a aplicabilidade subsidiária das regras comuns, contidas no Código de Processo Civil, em tudo que não tiver disciplina específica na Lei nº 9.507/97 e for compatível com sua sistemática"[331].

1. *Prioridade na tramitação.* Os processos de *habeas data* terão prioridade sobre todos os atos judiciais, exceto *habeas corpus* e mandado de segurança. Na instância superior, deverão ser levados a julgamento na primeira sessão que se seguir à data em que, feita a distribuição, forem conclusos ao relator. O prazo para a conclusão não poderá exceder 24 horas, a contar da distribuição (art. 19).

2. *Prazo para impetração.* Não há, na Constituição Federal ou na Lei nº 9.507/97, previsão de prazo para o aforamento do *habeas data*. E isso porque sempre assistirá ao interessado o direito de reclamar, das enti-

[331] Op. cit., p. 58.

dades públicas ou privadas, o acesso a informações mantidas a seu respeito, bem como o de retificá-las ou complementá-las, se o caso. Inaplicável ao *habeas data*, portanto, o prazo decadencial de 120 dias estabelecido para o manejo do mandado de segurança.

Hely Lopes Meirelles pontifica que "tendo em vista o caráter dinâmico dos bancos de dados, com o constante registro de novas informações, o *habeas data*, em princípio, não estará sujeito a qualquer prazo decadencial ou prescricional. O pedido sempre poderá ser encaminhado a qualquer momento. É possível, até mesmo, que se façam pedidos periódicos a um determinado banco de dados, para verificação sobre se as informações continuam as mesmas ou se houve a anotação de alguma alteração"[332].

3. *Procedimento.* A petição inicial, que deverá preencher os requisitos previstos no CPC, será apresentada em tantas vias quantos forem os acionados, e os documentos que instruírem a primeira serão reproduzidos por cópia nas demais. A peça deverá ser instruída com prova da recusa de acesso, retificação ou anotação sobre as informações concernentes ao impetrante (art. 8º da LHD).

A inicial será desde logo indeferida, quando não for o caso de *habeas data*, ou se lhe faltar algum dos requisitos previsto em lei. Dessa sentença cabe apelação (art. 10). Nada impede que o juiz, antes de indeferir a inicial, conceda prazo ao autor, nos termos do art. 321 do CPC, para correção de defeitos ou juntada de documentos faltantes.

Recebida a petição, o juiz ordenará a notificação do coator, entregando-lhe a segunda via da inicial e as cópias dos documentos que a instruíram, a fim de que, no prazo de 10 dias, preste as informações que julgar necessárias. Feita a notificação, que poderá ser pessoal ou pelo correio, o serventuário procederá à juntada aos autos de cópia do ofício enviado ao coator, bem como do comprovante de sua entrega ou da recusa em recebê-lo ou dar recibo (arts. 9º e 11).

Prestadas as informações, ou decorrido o prazo sem a sua apresentação, os autos são encaminhados ao Ministério Público para parecer em 05 dias e, após, ao juiz para que profira sentença também num quinquídio (art. 12).

4. *Liminar.* Mesmo sem previsão legal expressa, nenhum óbice existe para que, uma vez presentes os requisitos legais, se defira liminar ou ante-

[332] Op. cit., p. 280.

cipação de tutela em *habeas data*. Imagine-se, p. ex., a situação aventada por Hely Lopes Meirelles, na qual a parte queira impedir que as informações inexatas sobre sua pessoa sejam transmitidas a terceiros na pendência do pedido de retificação, ou ao menos que conste do banco de dados referência ao ajuizamento da ação[333]. Da decisão que defere ou indefere medida liminar cabe o recurso de agravo, na medida em que se trata de decisão interlocutória (CPC, art. 1.015).

5. *Sentença e execução*. Reconhecido o direito do impetrante, com a procedência do pedido, o juiz ordenará ao acionado que preste as informações, providencie a correção ou anote a explicação ou contestação, fixando prazo para tanto (art. 13). Trata-se de sentença condenatória ao cumprimento de obrigação de fazer, ou, segundo expressiva corrente doutrinária, de sentença mandamental, visto que o juiz expede uma ordem a ser cumprida pelo réu. Denegada a concessão do *writ*, ter-se-á sentença, de conteúdo declaratório-negativo, reconhecendo que falta ao autor o direito à informação ou correção[334].

O cumprimento da sentença concessiva do *habeas data* se dá de imediato, até mesmo porque eventual apelação não tem efeito suspensivo (art. 15, § único). Assim, tão logo seja intimado da sentença, pelo correio, por mandado, por telegrama ou por qualquer outro meio idôneo, o impetrado deverá dar-lhe pronta execução (art. 14).

A omissão voluntária e injustificada no cumprimento da ordem pode configurar, em tese, crime de desobediência ou prevaricação, conforme o caso, sem prejuízo da imposição de multa diária ou aplicação das medidas de apoio previstas no Código de Processo Civil, que tem incidência subsidiária no processo do *habeas data*[335].

6. *Recursos*. A Lei nº 9.507/97 prevê o cabimento de apelação da sentença que indefere a petição inicial (art. 10, § único) e da que concede ou nega o *habeas data*. Se concessiva a sentença, a apelação não terá efeito suspensivo (art. 15), com a ressalva, porém, de que sua execução poderá ser suspensa por decisão do Presidente do Tribunal ao qual competir o julgamento do recurso (art. 16).

333 Op. cit., p. 277. *Contra* o cabimento de liminar: CARVALHO FILHO, José dos Santos, op. cit., p. 933.

334 CARVALHO FILHO, José dos Santos, op. cit., p. 933.

335 BARBOSA MOREIRA, José Carlos, op. cit., p. 59.

Diferentemente do que ocorre com o mandado de segurança, a sentença concessiva de *habeas data* não está sujeita a reexame necessário, salvo quando o vencido for órgão da União, do Estado ou do Município, na forma do art. 496, inciso I, do CPC[336].

A competência recursal para as ações de *habeas data* vem delineada no art. 20, inciso II, da Lei nº 9.507/97, que reproduz, em linhas gerais, as diretrizes traçadas pelo texto constitucional.

Aplica-se por analogia, quanto ao mais, o mesmo sistema recursal adotado para o mandado de segurança.

7. *Coisa julgada.* Faz coisa julgada material a sentença que concede o *writ*, reconhecendo ao impetrante o direito de acesso, retificação ou complementação de dados. Também se reveste de coisa julgada material a sentença que denega o *habeas data* pelo mérito, reconhecendo a inexistência do direito alegado pelo impetrante. Figure-se, por exemplo, hipótese em que se decide tratar-se de informação sujeita a sigilo (para os que o admitem em relação ao interessado) ou, ainda, quando não se vislumbra inexatidão nos dados constantes do cadastro.

Diversa é a situação, todavia, quando a sentença põe termo ao processo sem julgar o seu mérito. Nesse caso, como dispõe o art. 18 da Lei nº 9.507/97, não incidem os efeitos da coisa julgada material, podendo o pedido ser renovado em outro *habeas data*.

Nada impede que, após a prolação de sentença concessiva ou denegatória, a entidade insira novas informações ou retificações em seu banco de dados com respeito à pessoa do impetrante. Verificada essa situação, abre-se ao interessado a possibilidade de nova impetração para acesso, retificação ou complementação das informações ulteriormente cadastradas.

8. *Custas processuais e honorários advocatícios.* São gratuitos os atos praticados no procedimento administrativo para acesso e retificação de informações, bem como para a anotação de justificação. Da mesma forma, há isenção de custas na ação de *habeas data* (art. 21 da LHD). Entende-se, ainda, indevida a condenação ao pagamento de honorários advocatícios nos processos de *habeas data*, por aplicação analógica dos enunciados das Súmulas nº 105 (STJ) e 512 (STF)[337].

[336] Barbosa Moreira, José Carlos, op. cit., p. 59.

[337] Meirelles, Hely Lopes, op. cit., p. 278. No Superior Tribunal de Justiça: HD 91-DF, rel. Min. Arnaldo Esteves Lima, j. 14-03-2007 (RT 863/163)..

MANDADO DE INJUNÇÃO

Capítulo 1
Conceito, Finalidade e Objeto

A Constituição Federal de 1988 consagrou, como é cediço, inúmeros direitos e liberdades. Muitos desses direitos e liberdades, todavia, foram assegurados em preceitos constitucionais que reclamam (ou reclamavam, quando da promulgação da Lei Maior) integração legislativa para que possam irradiar os seus efeitos. Significa dizer que, para serem exercidos em sua plenitude, exigem regulamentação normativa posterior.

Em geral, esse tipo de norma constitucional contempla a expressão "na forma da lei" ou "conforme definido em lei" (p. ex., art. 5º, LXXVI; art. 7º, XI). Conhecidas na doutrina como de "eficácia limitada", tais normas não são autoexecutáveis, exatamente porque pedem complementação normativa infraconstitucional para serem usufruídas por seus destinatários.

Nesse contexto, como aduz Luís Roberto Barroso, "o mandado de injunção foi criado pelo constituinte de 1988 em atendimento ao reclamo generalizado pela busca de uma maior efetividade das normas constitucionais, que, em regimes passados, pereciam, desvalidas, por inércia do legislador em regulamentar os direitos delas decorrentes"[338].

O instituto restou assim delineado no art. 5º, inciso LXXI, da Lei Maior:

[338] *O Direito Constitucional e a efetividade de suas normas.* 7 ed. Rio de Janeiro: Renovar, 2003, p. 247.

> "conceder-se-á mandado de injunção sempre que a falta de norma regulamentadora torne inviável o exercício dos direitos e liberdades constitucionais e das prerrogativas inerentes à nacionalidade, à soberania e à cidadania;"

Cuida-se, na concepção de José Afonso da Silva, de "remédio ou ação constitucional posto à disposição de quem se considere titular de qualquer daqueles direitos, liberdades ou prerrogativas inviáveis por falta de norma regulamentadora exigida ou suposta pela Constituição". Trata-se de garantia cuja *finalidade* é conferir imediata aplicabilidade à norma constitucional portadora daqueles direitos e prerrogativas, inerte em virtude de ausência de regulamentação[339].

O *objeto* do mandado é, assim, a proteção de quaisquer direitos e liberdades constitucionais, de pessoa física ou jurídica, e de franquias relativas à nacionalidade, à soberania popular e à cidadania, cuja fruição tenha sido inibida por omissão do Poder Público em expedir normas regulamentadoras pertinentes[340].

Questão altamente controvertida que se coloca é a forma pela qual se dá essa proteção. Debate-se, tanto na doutrina como na jurisprudência, se o *mandamus* se destina a obter diretamente o suprimento judicial da norma faltante ou, apenas, a provocar a atuação do Poder Público na expedição dessa norma. O tema, porém, será melhor esquadrinhado quando do exame do conteúdo da decisão proferida no processo de mandado de injunção.

Importa consignar, por ora, que o art. 5º, inciso LXXI, da CF, veicula norma de eficácia plena, autoexecutável, até mesmo por força do § 1º do referido artigo constitucional. Desse modo, o manejo do mandado de injunção independe da edição de qualquer norma regulamentadora, porquanto o texto constitucional já delineia todos os elementos necessários à aplicação do *mandamus*[341]. Sem prejuízo dessa observação, a Lei nº 13.300, de 23 de junho de 2016, foi editada com o fim de disciplinar o processo e o julgamento dos mandados de injunção individual e coletivo.

339 *Comentário Contextual à Constituição*. 5 ed. São Paulo: Malheiros, 2008, p. 165.

340 Meirelles, Hely Lopes. *Mandado de Segurança*. 30 ed. São Paulo: Malheiros, p. 245.

341 Silva, José Afonso da, op. cit., p. 167; BARROSO, Luís Roberto, op. cit., p. 248. STF, MI-QO 107/DF, Pleno, rel. Min. Moreira Alves, j. 23.11.1989.

Capítulo 2
Pressupostos

O cabimento do mandado de injunção reclama, segundo a dicção do art. 5º, inciso LXXI, da Lei Maior, o concurso de dois requisitos: a) falta de norma regulamentadora e b) inviabilidade do exercício de um direito ou liberdade constitucional, ou de prerrogativa inerente à nacionalidade, à soberania ou à cidadania decorrente da ausência da norma regulamentar (cf. art. 2º da Lei nº 13.300/2016).

Inexistente o vácuo normativo ou, então, o direito, a liberdade ou a prerrogativa constitucional sinalizados pelo impetrante, o mandado de injunção afigura-se via processual inadequada[342].

1. Falta de norma regulamentadora

O primeiro pressuposto para o cabimento do *mandamus* consiste na ausência de norma regulamentadora de um direito constitucionalmente assegurado ao impetrante. Constitui condição para o manejo do mandado de injunção, portanto, a inércia de quem possui a incumbência de editar norma integradora de um preceito constitucional.

José Afonso da Silva assim se pronuncia acerca da locução "norma regulamentadora":

> "Muitos direitos constam de normas constitucionais que prevêem uma lei ordinária ou uma lei complementar para terem efetiva aplicação.

342 STJ, MI 169/DF, Corte Especial, rel. Min. Félix Fischer, j. 21-02-2001.

> Nessas hipóteses, é fácil verificar a norma pendente de regulamentação. Há casos, contudo, em que a norma constitucional apenas supõe, por sua natureza, por sua indeterminação, a necessidade de uma providência do Poder Público para que possa ser aplicada.
>
> 'Norma regulamentadora' é, assim, toda 'medida para tornar efetiva norma constitucional' – bem o diz o art. 103, § 2º. Nesses casos a aplicabilidade da norma fica dependente da elaboração da lei ou de outra providência regulamentadora. Se ela não vier, o direito previsto não se concretizará. É aí que entra a função do mandado de injunção: fazer com que a norma constitucional seja aplicada em favor do impetrante independentemente de regulamentação, e exatamente porque não foi regulamentada. Se tivesse sido regulamentada, o mandado de injunção não teria cabimento. O direito, a liberdade ou as prerrogativas estabelecidos em normas constitucionais regulamentadas, quando não satisfeitos, só podem ser reclamados por outro meio judicial (mandado de segurança, ação cautelar inominada, ação ordinária)"[343].

Relevante consignar que a omissão legislativa pode ser total ou parcial. Na primeira hipótese, cada vez menos frequente diante da implementação gradual da ordem constitucional, a lacuna normativa é absoluta, inviabilizando por completo o exercício do direito anunciado. No segundo caso, é dizer, omissão parcial, o dever constitucional de legislar é adimplido de forma incompleta, tornando irrealizável o pleno exercício do direito constitucionalmente assegurado[344].

É remansosa a jurisprudência do Supremo Tribunal Federal no sentido de que, se já existe a norma regulamentadora do dispositivo constitucional, ou se este é autoaplicável, descabida é a impetração do mandado de injunção, ainda que o requerente considere inconstitucional, injusta ou insatisfatória a disciplina normativa em vigor[345]. Também é inadequado o emprego do *mandamus* se a omissão legislativa ocorre quanto à regulamentação de norma infraconstitucional[346].

[343] Op. cit., p. 166.

[344] MENDES, Gilmar Ferreira; COELHO, Inocêncio Mártires; BRANCO, Paulo Gustavo Gonet. *Curso de Direito Constitucional*. São Paulo: Saraiva, 2007, p. 1.148.

[345] STF, MI-ED 742/DF, rel. Min. Gilmar Mendes, j. 10-03-2008; MI-AgR 751/DF, rel. Min. Ricardo Lewandowski, j. 11-10-2007; MI-AgR 600/BA, rel. Min. Carlos Velloso, j. 26-03-2003; MI 582/RJ, rel. Min. Sydney Sanches, j. 28-08-2002.

[346] STF, MI-AgR 554/SP, Pleno, rel. Min. Gilmar Mendes, j. 10-04-2008.

Por fim, como anota Hely Lopes Meirelles, "o direito resguardado pela via do mandado de injunção é aquele desde logo assegurado pela Constituição, porém pendente de regulamentação. Se a Carta Política simplesmente faculta ao legislador a outorga de um direito, sem ordená-lo, o mandado de injunção é juridicamente impossível"[347].

2. Inviabilidade do exercício de direito ou liberdade constitucional, ou de prerrogativa inerente à nacionalidade, à soberania e à cidadania

O mandado de injunção tem por escopo tutelar direitos ou liberdades constitucionais, bem assim prerrogativas respeitantes à nacionalidade, à soberania e à cidadania, cujo exercício esteja inviabilizado por conta de lacuna normativa infraconstitucional.

Pressuposto para o cabimento da impetração é, portanto, a existência de um direito subjetivo constitucionalmente afirmado, porém não exercido pelo titular em razão da omissão legislativa na regulamentação do preceito que o veicula. Como a exigência é de que se trate de um direito, não cabe a ação injuncional, p. ex., para a tipificação de crime de responsabilidade[348].

Discorrendo sobre a abrangência do instituto, Luís Roberto Barroso assim leciona:

> "Como não há cláusula restritiva, estão abrangidos todos os direitos constitucionais, sejam individuais, coletivos, difusos, políticos ou sociais. Aliás, é precisamente no campo dos direitos sociais que se registram os principais casos de omissão legislativa, como, *v.g.*, o tema da participação dos trabalhadores nos lucros das empresas. Note-se que dificilmente ocorrerá um caso de impetração de mandado de injunção para asseguramento de liberdades constitucionais, haja vista que elas se traduzem, normalmente, numa abstenção do Poder Público, ou seja, em hipóteses em que a omissão é o comportamento devido. Semelhantemente se passa com as *prerrogativas* referidas, em sua grande parte regidas por normas de eficácia plena, que prescindem de regulamentação. A rigor técnico,

[347] Op. cit., p. 248. Na jurisprudência: STF, MI-QO 444/MG, Pleno, rel. Min. Sydney Sanches, j. 29-09-94.

[348] STF, MI 624/MA, Pleno, rel. Min. Menezes Direito, j. 21-11-2007.

direitos e liberdades já englobam todas as situações jurídicas ativas ou de vantagem, pelo que se tornou ocioso o acréscimo que se fez para a inclusão das prerrogativas"[349].

Destarte, inviabilizado o pleno exercício de qualquer desses direitos, mercê da ausência de norma regulamentadora, está franqueado ao titular do direito o manejo do mandado de injunção.

Cuida-se, portanto, de remédio constitucional aparelhável para a reivindicação judicial de direito constitucional subjetivo, cuja eficácia esteja sobrestada pela ausência de necessária norma regulamentar[350]. Sublinhe-se, nesse ponto, que o campo objetal do mandado de injunção é menor do que o da ação direta de inconstitucionalidade por omissão. Enquanto esta pode ser aforada diante de qualquer omissão constitucional, o mandado de injunção reclama a presença de direito subjetivo, de patamar constitucional, cujo exercício se veja obstaculizado pela ausência de norma regulamentar.

[349] Op. cit., p. 250.

[350] "MANDADO DE INJUNÇÃO – NATUREZA. Conforme disposto no inciso LXXI do artigo 5º da Constituição Federal, conceder-se-á mandado de injunção quando necessário ao exercício dos direitos e liberdades constitucionais e das prerrogativas inerentes à nacionalidade, à soberania e à cidadania. Há ação mandamental e não simplesmente declaratória de omissão. A carga de declaração não é objeto da impetração, mas premissa da ordem a ser formalizada. MANDADO DE INJUNÇÃO – DECISÃO – BALIZAS. Tratando-se de processo subjetivo, a decisão possui eficácia considerada a relação jurídica nele revelada. APOSENTADORIA – TRABALHO EM CONDIÇÕES ESPECIAIS – PREJUÍZO À SAÚDE DO SERVIDOR – INEXISTÊNCIA DE LEI COMPLEMENTAR – ARTIGO 40, § 4º, DA CONSTITUIÇÃO FEDERAL. Inexistente a disciplina específica da aposentadoria especial do servidor, impõe-se a adoção, via pronunciamento judicial, daquela própria aos trabalhadores em geral – artigo 57, § 1º, da Lei nº 8.213/91 (STF, MI 758/DF, rel. Min. Marco Aurélio, j. 01/07/2008)".

Capítulo 3
Competência

A competência para o processo e o julgamento da ação injuncional é definida em função do órgão ou autoridade incumbido da edição da norma regulamentadora[351].

Assim, ao Supremo Tribunal Federal cabe processar e julgar o mandado de injunção, *originariamente*, quando a elaboração da norma regulamentadora for atribuição do Presidente da República, do Congresso Nacional, da Câmara dos Deputados, do Senado Federal, das Mesas de uma dessas Casas Legislativas, do Tribunal de Contas da União, de um dos Tribunais Superiores, ou do próprio Supremo Tribunal Federal (CF, art. 102, I, "q"). Compete-lhe, ainda, o julgamento de *recurso ordinário* interposto contra decisão denegatória de mandado de injunção, quando proferida em única instância pelos Tribunais Superiores (CF, art. 102, II, "a").

O Superior Tribunal de Justiça, por seu turno, detém competência para processar e julgar o *mandamus*, originariamente, quando a elaboração da norma regulamentadora for atribuição de órgão, entidade ou autoridade federal, da administração direta ou indireta, excetuados os casos de competência do Supremo Tribunal Federal e dos órgãos da Justiça Militar, da Justiça Eleitoral, da Justiça do Trabalho e da Justiça Federal (CF, art. 105, I, "h").

[351] STF, MI-QO 176/PE, Pleno, rel. Min. Marco Aurélio, j. 09-04-1992.

Interpretando a parte final do art. 105, I, "h", da CF, decidiu o Supremo Tribunal Federal que compete à Justiça Federal de primeiro grau processar e julgar o mandado de injunção quando a omissão normativa for atribuída a autarquia federal (no caso, o Banco Central do Brasil). Considerou-se que a competência do STJ para julgar mandado de injunção reduz-se a hipóteses excepcionais. Pressupõe, sempre, a prévia exclusão da competência do próprio STF e da Justiça Federal, esta segundo a regra geral prevista no art. 109, inciso I, da Carta Política. Exemplo de competência originária do STJ seria o do mandado de injunção contra inércia normativa imputada a Ministro de Estado[352].

No Estado de São Paulo, cabe ao Tribunal de Justiça processar e julgar o mandado de injunção, *originariamente*, quando a inexistência de norma regulamentadora estadual ou municipal, de qualquer dos Poderes, inclusive da administração indireta, torne inviável o exercício de direitos assegurados na Constituição Paulista (Constituição Estadual, art. 74, inciso V).

[352] STF, MI 571-8/SP, Pleno, rel. Min. Sepúlveda Pertence, j. 08-10-98. No mesmo sentido: STJ, MI 193/DF, Corte Especial, rel. Min. Carlos Alberto Menezes Direito, j. 22-05-2006.

Capítulo 4
Aspectos Processuais

1. Legitimidade ativa e passiva

1.1 Legitimidade ativa

Estão legitimadas à propositura da ação injuncional as pessoas físicas ou jurídicas, nacionais ou estrangeiras, desde que titulares de um direito constitucionalmente previsto e pendente de regulamentação (cf. art. 3º da Lei nº 13.300/2016).

Por isso, se o impetrante não é titular de um direito concedido pela Constituição, cujo exercício esteja inviabilizado pela ausência de norma infraconstitucional, falta-lhe legitimidade *ad causam*[353]. Como anota José Afonso da Silva, "não pode, por exemplo, reclamar acesso ao ensino fundamental quem já o fez antes. Não pode pleitear a garantia de relação de emprego quem está desempregado. Não pode pretender uma decisão judicial sobre aviso prévio proporcional quem não está empregado"[354].

[353] STF, MI-AgR 590/RJ, Pleno, rel. Min. Carlos Velloso, j. 26-03-2003. O Supremo Tribunal Federal já reconheceu a falta de legitimidade ativa de Município para requerer mandado de injunção, uma vez que inexistente direito ou prerrogativa obstaculizado pela ausência da lei complementar exigida pelo art. 18, § 4º, da Constituição (MI 725/RO, rel. Min. Gilmar Mendes, j. 10-05-2007).

[354] Op. cit., p. 166.

1.2 Mandado de injunção coletivo

Admite-se, tanto na doutrina como na jurisprudência, o cabimento de mandado de injunção coletivo, à semelhança do que corre com o mandado de segurança. Dessa forma, as entidades arroladas no art. 5º, inciso LXX, da CF, estão igualmente legitimadas à propositura da ação injuncional coletiva, observando-se quanto aos sindicatos, também, a previsão do art. 8º, inciso III, da Lei Maior[355].

De fato, prescreve o art. 12 da Lei nº 13.300/2016 que estão legitimados à propositura do mandado de injunção coletivo o Ministério Público, o partido político com representação no Congresso Nacional, a organização sindical, entidade de classe ou associação legalmente constituída há pelo menos 01 (um) ano e a Defensoria Pública, quando a tutela requerida for especialmente relevante para a promoção dos direitos humanos e a defesa dos direitos individuais e coletivos dos necessitados.

É de se registrar, não obstante, que doutrina e jurisprudência, ao preconizarem a existência do mandado de injunção coletivo, no mais das vezes, não aludem a um instrumento que concorra, em objeto, com a ação direta de inconstitucionalidade por omissão, pois tal instrumento – o mandado de injunção coletivo – em regra, é manejado em favor de direitos atinentes aos filiados de uma determinada associação representativa. Assim, quer nos parecer que a ação em causa muitas vezes, embora receba o adjetivo *coletivo*, mais se aproxime da utilização do instituto da representação franqueada às entidades associativas pelo art. 5º, XXI, da Constituição, do que propriamente em uma via de reivindicação de direitos metaindividuais, embora já existam precedentes de nossa Corte Suprema também nesta direção.

1.3 Legitimidade passiva

São sujeitos passivos no mandado de injunção os órgãos ou autoridades incumbidos de instituir a norma regulamentadora que viabilize o exercício do direito por seu titular. A regulamentação a que se refere a Constituição é a primária, isto é, aquela que, sendo efetivada, poderia permitir o exercício do direito. Dessa forma, os órgãos ou autoridades

[355] Barroso, Luís Roberto, op. cit., p. 256; Silva, José Afonso da, op. cit., p. 167; Meirelles, Hely Lopes, op. cit., p. 251. Na jurisprudência: STF, MI 712/PA, Pleno, rel. Min. Eros Grau, j. 25-10-2007; MI 689/PB, Pleno, rel. Min. Eros Grau, j. 07-06-2006.

responsáveis pelas regulamentações secundárias não têm legitimidade passiva *ad causam* para a ação. Além disso, ostenta legitimidade passiva para o *mandamus* apenas aquele que detém competência legal ou constitucional para a iniciativa do processo legislativo. É o caso, p. ex., das matérias reservadas a projetos de lei que somente podem ser apresentados por iniciativa do Presidente da República, do Governador do Estado ou do Prefeito. Nessas hipóteses, a impetração deve ser ajuizada em face dessas autoridades, e não do Congresso Nacional, da Assembleia Legislativa ou da Câmara de Vereadores[356].

Vale consignar, ainda, que as entidades privadas incumbidas de dar cumprimento à norma regulamentadora não possuem legitimidade para figurar no polo passivo da ação injuncional[357].

2. Prazo para impetração

A Constituição Federal e, por óbvio, a legislação infraconstitucional, não estabelecem limite temporal para o manejo do mandado de injunção. Enquanto persistir a omissão legislativa e, por conseguinte, a lacuna normativa que impede o exercício do direito pelo impetrante, resta-lhe aberta a via da ação injuncional. Inexiste, pois, prazo de prescrição ou de decadência para a propositura do mandado de injunção[358].

Há de se ressaltar, todavia, que a razão de ser do mandado de injunção é a omissão legislativa que, persistindo, pode, a todo e qualquer momento, consubstanciar causa efetiva da inviabilidade do exercício de direito ou liberdade constitucionais.

3. Procedimento

O rito processual do mandado de injunção, tanto individual como coletivo, é o conferido pela Lei nº 13.300/2016, inclusive com aplicação subsidiária da lei do mandado de segurança (Lei nº 12.016/2009) e do Código de Processo Civil.

356 Carvalho Filho, José dos Santos. *Manual de Direito Administrativo*. 19 ed. Rio de Janeiro: Lumen Juris, 2008, p. 928.

357 STF, MI-AgR 323/DF, Pleno, rel. Min. Moreira Alves, j. 31-10-1991.

358 Meirelles, Hely Lopes, op. cit., p. 250.

3.1 Desistência

Nada obstante afigurar-se teoricamente possível, já entendeu o Supremo Tribunal Federal ser incabível o pedido de desistência formulado após o início do julgamento pela Corte, quando a maioria dos Ministros já havia se manifestado favoravelmente à concessão da medida. Aduziu-se, ainda, que por tratar-se de mandado de injunção coletivo ajuizado por sindicato, este agiria na condição de legitimado extraordinário, fazendo incidir, no caso, o princípio da indisponibilidade das ações constitucionais[359].

Por outro lado, o art. 13, § único, da Lei nº 13.300/2016, prevê expressamente a possibilidade de desistência da impetração do mandado de injunção individual.

3.2 Perda do objeto

Sendo editada, no curso do processo, a legislação que viabilize o exercício do direito do impetrante, o mandado de injunção perde o seu objeto[360] (art. 11, § único, da Lei nº 13.300/2016). O mesmo ocorre se, após ajuizado o *mandamus*, é revogada a norma constitucional que previa determinado direito subjetivo ao impetrante[361].

3.3 Liminar

É controvertido o cabimento de liminar em mandado de injunção. Sobre a possibilidade de concessão da medida, confira-se a lição de José dos Santos Carvalho Filho:

> "Em nosso entendimento, nada impede a concessão da medida. Em primeiro lugar, a Lei nº 8.038/90 atribuiu ao mandado de injunção, como vimos, o rito do mandado de segurança, que admite esse tipo de tutela preventiva. Depois, pode mesmo ocorrer que o não-exercício do direito possa provocar dano irreparável ao titular pela demora na solução da demanda; presentes esses pressupostos, cabível se torna a medida liminar. Ressalvamos apenas que não serão comuns tais hipóteses. Ao revés, a regra será a desnecessidade da tutela preventiva pela liminar"[362].

[359] STF, MI-QO 712/PA, Pleno, rel. Min. Eros Grau, j. 15-10-2007.

[360] STF, MI-AgR 698/DF, Pleno, rel. Min. Ricardo Lewandowski, j. 31-05-2006.

[361] STF, MI 593-1, Pleno, rel. Min. Moreira Alves, j. 20-05-2002 (RT 808/169).

[362] *Manual de Direito Administrativo,* p. 928. No mesmo sentido: Meirelles, Hely Lopes, op. cit., p. 250; Barroso, Luís Roberto, op. cit., p 266.

Em sentido contrário, todavia, firmou-se a jurisprudência do Supremo Tribunal Federal, que não concebe o cabimento de liminar nas ações injuncionais. Também não admite a Suprema Corte o ajuizamento de ação cautelar, relativamente a mandado de injunção, para ter-se a concessão de medida acauteladora[363].

3.4 Sistema recursal

É, em regra, o mesmo previsto para o mandado de segurança, tirante as hipóteses reguladas de forma diversa pela Constituição Federal ou pela legislação infraconstitucional. Assim, *v.g.*, compete ao Supremo Tribunal Federal julgar recurso ordinário em mandado de injunção decidido em única instância pelos Tribunais Superiores, se denegatória a decisão (CF, art. 102, II). Ao Tribunal Superior Eleitoral, por outro lado, somente cabe recurso de decisão denegatória de mandado de injunção proferida por Tribunal Regional Eleitoral (CF, art. 121, § 4º).

4. Conteúdo da decisão proferida em mandado de injunção

4.1 Possibilidades

O diploma constitucional de 1988 não estabeleceu, de forma explícita, qual há de ser o conteúdo da decisão a ser proferida na ação injuncional. Por isso, as possibilidades podem ser classificadas, segundo Alexandre de Moraes, a partir de duas correntes ou orientações: a *concretista* e a *não-concretista*[364].

Pela posição *concretista*, uma vez presentes os requisitos do mandado de injunção, o Poder Judiciário expede uma decisão *constitutiva*, pois, ao mesmo tempo em que declara a existência da omissão normativa, implementa o exercício do direito até que sobrevenha regulamentação por parte do poder competente. A posição concretista se subdivide em duas espécies: a *geral* e a *individual*, conforme a abrangência de seus efeitos.

Segundo a concretista *geral*, a decisão judicial terá efeitos *erga omnes*, com implementação do direito por meio de uma normatividade geral, até o preenchimento da lacuna pelo poder competente. Trata-se de

[363] STF, AC-AgR 124/PR, Pleno, rel. Min. Marco Aurélio, j. 23-09-2004.

[364] *Direito Constitucional*. 20 ed. São Paulo: Atlas, 2006, p. 162.

posição pouco aceita na doutrina e na jurisprudência, mercê do entendimento de que o Poder Judiciário, se assim decidisse, estaria usurpando função do Poder Legislativo, o que não se coaduna com o princípio da separação dos Poderes.

A corrente concretista *individual*, por sua vez, apregoa que a decisão proferida na ação injuncional produz efeitos apenas *inter partes*, isto é, beneficia tão-somente o proponente do mandado, que poderá exercitar plenamente o direito constitucional pendente de regulamentação normativa. A posição concretista individual admite, ainda, duas subespécies: *direta* e *intermediária*. A *direta* prevê que o Poder Judiciário, ao julgar procedente o mandado de injunção, implemente de imediato o direito constitucional assegurado ao autor. A *intermediária* preconiza que, ao julgar procedente a ação injuncional, o Poder Judiciário fixe prazo ao órgão ou autoridade competente para a edição da norma regulamentadora. Findo o lapso temporal estabelecido na decisão, e persistindo a inércia, o tribunal deve fixar as condições necessárias ao pleno exercício do direito por parte do autor da ação.

Finalmente, a orientação *não-concretista* proclama que o *mandamus* se destina apenas a declarar a inércia do poder público na regulamentação do preceito constitucional. Segundo essa linha de pensamento, a decisão judicial não se presta a, por si só, estabelecer condições viabilizadoras do exercício do direito constitucionalmente previsto. O conteúdo da decisão proferida em mandado de injunção, para essa corrente, seria semelhante àquele pronunciado nas ações diretas de inconstitucionalidade por omissão[365].

4.2 Evolução da jurisprudência e posição do STF

De forma abreviada, a evolução da jurisprudência do Supremo Tribunal Federal acerca do mandado de injunção pode ser exposta em três fases.

Num *primeiro* momento, a Suprema Corte sedimentou seu entendimento em torno da corrente não-concretista. Limitava-se, portanto, a declarar a mora do Congresso Nacional, sem expedir qualquer comando viabilizador do direito constitucional assegurado ao impetrante.

Como averba Luís Roberto Barroso, "sem nutrir simpatia pela inovação representada pelo mandado de injunção e rejeitando o ônus político de

[365] Moraes, Alexandre de, op. cit., p. 165.

uma competência normativa que não desejava, a Corte esvaziou as potencialidades do novo remédio. Invocando, assim, uma visão clássica e rígida do princípio da separação dos Poderes, promoveu a equiparação do mandado de injunção à ação direta de inconstitucionalidade por omissão"[366].

Confira-se, nesse sentido, o seguinte precedente:

> "Em face dos textos da Constituição Federal relativos ao mandado de injunção, é ele ação outorgada ao titular de direito, garantia ou prerrogativa a que alude o artigo 5º, LXXI, dos quais o exercício está inviabilizado pela falta de norma regulamentadora, e ação que visa a obter do Poder Judiciário a declaração de inconstitucionalidade dessa omissão se estiver caracterizada a mora em regulamentar por parte do Poder, órgão, entidade ou autoridade de que ela dependa, com a finalidade de que se lhe dê ciência dessa declaração, para que adote as providências necessárias, à semelhança do que ocorre com a ação direta de inconstitucionalidade por omissão (art. 103, § 2º, da Carta Magna), e de que se determine, se se tratar de direito constitucional oponível contra o Estado, a suspensão dos processos judiciais ou administrativos de que possa advir para o impetrante dano que não ocorreria se não houvesse a omissão inconstitucional"[367].

Numa *segunda fase,* o STF evoluiu para, além de declarar a mora do Poder Legislativo e dar-lhe ciência de sua omissão, assegurar ao impetrante, de certa forma, o exercício do direito não-regulamentado. São exemplos dessa tendência jurisprudencial os seguintes julgados:

> "Mandado de injunção conhecido, em parte, e nessa parte, deferido, para declarar-se o estado de mora em que se encontra o Congresso Nacional, a fim de que, no prazo de seis meses, adote ele as providências legislativas que se impõem para o cumprimento da obrigação de legislar decorrente do artigo 195, § 7º, da Constituição, sob pena de, vencido esse prazo sem que essa obrigação se cumpra, passar o requerente a gozar da imunidade requerida"[368].

[366] Op. cit., p. 261.
[367] STF, MI-QO 107-3/DF, Pleno, rel. Min. Moreira Alves, j. 23-11-1989.
[368] MI 232/RJ, Pleno, rel. Min. Moreira Alves, j. 02-08-1991.

> "Reconhecimento da mora legislativa do Congresso Nacional em editar a norma prevista no parágrafo 3º do art. 8º do ADCT, assegurando-se, aos impetrantes, o exercício da ação de reparação patrimonial, nos termos do direito comum ou ordinário, sem prejuízo de que se venham, no futuro, a beneficiar de tudo quanto, na lei a ser editada, lhes possa ser mais favorável que o disposto na decisão judicial.
>
> O pleito deverá ser veiculado diretamente mediante ação de liquidação, dando-se como certos os fatos constitutivos do direito, limitada, portanto, a atividade judicial à fixação do *quantum* devido.
>
> Mandado de injunção deferido em parte"[369].

Por fim, em postura que visa a conferir maior efetividade ao mandado de injunção como instrumento de implementação de direitos constitucionais, a Suprema Corte passou a não mais se limitar a declarar a mora do Poder Legislativo e a cientificá-lo da existência de lacuna normativa.

Nessa terceira etapa da evolução de sua jurisprudência, aderindo à orientação *concretista*, o Supremo Tribunal Federal decidiu indicar e aplicar, para os casos concretos que lhe são submetidos, a norma integradora necessária à viabilização do direito constitucional anunciado. É o que se extrai dos seguintes arestos:

> "Mandado de injunção. Decisão. Balizas. Tratando-se de processo subjetivo, a decisão possui eficácia considerada a relação jurídica nele revelada.
>
> Aposentadoria. Trabalho em condições especiais. Prejuízo à saúde do servidor. Inexistência de lei complementar. Artigo 40, § 4º, da Constituição Federal. Inexistente a disciplina específica da aposentadoria especial do servidor, impõe-se a adoção, via pronunciamento judicial, daquela própria aos trabalhadores em geral – art. 57, § 1º, da Lei nº 8.213/91"[370].
>
> "Em razão da evolução jurisprudencial sobre o tema da interpretação da omissão legislativa do direito de greve dos servidores públicos civis e em respeito aos ditames de segurança jurídica, fixa-se o prazo de 60 (sessenta) dias para que o Congresso Nacional legisle sobre a matéria.

[369] MI 562/RS, Pleno, rel. Min. Ellen Gracie, j. 20-02-2003.

[370] MI 758-6/DF, Pleno, rel. Min. Marco Aurélio, j. 01-07-2008; MI 721/DF, Pleno, rel. Min. Marco Aurélio, j. 30-08-2007.

Mandado de injunção conhecido e, no mérito, deferido para, nos termos acima especificados, determinar a aplicação das Leis nº 7.701/1988 e 7.783/1989 aos conflitos e às ações judiciais que envolvam a interpretação do direito de greve dos servidores públicos civis"[371].

Com a entrada em vigor da Lei nº 13.300/2016, estabeleceu-se que, reconhecido o estado de mora legislativa, será deferida a injunção para: I – determinar prazo razoável para que o impetrado promova a edição da norma regulamentadora; II – estabelecer as condições em que se dará o exercício dos direitos, das liberdades ou das prerrogativas reclamados ou, se for o caso, as condições em que poderá o interessado promover ação própria visando a exercê-los, caso não seja suprida a mora legislativa no prazo determinado (art. 8º).

5. Execução, efeitos e coisa julgada

A execução da decisão proferida em mandado de injunção varia de acordo com o seu conteúdo. Havendo a declaração de mora do Poder Legislativo e a fixação de prazo para o suprimento da lacuna normativa, executa-se o julgado mediante intimação da autoridade ou do órgão competente para a edição da norma[372]. Persistindo a omissão legislativa, e havendo o julgado disciplinado, desde já, a forma de exercício do direito constitucional reclamado, a execução se dá segundo as regras processuais ordinárias, conforme a natureza da prestação devida no caso concreto[373].

[371] MI 670/ES, Pleno, rel. Min. Gilmar Mendes, j. 25-10-2007; MI 708/DF, Pleno, rel. Min. Gilmar Mendes, j. 25-10-2007.

[372] Meirelles, Hely Lopes, op. cit., p. 257.

[373] "MANDADO DE INJUNÇÃO. CONCESSÃO DE EFETIVIDADE À NORMA INSCRITA NO ARTIGO 37, INCISO VII, DA CONSTITUIÇÃO DO BRASIL. APLICAÇÃO DA LEI FEDERAL N. 7.783/89, QUE REGE O DIREITO DE GREVE NA INICIATIVA PRIVADA, ATÉ QUE SOBREVENHA LEI REGULAMENTADORA. LEGITIMIDADE ATIVA DE ENTIDADE SINDICAL. MANDADO DE INJUNÇÃO UTILIZADO COMO SUCEDÂNEO DO MANDADO DE SEGURANÇÃO. NÃO-CONHECIMENTO. 1. O acesso de entidades de classe à via do mandado de injunção coletivo é processualmente admissível, desde que legalmente constituídas e em funcionamento há pelo menos um ano. 2. Este Tribunal entende que a utilização do mandado de injunção como sucedâneo do mandado de segurança é inviável. Precedentes. 3. O mandado de injunção é ação constitutiva; não é ação condenatória, não se presta a condenar o Congresso ao cumprimento de obrigação de fazer.

A decisão terá eficácia subjetiva limitada às partes e produzirá efeitos até o advento da norma regulamentadora. Poderá ser conferida eficácia *ultra partes* ou *erga omnes* à decisão, quando isso for inerente ou indispensável ao exercício do direito, da liberdade ou da prerrogativa objeto da impetração (art. 9º da Lei nº 13.300/2016). A sentença/acórdão proferido no mandado de injunção coletivo irradiará seus efeitos, naturalmente, sobre a coletividade indeterminada de pessoas ou determinada por grupo, classe ou categoria, conforme o caso.

Com o trânsito em julgado da decisão, seus efeitos poderão ser estendidos aos casos análogos por decisão monocrática do relator. E por falar em trânsito em julgado, o § 3º do art. 9º da Lei nº 13.300/2016 estabelece que "o indeferimento do pedido por insuficiência de prova não impede a renovação da impetração fundada em outros elementos probatórios".

Por outro lado, havendo superveniente edição de norma regulamentadora, esta produzirá efeitos *ex nunc* em relação aos beneficiados pela decisão transitado em julgado, salvo se a aplicação da norma editada lhes for mais favorável (art. 11).

A Lei nº 13.300/2016 contempla, ainda, o cabimento de ação revisional da decisão proferida no mandado de injunção, sempre que sobrevierem relevantes modificações das circunstâncias de fato e de direito (art. 10).

Importa consignar, por fim, que o mandado de injunção coletivo não induz litispendência em relação aos individuais, mas os efeitos da coisa julgada não beneficiarão o impetrante que não requerer a desistência da demanda individual no prazo de 30 dias a contar da ciência comprovada da impetração coletiva (art. 13, § único, da Lei nº 13.300/2016).

Não cabe a cominação de pena pecuniária pela continuidade da omissão legislativa 4. Mandado de injunção não conhecido." (MI 689/PB, rel. Min. Eros Grau, j. 07/06/2006).

AÇÃO DIRETA DE INCONSTITUCIONALIDADE

O controle repressivo judicial de constitucionalidade das leis assume fundamentalmente duas feições. A primeira consistente no chamado controle difuso, realizado a partir de casos concretos e com efeitos restritos às partes do processo. Parte da ideia de que o Judiciário, sempre que aplica a lei, deve, antes, preocupar-se com a aplicação da Constituição, recusando-se, portanto, a dar efetividade a uma lei contaminada de inconstitucionalidade. Esse tipo de controle nasceu nos Estados Unidos da América, tendo como primeiro precedente o famoso caso Marbury *vs* Madison.

A segunda expressa por meio do assim denominado controle concentrado, de natureza abstrata, realizado por meio de ações específicas, ajuizadas diretamente no Supremo Tribunal Federal, por órgãos autonomamente legitimados para tais fins. Tem origem no pensamento de Kelsen, tendo sido pioneiramente implantado na Áustria e, em seguida, incorporado por outros países europeus.

No Brasil, existem três ações vocacionadas a provocar a jurisdição constitucional concentrada: a Ação Direta de Inconstitucionalidade, a Ação Declaratória de Constitucionalidade e a Arguição de Descumprimento de Preceito Fundamental.

A Ação Direta de Inconstitucionalidade constitui o principal veículo do controle concentrado e abstrato de constitucionalidade. Diz-se concentrado porque essa espécie de controle só pode ser exercida pelo Supremo Tribunal Federal, que, assim, possui competência originária para conhecer de ações diretas de inconstitucionalidade, bem como dos outros dois precitados instrumentos. Denomina-se abstrato porque nesse tipo de controle, em princípio, não se discutem situações concretas, interesses privados etc.

Exatamente por isso, entende-se que o processo da ação direta de inconstitucionalidade possui natureza objetiva, sendo esta expressão utilizada em contraponto ao caráter subjetivo do processo civil comum. Neste, o objeto da ação é o conflito intersubjetivo: uma parte que apresenta uma postulação, enquanto outra resiste a esta, contestando-a. Tem-se, deste modo, um processo armado a partir de interesses contraditórios.

Nas ações diretas de inconstitucionalidade, essa realidade não se reproduz, pois nela o que se observa é um órgão constitucionalmente legitimado (Procurador-Geral da República, Mesa da Câmara dos Deputados, Conselho Nacional da OAB etc.), sem relação de interesse com a causa, provocando a jurisdição do Supremo Tribunal Federal. Por isso, a denominação "processo objetivo": o que o qualifica não é o interesse subjetivo da parte, mas o objetivo de proteger a Constituição.

Vejamos cada uma das modalidades de ação direta de inconstitucionalidade.

a) Ação direta de inconstitucionalidade genérica

Trata-se da modalidade mais comum de ação direta de inconstitucionalidade. Nela, o autor da ação deve, com parâmetro em um ou mais dispositivos da Constituição Federal, questionar a constitucionalidade de uma lei ou ato normativo federal ou estadual.

No Brasil, o entendimento jurisprudencial caminha na direção de só atribuir parametricidade a disposições que estejam formalmente encartadas à Constituição, recusando-se, deste modo, a indicação de crise de inconstitucionalidade por violação a normas que não ostentem tal característica.

A propósito, a sempre oportuna manifestação do eminente Ministro Celso de Mello:

> "O Supremo Tribunal Federal, no desempenho de sua atividade jurisdicional, não está condicionado às razões de ordem jurídica invocadas como suporte da pretensão de inconstitucionalidade deduzida pelo autor da ação direta. Tal circunstância, no entanto, não suprime, à parte, o dever processual de motivar o pedido e de identificar, na Constituição, em obséquio ao princípio da especificação das normas, os dispositivos alegadamente violados pelo ato normativo que pretende impugnar. Impõe-se, ao autor, no processo de controle concentrado de constitucionalidade, sob pena de não conhecimento (total ou parcial) da ação

direta, indicar as normas de referência - que, inscritas na Constituição da República, revestem-se, por isso mesmo, de parametricidade –, em ordem a viabilizar a aferição da conformidade vertical dos atos normativos infraconstitucionais."[374]

Assim, a Ação Direta de Inconstitucionalidade deve ter como parâmetro dispositivos da Constituição Federal e como objeto disposições de uma lei ou ato normativo federal ou estadual.

Em relação ao campo objetal, deve-se sempre ter em mente que a ação estudada constitui-se em um instrumento de controle abstrato de constitucionalidade. Logo, examina conflitos em tese, o que retira do seu espectro de atuação leis anteriores à Constituição, atos e normas de efeito concreto e disposições infralegais.

Uma lei anterior à Constituição não pode compor o objeto de uma ação direta de inconstitucionalidade por uma razão singela: havendo incompatibilidade entre uma lei e uma norma constitucional superveniente o que se verifica é a chamada revogação hierárquica. E uma norma revogada, contemplada em perspectiva exclusivamente hipotética, não pode gerar conflito com a Constituição Federal, já que, como se disse, saiu da ordem jurídica pela revogação.

O Ministro Dias Toffoli, relatando Agravo Regimental, bem dimensionou o tema em Acórdão ementado da seguinte forma:

> "EMENTA. Agravo regimental em ação direta de inconstitucionalidade. Artigo 2º da Lei estadual nº 1.654/57 (com a redação atual, dada pela Lei estadual nº 12.053/96, e com a redação originária), bem como, por arrastamento, excepcionalmente, do art. 1º da Lei estadual nº 1.654/57 (com a redação dada pela Lei Estadual nº 6.806/76), todas do Estado de Minas Gerais. Concessão de pensão vitalícia a ex-Governadores do Estado e a seus dependentes. Revogação expressa dos dispositivos questionados. Prejudicialidade da ação. Efeitos concretos remanescentes. Conforme entendimento pacificado no âmbito desta Corte, a remanescência de efeitos concretos pretéritos à revogação do ato normativo não autoriza, por si só, a continuidade de processamento da ação direta de inconstitucionalidade. A solução de situações jurídicas concre-

[374] ADI 2213 MC/DF, j. em 04-04-2002.

> tas ou individuais não se coaduna com a natureza do processo objetivo de controle de constitucionalidade. Precedentes. Agravo a que se nega provimento."[375]

Leis de efeitos concretos podem ser definidas como aquelas que reúnem em suas disposições todos os efeitos a que estão aptas a produzir. Assim, embora assumam a forma de lei, referem-se a situações concretas, não possuindo as características da generalidade e abstração, o que, à evidência, inibe a possibilidade de contradição em abstrato com normas da Constituição.

Finalmente em relação às disposições infralegais, como os decretos regulamentares, em princípio, também não permitem detecção de contradição em abstrato com a Constituição, pois, destinados a dar executoriedade à lei – esta, por si, um diploma infraconstitucional – não estão em relação direta com a Constituição. Logo, eventual contradição jurídica só poderá existir com a lei que lhe serve de base ou entre esta e a Constituição Federal. Uma exceção, no entanto, já foi anotada pela jurisprudência, qual seja, a de decretos regulamentares cujas disposições extravasem o âmbito regulamentar, invadindo, por assim dizer, o campo normativo reservado à lei. Neste caso, não regulamentam, mas se colocam, indevidamente, no patamar próprio da lei, situação em que é perfeitamente flagrável uma eventual contradição direta com a Constituição Federal, se não por outras razões, por vulneração do princípio da legalidade.

Nesse sentido, a manifestação do Supremo Tribunal Federal na bem posta explanação do Ministro Cezar Peluso:

> "Vem da jurisprudência da Corte que a aferição da constitucionalidade dos decretos, na via da ação direta, só é vedada quando estes se adstringem ao papel secundário de regulamentar normas legais, cuja inobservância enseja tão-só conflito resolúvel no campo da legalidade. Tratando-se, porém, de decreto autônomo, como no caso, o ato normativo se credencia ao controle concentrado de constitucionalidade..."[376]

[375] ADI 4620 AgR / MG – MINAS GERAIS. AG.REG. NA AÇÃO DIRETA DE INCONSTITUCIONALIDADE Relator(a): Min. Dias Toffoli. Julgamento: 20/06/2012.

[376] ADI 3239/DF.

Resumindo, a ação direta de inconstitucionalidade supõe como objeto diplomas legais que decorram diretamente da Constituição e que apresentem características normativas, ou seja, generalidade e abstração.

A ação direta de inconstitucionalidade pode ser ajuizada exclusivamente por autores autonomamente legitimados pelo artigo 103 da Constituição Federal:

- o Presidente da República;
- a Mesa do Senado Federal;
- a Mesa da Câmara dos Deputados;
- a Mesa de Assembleia Legislativa ou da Câmara Legislativa do Distrito Federal;
- o Governador de Estado ou do Distrito Federal;
- o Procurador-Geral da República;
- o Conselho Federal da Ordem dos Advogados do Brasil;
- o partido político com representação no Congresso Nacional;
- confederação sindical ou entidade de classe de âmbito nacional.

A natureza da ação direta de inconstitucionalidade, enquanto instrumento de controle abstrato de compatibilidade entre as leis e a Constituição, indicaria que todos os legitimados estariam aptos à propositura de toda e qualquer ação da espécie.

No entanto, a jurisprudência do STF acabou por promover uma forma de classificação entre os legitimados, apontando que alguns são legitimados universais ou neutros (aptos, portanto, à propositura de toda e qualquer ação direta de inconstitucionalidade), enquanto outros são legitimados especiais ou interessados. Neste caso, os legitimados só estariam habilitados à propositura da ação direta de inconstitucionalidade demonstrando pertinência temática, ou seja, uma relação de coerência entre suas finalidades institucionais e o tema adotado pela ação direta de inconstitucionalidade ajuizada. O Governador de Estado, por exemplo, é um legitimado especial, só estando habilitado à propositura de ações da espécie se houver algum interesse do Estado que dirige.

São legitimados universais: o Presidente da República; a Mesa do Senado Federal; a Mesa da Câmara dos Deputados; o Procurador-Geral da República; o Conselho Federal da Ordem dos Advogados do Brasil e o partido político com representação no Congresso Nacional.

São legitimados especiais: o Governador de Estado ou do Distrito Federal; a Mesa de Assembleia Legislativa ou da Câmara Legislativa do Distrito Federal e a confederação sindical ou entidade de classe de âmbito nacional.

Passemos, pois, à análise do procedimento da ação direta de inconstitucionalidade, regulado pela Lei 9.868/99.

Petição inicial. Indicará o dispositivo da lei ou do ato normativo impugnado e os fundamentos jurídicos do pedido em relação a cada uma das impugnações (I); o pedido, com suas especificações (II). A petição inicial inepta, não fundamentada e a manifestamente improcedente deverão ser liminarmente indeferidas pelo relator, cabendo, desta decisão, a interposição de agravo regimental.

Informações. O relator pedirá informações aos órgãos ou às autoridades das quais emanou a lei ou o ato normativo impugnado, que deverão ser prestadas no prazo de 30 dias contados do recebimento do pedido. Pensando-se em uma ação direta de inconstitucionalidade que tenha por objeto uma lei ordinária federal, o pedido de informações deverá ser dirigido ao Congresso Nacional e ao Presidente da República.

Advogado-Geral da União. Deverá ser previamente citado para a defesa do ato ou texto impugnado (art. 103, § 3º da Constituição Federal), devendo fazê-lo, logo em seguida às informações, no prazo de 15 dias (art. 8º a Lei 9868/99).

Procurador-Geral da República. Após a manifestação do Advogado-Geral da União, o Procurador-Geral da República também deverá se manifestar no prazo de 15 dias.

Amicus Curiae. O processo da ação direta de inconstitucionalidade, em virtude de sua natureza objetiva, não admite desistência, nem tampouco intervenção de terceiros. No entanto, o relator, considerando a relevância da matéria e a representatividade dos postulantes, poderá, por despacho irrecorrível, admitir a manifestação de outros órgãos ou entidades.

Diligências complementares. Em caso de necessidade de esclarecimento de matéria ou circunstância de fato ou de notória insuficiência das informações existentes nos autos, poderá o relator requisitar informações adicionais, designar perito ou comissão de peritos para que emita parecer sobre a questão, ou fixar data para, em audiência pública, ouvir depoimentos de pessoas com experiência e autoridade na matéria. Poderá ainda solicitar informações aos Tribunais Superiores, aos Tribunais federais e aos Tribunais estaduais acerca da aplicação da norma impugnada no âmbito de sua jurisdição.

Julgamento. Existe um quórum para instauração da sessão de julgamento de oito ministros, devendo ainda ser aplicado o princípio da reserva de plenário, prescrito pelo art. 97 da Constituição Federal, que determina que a proclamação de inconstitucionalidade de uma lei ou de um ato normativo reclama deliberação da maioria absoluta da Corte. Alguns pontos devem ser sublinhados: a) o STF pode declarar a inconstitucionalidade de parte ou mesmo de expressões do texto impugnado, não precisando ficar restrito a pronunciar a inconstitucionalidade de um dispositivo inteiro. É o chamado princípio da parcelaridade; b) é usual ainda a chamada "declaração de inconstitucionalidade sem redução de texto". Por meio dela, o STF expressa que a inconstitucionalidade não está radicada na letra do texto impugnado, mas em uma de suas hipóteses de aplicação, ou seja, aponta que a norma questionada não pode ser aplicada de uma maneira específica, salvaguardando, deste modo, a norma para que seja aplicada de qualquer outra forma que não a apontada como inconstitucional; c) o STF pode também se valer da técnica da "interpretação conforme", revelando que a norma impugnada tem, por assim dizer, "salvação", desde que interpretada de uma forma específica que promoveria sua adequação à Constituição.

Efeito vinculante. Os pronunciamentos do STF, em ação direta de inconstitucionalidade, quer afirmando ou negando a pretensão esgrimida, têm eficácia contra todos e efeito vinculante em relação aos órgãos do Poder Judiciário e à Administração Pública federal, estadual ou municipal. Havendo eventual inobservância de qualquer comando contido em tais julgamentos, o interessado pode se servir da Reclamação Constitucional para restaurar a autoridade da decisão arrostada.

Medida Cautelar. Importante notar ainda que a Lei 9868/99 prevê a possibilidade de manejo da Medida Cautelar em Ação Direta de Inconstitucionalidade, que deverá ser concedida, salvo no período de recesso, pela maioria absoluta dos membros do STF, após a audiência dos órgãos ou autoridades dos quais emanou a lei ou ato normativo impugnado, que terão o prazo de cinco dias. Esta oitiva poderá ser dispensada em caso de excepcional urgência. Em princípio a medida cautelar terá efeito *ex nunc*, podendo o STF, entretanto, conceder-lhe eficácia retroativa.

b) A ação direta de inconstitucionalidade por omissão

A ação direta de inconstitucionalidade por omissão foi introduzida em nossa ordem jurídica pela Constituição de 1988. Como o nome já anuncia, seu escopo fundamental é o de controlar as chamadas omissões inconstitucionais.

A própria denominação da ação já expõe que seu primeiro pressuposto é a existência de uma inconstitucionalidade por omissão. Vamos entender o fenômeno.

As normas constitucionais, quando observadas sob o ângulo de sua eficácia e aplicabilidade, podem ser classificadas, na bem formulada lição de José Afonso da Silva[377], em normas constitucionais de eficácia plena (e aplicabilidade imediata), de eficácia contida (e aplicabilidade imediata) e de eficácia limitada (e aplicabilidade diferida), estas subdivididas em normas de princípio institutivo e normas de princípio programático.

Em síntese, as normas de eficácia plena são aquelas que reúnem todos os requisitos necessários à sua imediata aplicação. Não se ressentem, assim, da integração de normas infraconstitucionais ou de outras providências para que sejam reputadas aptas à produção de todos os efeitos para os quais foram concebidas.

As normas de eficácia contida apresentam uma grande similaridade em relação às de eficácia plena, pois também reúnem todos os requisitos necessários à sua imediata aplicação. Uma relevante diferença, porém, as separa: as normas de eficácia contida podem ter sua eficácia restringida por obra do legislador infraconstitucional, por força de outra norma constitucional ou mesmo por conceitos "ético-jurídicos".

Há inúmeras normas constitucionais que se alinham a esse paradigma. Por exemplo, o art. 5º, XIII da Constituição Federal, que prescreve ser "livre o exercício de qualquer trabalho, ofício ou profissão, atendidas as qualificações profissionais que a lei estabelecer". O enunciado, de imediato, assegura a todos a liberdade de exercício de qualquer trabalho, ofício ou profissão. Entretanto, permite que o legislador venha, a qualquer momento, a criar requisitos para o exercício de quaisquer atividades laborais. Importante sublinhar que, neste caso, a lei cumpre um papel específico, pois, ao invés de viabilizar o exercício do direito ou da

[377] SILVA, José Afonso. Aplicabilidade das Normas Constitucionais. 3.ED., São Paulo: Malheiros, 1998.

liberdade, ela, na verdade, restringe a amplitude de uma disposição da Constituição que já era plenamente aplicável.

Finalmente, temos as normas constitucionais de eficácia limitada, subdivididas nas de princípio institutivo e nas de princípio programático. Naquelas a norma constitucional dá início à construção do direito, do instituto jurídico, por ela criado, mas deixa ao legislador infraconstitucional a tarefa de concluir, de arrematar, essa criação. Tem eficácia limitada porque depende da lei, que virá lhe integrar em conteúdo. Sem a lei, a norma constitucional acaba por ter sua aplicação inviabilizada.

Confira-se, a propósito de exemplo, o art. 195, § 7º da Constituição Federal, que prescreve que "são isentas de contribuição para a seguridade social as entidades beneficentes de assistência social que atendam às exigências estabelecidas em lei". Quais são as entidades? Aquelas que atendam as exigências da lei. Logo, sem a lei, não é possível a aplicação do dispositivo em causa.

As de princípio programático são aquelas normas que têm por destinatário o Estado, fixando-lhe metas, objetivos ou fins a ser atingidos. Sua concretização não se dá por meio de uma lei específica, mas por meio de leis, políticas públicas ou providências administrativas. Figure-se, exemplificativamente, a hipótese do art. 3º, inciso I da Constituição Federal, que indica como objetivo fundamental da República Federativa do Brasil a construção de "uma sociedade livre, justa e solidária". Há um fim, uma meta, atribuído ao Estado. Como consegui-lo? Por meio de leis, atividade administrativa, políticas públicas, gestão da economia etc.

Essa rápida abordagem do tema tem a finalidade de demonstrar que o primeiro pressuposto para a detecção de uma inconstitucionalidade por omissão é precisamente a existência de uma norma constitucional de eficácia limitada, pois só neste caso é que a falta de providências infraconstitucionais podem inviabilizar a aplicação de uma disposição constitucional. O segundo pressuposto, como aflora evidente, é a falta da lei regulamentadora, ou, no caso de normas programáticas, de leis, ações e políticas públicas orientadas ao cumprimento dos fins encampados pela Constituição.

A propósito, o seguinte aresto do Supremo Tribunal Federal, da lavra da eminente Ministra Cármen Lúcia:

> "EMENTA: AÇÃO DIRETA DE INCONSTITUCIONALIDADE POR OMISSÃO EM RELAÇÃO AO DISPOSTO NOS ARTS. 6º, 23,

INC. V, 208, INC. I, e 214 INC. I, DA CONSTITUIÇÃO DA REPÚBLICA. ALEGADA INÉRCIA ATRIBUÍDA AO PRESIDENTE DA REPÚBLICA PARA ERRADICAR O ANALFABETISMO NO PAÍS E PARA IMPLEMENTAR O ENSINO FUNDAMENTAL OBRIGATÓRIO E GRATUITO A TODOS OS BRASILEIROS. 1. Dados do recenseamento do Instituto Brasileiro de Geografia e Estatística demonstram redução do índice da população analfabeta, complementado pelo aumento da escolaridade de jovens e adultos. 2. Ausência de omissão por parte do Chefe do Poder Executivo federal em razão do elevado número de programas governamentais para a área de educação. 3. A edição da Lei n. 9.394/96 (Lei de Diretrizes e Bases da Educação Nacional) e da Lei n. 10.172/2001 (Aprova o Plano Nacional de Educação) demonstra atuação do Poder Público dando cumprimento à Constituição. 4. Ação direta de inconstitucionalidade por omissão improcedente."[378]

Importante notar, nessa direção, que a mera existência de uma norma constitucional de eficácia limita acompanhada da falta de regulamentação pode não ensejar a conclusão de uma omissão inconstitucional. É que as normas de eficácia limitada têm aplicabilidade diferida, supondo, portanto, um lapso de tempo para o que o legislador possa amadurecer o tema, verificando qual o caminho mais adequado a ser trilhado. Em outras palavras, o Supremo Tribunal Federal tem que avaliar, ao crivo da razoabilidade, qual o tempo transcorrido e a suficiência deste para a adoção das providências esperadas.

Além disso, o Supremo Tribunal Federal admite o fenômeno da inconstitucionalidade por omissão parcial, como se observa do Acórdão abaixo ementado da lavra do eminente Ministro Gilmar Mendes.

"EMENTA: Ações Diretas de Inconstitucionalidade (ADI nº 875/DF, ADI nº 1.987/DF, ADI nº 2.727/DF e ADI nº 3.243/DF). Fungibilidade entre as ações diretas de inconstitucionalidade por ação e por omissão. Fundo de Participação dos Estados – FPE (art. 161, inciso II, da Constituição). Lei Complementar nº 62/1989. Omissão inconstitucional de caráter parcial. Descumprimento do mandamento constitucional cons-

[378] ADI 1698 / DF – DISTRITO FEDERAL. AÇÃO DIRETA DE INCONSTITUCIONALIDADE. Relator(a): Min. CÁRMEN LÚCIA. Julgamento: 25/02/2010.

tante do art. 161, II, da Constituição, segundo o qual lei complementar deve estabelecer os critérios de rateio do Fundo de Participação dos Estados, com a finalidade de promover o equilíbrio socioeconômico entre os entes federativos. Ações julgadas procedentes para declarar a inconstitucionalidade, sem a pronúncia da nulidade, do art. 2º, incisos I e II, §§ 1º, 2º e 3º, e do Anexo Único, da Lei Complementar nº 62/1989, assegurada a sua aplicação até 31 de dezembro de 2012."[379]

Essa possibilidade de omissão inconstitucional parcial foi também insculpida na Lei 9868/99, em seu art. 12-B, inciso I, conforme redação da Lei 12063/2009.

A ação direta de inconstitucionalidade por omissão pode ser proposta pelos mesmos legitimados para o ajuizamento da ação direta de inconstitucionalidade e da ação declaratória de constitucionalidade.

Há previsão expressa de medida cautelar, que, nos termos do art. 12-F, § 1º, da precitada Lei 9868/99, com redação também atribuída pela Lei 12.063/2009, que "poderá consistir na suspensão da aplicação da lei ou do ato normativo questionado, no caso de omissão parcial, bem como na suspensão de processos judiciais ou de procedimentos administrativos, ou ainda em outra providência a ser fixada pelo Tribunal".

Finalmente, prescreve o art. 12-H do referido diploma legal que "declarada a inconstitucionalidade por omissão, com observância do disposto no art. 22, será dada ciência ao Poder competente para a adoção das providências necessárias", que, "em caso de omissão imputável a órgão administrativo, as providências deverão ser adotadas no prazo de 30 (trinta) dias, ou em prazo razoável a ser estipulado excepcionalmente pelo Tribunal, tendo em vista as circunstâncias específicas do caso e o interesse público envolvido".

c) Ação direta de inconstitucionalidade interventiva

A ação direta de inconstitucionalidade interventiva constitui uma modalidade de caráter quase que exclusivamente teórico, que, em quadras passadas, quando nosso sistema não contava com mecanismos de controle concentrado de constitucionalidade, tinha razão de ser e aplicabili-

[379] ADI 875 / DF – DISTRITO FEDERAL. AÇÃO DIRETA DE INCONSTITUCIONALIDADE. Relator(a): Min. Gilmar Mendes. Julgamento: 24/02/2010.

dade. Atualmente, pode – e costumeiramente o é – ser substituída, com vantagens, pelos outros instrumentos de controle concentrado.

Na verdade, a ação direta de inconstitucionalidade interventiva consiste no aparelhamento de instrumentos da Intervenção Federal nos Estados, ou da Intervenção Estadual nos Municípios, para fins de controle de constitucionalidade.

Como isso é possível?

O art. 34 elenca quais as causas motivadoras de uma intervenção federal nos Estados, da seguinte maneira:

> Art. 34."A União não intervirá nos Estados nem no Distrito Federal, exceto para:
>
> I – manter a integridade nacional;
>
> II – repelir invasão estrangeira ou de uma unidade da Federação em outra;
>
> III – pôr termo a grave comprometimento da ordem pública;
>
> IV – garantir o livre exercício de qualquer dos Poderes nas unidades da Federação;
>
> V – reorganizar as finanças da unidade da Federação que:
>
> a) suspender o pagamento da dívida fundada por mais de dois anos consecutivos, salvo motivo de força maior;
>
> b) deixar de entregar aos Municípios receitas tributárias fixadas nesta Constituição, dentro dos prazos estabelecidos em lei;
>
> VI – prover a execução de lei federal, ordem ou decisão judicial;
>
> VII – assegurar a observância dos seguintes princípios constitucionais:
>
> a) forma republicana, sistema representativo e regime democrático;
>
> b) direitos da pessoa humana;
>
> c) autonomia municipal;
>
> d) prestação de contas da administração pública, direta e indireta.
>
> e) aplicação do mínimo exigido da receita resultante de impostos estaduais, compreendida a proveniente de transferências, na manutenção e desenvolvimento do ensino".

Note-se que a alínea "b", do inciso VII, fala em direitos da pessoa humana. Imagine-se que uma lei estadual criasse regras para a contenção do tráfego de pessoas oriundas de outros Estados. Evidentemente, além de claramente inconstitucional (por violação a inúmeras disposições), a lei em causa, uma vez aprovada, implicaria atroz violação a direitos da pessoa humana. Assim, o Procurador-Geral da República (único legitimado à formulação da Representação Interventiva neste caso, por força do art. 36, III da Constituição Federal) poderia, em vez de formular uma ação direta de inconstitucionalidade (a genérica), pleitear a intervenção federal nesse Estado.

O § 3º, do art. 36, da Constituição Federal dispõe que "nos casos do art. 34, VI e VII, ou do Art. 35, IV, dispensada a apreciação pelo Congresso Nacional ou pela Assembleia Legislativa, o decreto limitar-se-á a suspender a execução do ato impugnado, se essa medida bastar ao restabelecimento da normalidade".

Assim, o Presidente da República, diante de uma requisição do Supremo Tribunal Federal, oriunda do acolhimento da Representação Interventiva, poderia, em vez de decretar a intervenção, limitar-se a suspender a execução da referida lei estadual. O que haveria então? Por meio de instrumentos da intervenção federal, logrou-se a expulsão de uma lei inconstitucional da ordem jurídica. Esse mecanismo recebe o nome de ação direta de inconstitucionalidade interventiva.

A AÇÃO DECLARATÓRIA DE CONSTITUCIONALIDADE

A ação declaratória de constitucionalidade foi criada pela Emenda Constitucional 3/93, constituindo-se em um mecanismo do controle concentrado de constitucionalidade mobilizável diante de "controvérsia judicial relevante sobre a aplicação da disposição objeto da ação declaratória" (art. 14, III da Lei 9868/99).

É importante notar que um dos princípios que orienta a interpretação da Constituição e das leis é o da presunção de constitucionalidade, que preconiza que o aplicador da lei deve presumir que a lei é constitucional, dando-lhe, em princípio, aplicação regular.

Como então cogitar-se de uma ação declaratória de constitucionalidade, se esta deve ser presumida?

Embora possa haver uma aparente contradição, quer nos parecer que a Lei 9868/99 tenha dado adequado tratamento ao tema. É que ela aponta, em seu art. 14, III, que a inicial deve indicar uma controvérsia judicial relevante sobre o tema constitucional debatido. Assim, havendo tribunais decidindo de maneiras distintas, pode passar a existir o interesse na unificação do entendimento jurisprudencial, inclusive com a finalidade de uniformizar a resposta jurisdicional a situações absolutamente iguais. É isso o que justifica a ação declaratória de constitucionalidade.

Destarte, afigura-se-nos claro que o verdadeiro móvel do instituto em causa seja o de servir como um instrumento de uniformização da jurisprudência em matéria constitucional.

O Supremo Tribunal Federal, por força do art. 97 da Constituição Federal (princípio da reserva de plenário) só pode decidir sobre a inconstitucionalidade de uma norma pela maioria absoluta de seus membros. Assim, uma ação direta de inconstitucionalidade julgada improcedente corresponde a uma declaração de constitucionalidade e vice-versa. A ação direta de inconstitucionalidade e a ação declaratória de constitucionalidade possuem caráter dúplice. São ações com o "sinal trocado".

Nesse sentido, bem assentou o eminente Ministro Gilmar Mendes, afirmando que "aceita a ideia de que a ação declaratória configura uma ADI com sinal trocado, tendo ambas caráter dúplice ou ambivalente, afigura-se difícil admitir que a decisão proferida em sede de ação direta de inconstitucionalidade seria dotada de efeitos ou consequências diversos daqueles reconhecidos para a ação declaratória de constitucionalidade"[380]

Esse caráter dúplice, aliás, foi claramente demarcado pelos artigos 23 e 24 da Lei 9868/99. O primeiro afirma que "efetuado o julgamento, proclamar-se-á a constitucionalidade ou a inconstitucionalidade da disposição ou da norma impugnada se num ou noutro sentido se tiverem manifestado pelo menos seis Ministros, quer se trate de ação direta de inconstitucionalidade ou de ação declaratória de constitucionalidade". O segundo prescreve que "proclamada a constitucionalidade, julgar-se -á improcedente a ação direta ou procedente eventual ação declaratória; e, proclamada a inconstitucionalidade, julgar-se-á procedente a ação direta ou improcedente eventual ação declaratória".

As disposições são cristalinas ao apontar que o STF, em primeiro lugar, define a questão constitucional, dando, em seguida, o devido desfecho para as ações que estejam sendo julgadas, que, em qualquer situação, possuíram efeito vinculante, quer afirmando a constitucionalidade, quer afirmando a inconstitucionalidade.

A Emenda Constitucional 45 deixou ainda mais claro o tema, pois, dando nova redação ao art. 103, sedimentou que ambas as ações possuem os mesmos legitimados, sendo certo que o § 2º, do art. 102, acrescentado pela mesma Emenda, também dispõe que ambas possuem efeito vinculante "relativamente aos demais órgãos do Poder Judiciário e à administração pública direta e indireta, nas esferas federal, estadual e municipal".

Algumas peculiaridades, no entanto, devem ser destacadas. A primeira diz respeito ao campo objetal da ação declaratória, que só pode ser manejada contra lei ou ato normativo federal, diferentemente da ação direta de inconstitucionalidade que também pode atingir leis ou atos normativos estaduais.

[380] Reclamação 2256, Informativo 321.

A petição inicial da ação declaratória de constitucionalidade deve indicar:

- o dispositivo da lei ou do ato normativo questionado e os fundamentos jurídicos do pedido (I);
- o pedido, com suas especificações (II);
- a existência de controvérsia judicial relevante sobre a aplicação da disposição objeto da ação declaratória (III).

Há previsão expressa de medida cautelar que, caso deferida, deverá consistir "na determinação de que os juízes e os Tribunais suspendam o julgamento dos processos que envolvam a aplicação da lei ou do ato normativo objeto da ação até seu julgamento definitivo".

Com efeito, a ideia subjacente é de que, existindo uma relevante controvérsia, o STF será chamado a se manifestar e, deste modo, uma cautelar poderá suspender o julgamento dos processos que envolvam a aplicação da lei cuja constitucionalidade está sendo discutida.

Importante notar que, uma vez publicada a concessão da cautelar, o Supremo Tribunal Federal deve proceder ao julgamento da ação em 180 dias, sob pena de perda de sua eficácia.

O julgamento obedece aos mesmos parâmetros daqueles traçados para a ação direta de inconstitucionalidade.

ARGUIÇÃO DE DESCUMPRIMENTO DE PRECEITO FUNDAMENTAL (ADPF)

Capítulo 1
Considerações Gerais

Contemplada no art. 102, § 1º, da atual Carta Magna, a arguição de descumprimento de preceito fundamental compõe nosso sistema de controle de constitucionalidade, *in verbis*:

> § 1º A arguição de descumprimento de preceito fundamental, decorrente desta Constituição, será apreciada pelo Supremo Tribunal Federal, na forma da lei.

Trata-se de verdadeira ação constitucional que, ao lado das ações diretas de inconstitucionalidade (genérica, por omissão e interventiva) e da ação declaratória de constitucionalidade, integra o sistema nacional de controle *concentrado* ou *abstrato* de constitucionalidade.

A ADPF foi concebida com o escopo de suprir possíveis lacunas no controle da compatibilidade de leis e atos, normativos ou não, com a Constituição Federal. Isso porque, à vista do campo objetal ditado pela Lei Maior às tradicionais ações diretas de constitucionalidade/inconstitucionalidade, determinadas situações jurídicas poderiam ficar ao largo de uma eficaz tutela constitucional.

Nesse cenário, a ADPF, com seu caráter residual e subsidiário, vem dar completude ao sistema brasileiro de controle de constitucionalidade nas ocasiões em que, pelos usuais instrumentos previstos no ordenamento jurídico, não se atinge a plena defesa da ordem constitucional.

Nas palavras de Gilmar Ferreira Mendes,

> As mudanças ocorridas no sistema de controle de constitucionalidade brasileiro a partir de 1988 alteraram radicalmente a relação que havia entre os controles concentrado e difuso. A ampliação do direito de propositura da ação direta e a criação da ação declaratória de constitucionalidade vieram reforçar o controle concentrado em detrimento do difuso. Não obstante, subsistiu um espaço residual expressivo para o controle difuso relativo às matérias não suscetíveis de exame no controle concentrado (interpretação direta de cláusulas constitucionais pelos juízes e tribunais, direito pré-constitucional, controvérsia constitucional sobre normas revogadas, controle de constitucionalidade do direito municipal em face da Constituição Federal). É exatamente esse espaço, imune à aplicação do sistema direto de controle de constitucionalidade, que tem sido responsável pela repetição de processos, pela demora na definição das decisões sobre importantes controvérsias constitucionais e pelo fenômeno social e jurídico da chamada 'guerra de liminares'.
>
> Foi em resposta a esse quadro de incompletude que surgiu a ideia de desenvolvimento do chamado "incidente de inconstitucionalidade". Também foi nesse contexto que, juntamente com o Professor Celso Bastos, passamos a indagar se a chamada "arguição de descumprimento de preceito fundamental", prevista no art. 102, § 1º, da CF, não teria o escopo de colmatar importantes lacunas identificadas no quadro de competências do Supremo Tribunal Federal.
>
> O instituto, sem dúvida, introduziu profundas alterações no sistema brasileiro de controle de constitucionalidade.
>
> Em primeiro lugar, porque permite a antecipação de decisões sobre controvérsias constitucionais relevantes, evitando que elas venham a ter um desfecho definitivo após longos anos, quando muitas situações já se consolidaram ao arrepio da "interpretação autêntica" do Supremo Tribunal Federal.
>
> Em segundo lugar, porque pode ser utilizado para – de forma definitiva e com eficácia geral – solver controvérsia relevante sobre a legitimidade do direito ordinário pré-constitucional em face da nova Constituição que, até o surgimento do instituto, somente poderia veiculada mediante a utilização do recurso extraordinário.
>
> Em terceiro, porque as decisões proferidas pelo Supremo Tribunal Federal nesses processos, haja vista a eficácia *erga omnes*eo efeito

> vinculante, estão aptas a fornecer a diretriz segura para o juízo sobre a legitimidade ou a ilegitimidade de atos de teor idêntico, editados pelas diversas entidades municipais.
>
> A arguição de descumprimento, que pode ser manejada para solver controvérsias constitucionais sobre a constitucionalidade do direito federal, do direito estadual e também do direito municipal, veio completar o sistema de controle de constitucionalidade de perfil relativamente concentrado no Supremo Tribunal Federal[381].

Sendo o art. 102, § 1º, da CF, norma de eficácia limitada, a disciplina da arguição de descumprimento de preceito fundamental coube à Lei nº 9.882, de 03-12-1999, que contempla disposições sobre o processo e julgamento da ação.

381 *Arguição de Descumprimento de Preceito Fundamental.* 2 ed. São Paulo: Saraiva, 2011, p. 19.

Capítulo 2
Preceito Fundamental

Uma vez que o parâmetro de controle constitucional reservado à ADPF está centrado na expressão "preceito fundamental", importa, naturalmente, extrair o significado e o alcance dessa locução.

Não cuidou o constituinte, e tampouco o legislador infraconstitucional, de delimitar expressamente o sentido de "preceito fundamental", cuja inobservância dá ensanchas ao aforamento da arguição. Por isso, a compreensão do que vem a ser "preceito fundamental" decorre, essencialmente, de uma construção doutrinária e jurisprudencial, nesse último caso a cargo do Supremo Tribunal Federal.

No entanto, algumas exclusões podem ser adiantadas.

De fato, por preceito fundamental não pode ser compreendida, pura e simplesmente, qualquer norma constitucional. Fosse assim, o adjetivo "fundamental" não constaria do texto. Bastaria que a locução fosse redigida como "preceito decorrente desta Constituição", o que não ocorreu. Também não nos parece correta a interpretação que reduz a sinônimos "preceitos" e "princípios", de modo que preceito fundamental seria o mesmo que princípio fundamental. Fosse esse o desiderato do constituinte bastaria a menção a princípio em vez de preceito.

De nossa parte, então, temos afirmado que o adjetivo fundamental nos remete à ideia de base, alicerce, essência de algo. No plano normativo, cabe indagar quais são os fundamentos de uma Constituição, os elementos necessários à sua conformação e estruturação. Esses elementos são comumente previstos nas chamadas normas materialmente constitucionais, vale dizer, aquelas imprescindíveis à configuração de uma Constituição.

Assim, por preceitos fundamentais devem ser compreendidas as normas constitucionais que identificam a forma e a estrutura do Estado (p.ex. federalismo e princípio republicano), o sistema de governo, a divisão e o funcionamento dos Poderes da República, os princípios e direitos fundamentais, a ordem econômica e a ordem social[382].

E esse, de fato, parece ser o entendimento encampado pelo Supremo Tribunal Federal, *in verbis*:

> Constitucionalidade de atos normativos proibitivos da importação de pneus usados. (...) Adequação da arguição pela correta indicação de preceitos fundamentais atingidos, a saber, o direito à saúde, direito ao meio ambiente ecologicamente equilibrado (arts. 196 e 225 da Constituição brasileira) e a busca de desenvolvimento econômico sustentável: princípios constitucionais da livre iniciativa e da liberdade de comércio interpretados e aplicados em harmonia com o do desenvolvimento social saudável. Multiplicidade de ações judiciais, nos diversos graus de jurisdição, nas quais se têm interpretações e decisões divergentes sobre a matéria: situação de insegurança jurídica acrescida da ausência de outro meio processual hábil para solucionar a polêmica pendente: observância do princípio da subsidiariedade. Cabimento da presente ação. (ADPF 101, rel. Min. Cármen **Lúcia**, j. em 24-6-2009, Plenário, *DJE* de 4-6-2012)
>
> Parâmetro de controle – É muito difícil indicar, *a priori*, os preceitos fundamentais da Constituição passíveis de lesão tão grave que justifique o processo e o julgamento da argüição de descumprimento. Não há dúvida de que alguns desses preceitos estão enunciados, de forma explícita, no texto constitucional. Assim, ninguém poderá negar a qualidade de preceitos fundamentais da ordem constitucional aos direitos e garantias individuais (art. 5º, dentre outros). Da mesma forma, não se poderá deixar de atribuir essa qualificação aos demais princípios protegidos pela cláusula pétrea do art. 60, § 4º, da Constituição, quais sejam, a forma federativa de Estado, a separação de Poderes e o voto direto, secreto, universal e periódico. Por outro lado, a própria Constituição explicita

[382] ARAUJO, Luiz Alberto David; NUNES JR., Vidal Serrano. *Curso de Direito Constitucional.* 17 ed. São Paulo: Editora Verbatim, 2013, p. 92.

os chamados 'princípios sensíveis', cuja violação pode dar ensejo à decretação de intervenção federal nos Estados-Membros (art. 34, VII). É fácil ver que a amplitude conferida às cláusulas pétreas e a idéia de unidade da Constituição (*Einheit der Verfassung*) acabam por colocar parte significativa da Constituição sob a proteção dessas garantias. (...) O efetivo conteúdo das 'garantias de eternidade' somente será obtido mediante esforço hermenêutico. Apenas essa atividade poderá revelar os princípios constitucionais que, ainda que não contemplados expressamente nas cláusulas pétreas, guardam estreita vinculação com os princípios por elas protegidos e estão, por isso, cobertos pela garantia de imutabilidade que delas dimana. Os princípios merecedores de proteção, tal como enunciados normalmente nas chamadas 'cláusulas pétreas', parecem despidos de conteúdo específico. Essa orientação, consagrada por esta Corte para os chamados 'princípios sensíveis', há de se aplicar à concretização das cláusulas pétreas e, também, dos chamados 'preceitos fundamentais'. (...) É o estudo da ordem constitucional no seu contexto normativo e nas suas relações de interdependência que permite identificar as disposições essenciais para a preservação dos princípios basilares dos preceitos fundamentais em um determinado sistema. (...) Destarte, um juízo mais ou menos seguro sobre a lesão de preceito fundamental consistente nos princípios da divisão de Poderes, da forma federativa do Estado ou dos direitos e garantias individuais exige, preliminarmente, a identificação do conteúdo dessas categorias na ordem constitucional e, especialmente, das suas relações de interdependência. Nessa linha de entendimento, a lesão a preceito fundamental não se configurará apenas quando se verificar possível afronta a um princípio fundamental, tal como assente na ordem constitucional, mas também a disposições que confiram densidade normativa ou significado específico a esse princípio. Tendo em vista as interconexões e interdependências dos princípios e regras, talvez não seja recomendável proceder-se a uma distinção entre essas duas categorias, fixando-se um conceito extensivo de preceito fundamental, abrangente das normas básicas contidas no texto constitucional.(ADPF 33-MC, rel. Min. Gilmar Mendes, j. em 29-10-03, *DJ* de 6-8-04)

Importa anotar, ainda, que o preceito fundamental afrontado há de ser "decorrente da Constituição", é dizer, deve estar atrelado aos valores explícitos, ou mesmo implícitos, acomodados nas normas materialmente constitucionais.

Capítulo 3
Modalidades e Objeto da ADPF

a) ADPF principal ou direta

Dimana do art. 102, § 1º, da CF, apenas uma hipótese de cabimento da ADPF: descumprimento de preceito fundamental decorrente da Lei Maior.

Essa modalidade de arguição, dita *direta* ou *principal*, vem contemplada, ainda, no art. 1º, *caput*, da Lei nº 9.882/99, e tem por objeto, como visto, "evitar ou reparar lesão a preceito fundamental, resultante de ato do Poder Público".

Verifica-se, de início, que a ADPF principal pode ser preventiva ou repressiva. Admite-se que seja empregada antecipadamente, para prevenir a violação de preceito fundamental, ou *a posteriori*, quando já ocorreu a ofensa e se almeja a restauração do preceito atingido por ato do Poder Público.

Aliás, malgrado o texto faça alusão a "ato", a expressão, aqui, deve ser compreendida em sentido amplo, isto é, de conduta, comportamento, que pode ser comissivo ou omissivo. Logo, a arguição pode ser manejada também contra omissões do Poder Público, até mesmo porque, em certos casos, a inércia ou o silêncio do Estado podem ser tão lesivos a preceito fundamental quanto um comportamento comissivo.

Tratando-se de ação ou omissão do Poder Público, ficam naturalmente excluídos do campo de incidência da ADPF os atos de *particulares*, salvo quando estes agirem no exercício de alguma função ou atividade delegada por pessoa jurídica de direito público, como, p. ex., as concessionárias de serviços públicos.

Por outro lado, o termo "Poder Público" há de ser interpretado de forma abrangente, englobando União, Estados, Distrito Federal, Municípios, autarquias e fundações públicas, além daqueles particulares que, como já anotado, atuam no exercício de atividade delegada por algum ente estatal. São apanhadas pelo preceito, ainda, as ações ou omissões dos Poderes Executivo, Legislativo e Judiciário.

No caso das decisões proferidas pelo Poder Judiciário, duas situações podem vir a lume. Uma quando o órgão judicial atua no exercício de função administrativa, ou seja, abre concursos para o seu quadro de servidores, celebra contratos administrativos para fornecimento de material de consumo, expede resoluções disciplinando o pagamento de subsídios a seus membros etc. Nesses casos, embora emanada do Poder Judiciário, a função exercida é marcadamente administrativa, não havendo, pois, maiores questionamentos quanto à possibilidade de controle desses atos por meio de ADPF, desde que presentes os demais requisitos constitucionais.

Situação mais controvertida se coloca quanto ao emprego da arguição para atacar decisões proferidas pelo Poder Judiciário no exercício de sua função jurisdicional. Nessas hipóteses, o cabimento da medida há de ser absolutamente excepcional. O salto das instâncias ordinárias do Poder Judiciário e o peticionamento direto ao Supremo Tribunal Federal constitui providência extraordinária. Aliás, diante do nosso atual modelo processual, que já prevê um vastíssimo sistema de recursos, a ADPF não pode ser empregada como um instrumento ordinário de impugnação de decisões judiciais.

Por isso, o Pretório Excelso firmou entendimento de que a *ADPF não é via adequada para*: (i) obter a interpretação, a revisão ou o cancelamento de súmula vinculante (ADPF 147-AgR, rel. Min. Cármen Lúcia, j. em 24-03-2011); (ii) servir como recurso inominado alheio à relação processual originária, contornando o sistema processual vigente (ADPF 202, rel. Min. Cármen Lúcia, j. em 17-12-2009); (iii) desconstituir sentenças transitadas em julgado, afrontando o princípio da segurança jurídica (ADPF 134-AgR. rel. Min. Ricardo Lewandowski, j. em 03-06-2009); ou (iv) cumprir função substitutiva de embargos à execução (ADPF 83, rel. Min. Ayres Britto, j. 24-04-2008).

No entanto, já se decidiu que "a possibilidade de incongruências hermenêuticas e confusões jurisprudenciais decorrentes dos pronunciamentos de múltiplos órgãos pode configurar uma ameaça a preceito fundamental (pelo menos, ao da segurança jurídica), o que também está a recomendar uma leitura compreensiva da exigência aposta à lei da arguição, de modo a admitir a propositura da ação especial toda vez que uma definição imediata da controvérsia mostrar-se necessária para afastar aplicações erráticas, tumultuárias ou incongruentes, que comprometam gravemente o princípio da segurança jurídica e a própria ideia de prestação judicial efetiva. Ademais, a ausência de definição da controvérsia – ou a própria decisão prolatada pelas instâncias judiciais – poderá ser a concretização da lesão a preceito fundamental. Em um sistema dotado de órgão de cúpula, que tem a missão de guarda da Constituição, a multiplicidade ou a diversidade de soluções pode constituir-se, por si só, em uma ameaça ao princípio constitucional da segurança jurídica e, por conseguinte, em uma autêntica lesão a preceito fundamental." (STF – ADPF 33-MC, voto do rel. Min. Gilmar Mendes, j. em 29-10-2003, *DJ* de 6-8-2004.)

b) ADPF incidental

A pretexto de regulamentar o art. 102, § 1º, da CF, a Lei nº 9.882, de 03-12-1999, acabou por ampliar o campo de incidência da ADPF, instituindo uma nova hipótese para o seu cabimento.

Com efeito, em inovação sem respaldo na Carta Magna, o art. 1º, parágrafo único, inc. I, da Lei nº 9.882/99, dispôs que "também" caberá arguição de descumprimento de preceito fundamental "quando for relevante o fundamento da controvérsia constitucional sobre lei ou ato normativo federal, estadual ou municipal, incluídos os anteriores à Constituição". Cuida-se da chamada ADPF *incidental* ou por *equiparação/derivação.*

Constata-se, desse modo, que o dispositivo infraconstitucional em comento alargou as hipóteses de controle concentrado de constitucionalidade previstos na Lei Maior, que, antes, limitavam-se às leis e atos normativos federais e estaduais, no caso da ADIN, ou somente federais, no caso da ADECON (art. 102, I, "a").

Por força do art. 1º, § único, inc. I, da Lei nº 9.882/99, esse controle foi dilatado para abarcar não só os atos normativos federais e estaduais, mas também os *municipais*, inclusive os *anteriores* à Constituição, desde que relevante o fundamento da controvérsia. Tem-se aí claro extravasamento da parte do legislador ordinário, o que torna inconstitucional o preceito em questão por ausência de previsão na Carta Magna. A propósito do tema, aliás, pende de julgamento no Supremo Tribunal Federal a ADIN 2231/DF, ajuizada pelo Conselho Federal da Ordem dos Advogados do Brasil, que impugna o aludido preceito.

De qualquer forma, enquanto não se tem pronunciamento conclusivo da Suprema Corte sobre a matéria, o dispositivo permanece em vigor e, em tese, passível de aplicação.

Sendo assim, a arguição *incidental* poderá ter por objeto leis ou atos normativos federais, estaduais ou municipais, editados antes ou depois da Constituição Republicana e mesmo aqueles já revogados, sempre que houver fundamento relevante na controvérsia constitucional. A inovação, aqui, se deve sobretudo à (i) possibilidade de controle abstrato da legislação municipal em face da Constituição Federal e à (ii) análise da recepção do direito pré-constitucional (federal, estadual ou municipal) pela Carta Magna, ambos mediante peticionamento direto do legitimado à Suprema Corte.

Capítulo 4
O Caráter Subsidiário da ADPF

Reza o art. 4º, § 1º, da Lei nº 9.882/99 que "não será admitida arguição de descumprimento de preceito fundamental quando houver qualquer outro meio eficaz de sanar a lesividade".

Infere-se do texto, portanto, que essa via de controle concentrado de constitucionalidade somente tem lugar quando os demais instrumentos previstos no ordenamento jurídico não forem hábeis ao resguardo do sistema constitucional. Trata-se, pois, de ação residual, a ser empregada em caráter subsidiário, quando nenhum outro meio se revelar suficientemente eficaz a refrear possíveis investidas contra a Constituição.

Certa discussão ainda persiste, porém, sobre o que seria "qualquer outro meio eficaz de sanar a lesividade".

Para um segmento, esse "meio eficaz" pode ser qualquer instrumento jurídico, individual ou coletivo, que possa, em tese, revelar-se suficiente à defesa do preceito fundamental. Bastaria, então, a mera possibilidade de utilização de qualquer remédio constitucional (mandado de segurança individual ou coletivo, *habeas corpus, habeas data* etc.) ou ação direta de (in)constitucionalidade para que, pelo princípio da subsidiariedade, o cabimento da ADPF fosse afastado.

Atualmente tem prevalecido orientação que atenua o rigor do princípio da subsidiariedade. Para essa corrente, apenas o cabimento de outros processos objetivos de controle de constitucionalidade é que inviabiliza o aforamento da ADPF. Assim, sendo cabíveis quaisquer das ações diretas de (in)constitucionalidade, fica obstada a utilização da ADPF. No entanto, a mera possibilidade de propositura de outras ações não teria o condão de inibir o manejo da ADPF[383].

De fato, esse parece ser o entendimento que mais se coaduna com uma interpretação maximizadora do texto constitucional, vale dizer, que confere maior amplitude na admissão das vias abstratas de controle da constitucionalidade. Privilegia-se, assim, uma incidência mais dilatada de preceito da Carta Magna em detrimento de norma infraconstitucional que lhe reduz a aplicabilidade (art. 4º, § 1º, da Lei nº 9.882/99).

Confira-se, nesse sentido, o seguinte aresto do STF:

> Princípio da subsidiariedade (art. 4º, § 1º, da Lei n. 9.882/99): inexistência de outro meio eficaz de sanar a lesão, compreendido no contexto da ordem constitucional global, como aquele apto a solver a controvérsia constitucional relevante de forma ampla, geral e imediata. A existência de processos ordinários e recursos extraordinários não deve excluir, a priori, a utilização da argüição de descumprimento de preceito fundamental, em virtude da feição marcadamente objetiva dessa ação. (ADPF 33, rel. min. Gilmar Mendes, j. em 7-12-2005, Plenário, *DJ* de 27-10-2006.) No mesmo sentido: ADPF 99, rel. min. Ricardo Lewandowski, decisão monocrática, j. em 26-02-2010, *DJE* de 8-3-2010; ADPF 47-MC, rel. min. Eros Grau, j. em 7-12-2005, Plenário, *DJ* de 27-10-2006.

De qualquer forma, contudo, como visto anteriormente, a ADPF não é sucedânea de recursos ordinários ou extraordinários, bem como de ações individuais ou coletivas.

Princípio da fungibilidade e ADPF. No controle concentrado de constitucionalidade, e em homenagem aos princípios da economia processual e da fungibilidade, o Supremo Tribunal Federal tem decidido que é lícito conhecer de ação direta de inconstitucionalidade como arguição de descumprimento de preceito fundamental, quando coexistentes todos os requisitos de admissibilidade desta, em caso de inadmissibilidade daquela (ADI 4163/SP, Pleno, rel. Min. Cezar Peluso, j. 29-02-2012).

[383] DANTAS, Paulo R. de Figueiredo. *Direito Processual Constitucional.* 3 ed. São Paulo: Atlas, p. 280-2.

Capítulo 5
Legitimidade *ad causam* e Competência

Legitimados para propor a arguição de descumprimento de preceito fundamental são apenas aqueles igualmente legitimados a ajuizar ação direta de inconstitucionalidade (art. 2º, inc. I, da Lei nº 9.882/99).

Logo, tendo em vista o disposto no art. 103 da CF, estão legitimados à propositura da ADPF: I – o Presidente da República; II – a Mesa do Senado Federal; III – a Mesa da Câmara dos Deputados; IV – a Mesa de Assembleia Legislativa ou da Câmara Legislativa do Distrito Federal; V – o Governador de Estado ou do Distrito Federal; VI – o Procurador-Geral da República; VII – o Conselho Federal da Ordem dos Advogados do Brasil; VIII – partido político com representação no Congresso Nacional e IX – confederação sindical ou entidade de classe de âmbito nacional.

Na versão originalmente aprovada pelo Congresso Nacional, o art. 2º, inc. II, da Lei nº 9.882/99 previa a legitimidade para ajuizamento da ADPF a "qualquer pessoa lesada ou ameaçada por ato do Poder Público". O dispositivo, porém, foi vetado pelo Poder Executivo, de modo que pessoas estranhas ao rol do art. 103 da CF não possuem legitimidade ativa para o manejo da arguição (ADPF 138-MC, rel. min. Celso de Mello, j. em 30-04-2008).

Poderá o interessado, no entanto, oferecer representação ao Procurador-Geral da República pleiteando a propositura da arguição de descumprimento de preceito fundamental, cabendo àquela autoridade examinar o pedido e decidir pelo ingresso ou não em juízo (art. 2º, § 1º, da Lei nº 9.882/99).

Quanto à competência, a ADPF é ação constitucional de *competência originária* do Supremo Tribunal Federal (art. 102, § 1º, da CF).

Capítulo 6
Procedimento e Efeitos da Decisão na ADPF

1. Procedimento

O rito da arguição de descumprimento de preceito fundamental é especial e vem delineado a partir do art. 3º da Lei nº 9.882/99.

A petição inicial da ADPF deverá conter: I – a indicação do preceito fundamental que se considera violado; II – a indicação do ato questionado; III – a prova da violação do preceito fundamental; IV – o pedido, com suas especificações; V – se for o caso, a comprovação da existência de controvérsia judicial relevante sobre a aplicação do preceito fundamental que se considera violado. Quando subscrita por advogado constituído, a inicial deverá vir acompanhada do indispensável instrumento de mandato, com poderes específicos para atacar a norma impugnada[384]. Será apresentada em duas vias, devendo conter cópias do ato questionado e dos documentos necessários para comprovar a impugnação.

Não sendo o caso de arguição de descumprimento de preceito fundamental, se faltar algum dos requisitos prescritos na Lei nº 9.882/99 ou se for inepta, a petição inicial será liminarmente indeferida pelo relator (art. 4º). Dessa decisão caberá recurso de agravo, no prazo de cinco dias.

Quanto à *desistência* da ação, embora inexista vedação expressa na Lei nº 9.882/99, recomenda a doutrina que, em virtude do caráter objetivo do processo e do interesse público que o reveste, seja seguida a mesma

384 ADPF 220/PB, rel. Min. Gilmar Mendes, j. em 08-11-2010.

orientação prevista para a ADIN e a ADECON, isto é, uma vez proposta a ação, não se admite desistência (arts. 5º e 16 da Lei nº 9.868/99)[385].

O art. 5º prevê, expressamente, o cabimento de liminar na ADPF por decisão da maioria absoluta dos membros do STF. Em caso de extrema urgência ou perigo de lesão grave, ou ainda, em período de recesso, poderá o relator conceder a liminar, *ad referendum* do Tribunal Pleno. Antes de decidir, o relator poderá ouvir os órgãos ou autoridades responsáveis pelo ato questionado, bem como o Advogado-Geral da União ou o Procurador-Geral da República, no prazo comum de cinco dias.

A liminar poderá consistir na determinação de que juízes e tribunais suspendam o andamento de processo ou os efeitos de decisões judiciais, ou de qualquer outra medida que apresente relação com a matéria objeto da arguição de descumprimento de preceito fundamental, salvo se decorrentes da coisa julgada ou convalidados por lei superveniente[386].

Tratando-se de *provimento cautelar* outorgado em controle abstrato, quer se cuide de ação direta de inconstitucionalidade ou de ação declaratória de constitucionalidade ou, ainda, de arguição de descumprimento de preceito fundamental, a jurisprudência do STF tem atribuído a tais medidas *caráter vinculante* (Rcl 6.064-MC, rel. Min. Celso de Mello, decisão monocrática, j. em 20-5-2008).

Uma vez apreciado o pedido de liminar, se houver, o relator solicitará as informações às autoridades responsáveis pela prática do ato questionado, no prazo de dez dias (art. 6º). Se entender necessário, poderá ouvir as partes nos processos que ensejaram a arguição, requisitar informações adicionais, designar perito ou comissão de peritos para que emita parecer sobre a questão, ou ainda, fixar data para declarações, em audiência pública, de pessoas com experiência e autoridade na matéria[387].

Decorrido o prazo das informações, o relator lançará o relatório, com cópia a todos os ministros, e pedirá dia para julgamento. O Ministério Público, nas arguições que não houver formulado, terá vista do processo, por cinco dias, após o decurso do prazo para informações (art. 7º).

[385] MENDES, Gilmar Ferreira, ob. cit., p. 179.

[386] ADPF 79-AgR, rel. Min. Cezar Peluso, j. 18-06-2007.

[387] Admite-se o ingresso de terceiros na ADPF, como *amicus curiae*, em caráter excepcional (ADPF 134-MC, rel. Min. Ricardo Lewandowski, j. em 22-04-2008).

2. Efeitos da decisão na ADPF

A decisão sobre a arguição de descumprimento de preceito fundamental somente será tomada se presentes na sessão pelo menos dois terços dos Ministros do STF (art. 8º). Em que pese o silêncio da lei sobre o quórum para a decisão, deve-se considerar a maioria absoluta dos membros do Tribunal, em obséquio ao art. 97 da CF e por analogia ao art. 23 da Lei nº 9.868/99.

Julgada a ação, far-se-á comunicação às autoridades ou órgãos responsáveis pela prática dos atos questionados, fixando-se as condições e o modo de interpretação e aplicação do preceito fundamental (art. 10).

Importante lembrar, ainda, o caráter *dúplice* da ADPF, consoante escólio de Teori Albino Zavascki:

> Embora não haja na Lei 9.882/1999 disposição expressa a respeito, como há em relação à ADI e à ADC (art. 24 da Lei 9.868/1999), também em ADPF é da própria essência da sentença de mérito a sua natureza dúplice, a significar que um juízo de procedência do pedido conduz ao reconhecimento de ilegitimidade (ou de não recepção) da norma questionada e o inverso ocorre com um juízo de improcedência. Em qualquer caso, a eficácia da sentença será *erga omnes* e com efeitos vinculantes[388].

Quanto à ADPF, a propósito, o constituinte nada dispôs – diversamente do que fez com a ADIN e a ADECON (art. 102, § 2º) – sobre eventual eficácia *erga omnes* e efeito vinculante da decisão de mérito.

Nesse tópico, todavia, mais uma vez o legislador ordinário inovou e extrapolou as balizas constitucionais. Dispôs que "a decisão terá eficácia contra todos e efeito vinculante relativamente aos demais órgãos do Poder Público" (art. 10, § 3º), previsão legal essa que vem contando com o respaldo do Pretório Excelso e da doutrina dominante. Por conta dessas características, inclusive, a decisão proferida em ADPF dispensa a comunicação aos demais órgãos do Poder Judiciário, bastando a publicação do resultado do julgamento na imprensa oficial[389].

Concluído o julgamento, o presidente do Tribunal determinará o imediato cumprimento da decisão, lavrando-se o acórdão posteriormente.

[388] *Eficácia das Sentenças na Jurisdição Constitucional*. 2 ed. São Paulo: RT, 2012, p. 59.

[389] STF/RcL 6.465, rel. Min. Eros Grau, j. em 26-08-2008.

Dentro do prazo de dez dias, contado a partir do trânsito em julgado da decisão, sua parte dispositiva será publicada em seção especial do Diário da Justiça e do Diário Oficial da União (art. 10, §§ 1º e 2º).

Ao declarar a inconstitucionalidade de lei ou ato normativo, no processo de arguição de descumprimento de preceito fundamental, e tendo em vista razões de segurança jurídica ou de excepcional interesse social, poderá o Supremo Tribunal Federal, por maioria de dois terços de seus membros, restringir os efeitos daquela declaração ou decidir que ela só tenha eficácia a partir de seu trânsito em julgado ou de outro momento que venha a ser fixado (art. 11).

Naturalmente que, sendo declaratória (e não constitutiva) a decisão proferida em ADPF, seus efeitos serão *ex tunc*, isto é, a lei ou ato normativo são considerados constitucionais ou não desde que editados. Sendo anteriores à Constituição, se o caso, serão tidos como não recepcionados desde a promulgação da Carta Magna. Excepcionalmente, porém, havendo razões de segurança jurídica ou interesse social, o Tribunal poderá modular os efeitos da declaração ou de sua eficácia temporal, atribuindo-lhe, eventualmente, efeitos *ex nunc*.

A decisão que julgar procedente ou improcedente o pedido em arguição de descumprimento de preceito fundamental é irrecorrível e não pode ser objeto de ação rescisória (art. 12). Havendo, porém, obscuridade, contradição ou omissão no julgado, é de se admitir a interposição de embargos de declaração para o devido aclaramento da matéria (CPC, art. 1.022).

Registre-se, por fim, que eventual descumprimento da decisão, inclusive liminar, proferida pelo Supremo Tribunal Federal na ADPF, autoriza o manejo de Reclamação, na forma do regimento interno daquela Corte (art. 13) e do art. 988 do Código de Processo Civil.

REFERÊNCIAS

ALENCAR, Rosmar A. R. Cavalcanti de. *Ação Popular*, 2 ed. Porto Alegre: Núria Fabris Editora, 2008.

ALMEIDA, João Batista de. *Aspectos controvertidos da ação civil pública*. São Paulo: RT, 2001.

ARAUJO, Luiz Alberto David; NUNES Jr., Vidal Serrano. *Curso de Direito Constitucional*. 11 ed. São Paulo: Saraiva, 2007.

ARAÚJO CINTRA, Antonio Carlos; GRINOVER, Ada Pellegrini; DINAMARCO, Cândido Rangel. *Teoria Geral do Processo*. 24 ed. São Paulo: Malheiros, 2008, p. 249.

BARROSO, Luís Roberto. *O Direito Constitucional e a efetividade de suas normas*. 7 ed. Rio de Janeiro: Renovar, 2003.

BANDEIRA DE MELLO, Celso Antônio. *Curso de Direito Administrativo*. 12 ed. São Paulo: Malheiros.

BUENO, Cassio Scarpinella. *Curso Sistematizado de Direito Processual Civil*. São Paulo: Saraiva, 2007, vol. 2, tomo I.

__________. *Mandado de Segurança*. 4 ed. São Paulo: Saraiva, 2008.

CARVALHO FILHO, José dos Santos. *Manual de Direito Administrativo*. 19 ed. Rio de Janeiro: Lúmen Juris, 2008.

COELHO, Paulo Magalhães da Costa. *Controle Jurisdicional da Administração Pública*. São Paulo: Saraiva, 2002.

DI PIETRO, Maria Sylvia Zanella. *Direito Administrativo*. 20 ed. São Paulo: Atlas.

DIREITO, Carlos Alberto Menezes. *Manual do Mandado de Segurança*. 3 ed. Rio de Janeiro: Renovar.

EKMEKDJIAN, Miguel Ángel; PIZZOLO, Caloger. *Habeas Data – El derecho a la intimidad frente a la revolución informática*. Buenos Aires: Depalma, 1996.

FALCÓN, Enrique M. *Habeas Data – concepto e procedimiento*. Buenos Aires: Abeledo--Perrot, 1996.

FERRARESI, Eurico. *Ação Popular, Ação Civil Pública e Mandado de Segurança Coletivo*. Rio de Janeiro: Forense, 2009.

FERRAZ, Sérgio. *Mandado de Segurança*. São Paulo: Malheiros, 2006.

GRINOVER, Ada Pellegrini e outros. *Código Brasileiro de Defesa do Consumidor Comentado pelos Autores do Anteprojeto*. 9 ed. Rio de Janeiro: Forense Universitária.

LENZA, Pedro. *Teoria Geral da Ação Civil Pública*. 3 ed. São Paulo: RT, 2008.

MANCUSO, Rodolfo de Camargo. *Ação Civil Pública*. 10 ed. São Paulo: RT, 2006.

______________. *Ação Popular*. 5 ed. São Paulo: RT, 2003.

MAZZILLI, Hugo Nigro. *Regime Jurídico do Ministério Público*. 5 ed. São Paulo: Saraiva, 2001.

______________. *A Defesa dos Interesses Difusos em Juízo*. 20 ed. São Paulo: Saraiva, 2007.

______________. *O Inquérito Civil*. São Paulo: Saraiva, 1999.

MEIRELLES, Hely Lopes. *Mandado de Segurança*. 30 ed. São Paulo: Malheiros.

MEDAUAR, Odete. *Direito Administrativo Moderno*. 5 ed. São Paulo: RT, 2001.

MENDES, Gilmar Ferreira; COELHO, Inocêncio Mártires; BRANCO, Paulo Gustavo Gonet. *Curso de Direito Constitucional*. São Paulo: Saraiva, 2007.

MENEZES VIGLIAR, José Marcelo. *Interesses Individuais Homogêneos*. 2 ed. São Paulo: Saraiva.

MORAES, Alexandre de. *Direito Constitucional Administrativo*. São Paulo: Atlas, 2002.

______________. *Direito Constitucional*. 7 ed. São Paulo: Atlas, 2000.

MOREIRA, José Carlos Barbosa. *O Novo Processo Civil Brasileiro*. 25 ed. Rio de Janeiro: Forense, 2007.

______________. *O habeas data brasileiro e sua lei regulamentadora*. Revista de Direito Administrativo, vol. 211, Rio de Janeiro: Renovar, 1998.

NEGRÃO, Theotônio. *CPC e legislação processual em vigor*. São Paulo: Saraiva, 2006.

NERY JÚNIOR, Nelson; NERY, Rosa Maria de Andrade. *CPC Comentado*, 10 ed. São Paulo: RT, 2008.

______________. *Leis Civis Comentadas*. São Paulo: Revista dos Tribunais, 2006.

PACHECO, José da Silva. *Mandado de Segurança e outras ações constitucionais típicas*. 5 ed. São Paulo: RT, 2008.

PEREZ LUÑO, Antonio Enrique. *Manual de Informática y Derecho*. Madrid: Ariel.

PROENÇA, Luis Roberto. *Inquérito Civil.* São Paulo: RT, 2001.

SILVA, José Afonso da. *Ação Popular Constitucional.* 2 ed. São Paulo: Malheiros, 2007.

______________.*Curso de Direito Constitucional Positivo.* 18 ed. São Paulo: Malheiros, 2000.

______________.*Ordenação Constitucional da Cultura.* São Paulo: Malheiros, 2001.

______________. *Comentário Contextual à Constituição.* 5 ed. São Paulo: Malheiros, 2008.

VALLE FIGUEIREDO, Lucia. *Mandado de Segurança.* 3 ed. São Paulo: Malheiros, 2000.

ZAVASCKI, Teori Albino. *Processo Coletivo.* São Paulo: Revista dos Tribunais, 2006.